문명은
왜
사라지는가

VERGESSENE KULTUREN DER WELTGESCHICHTE by Harald Haarmann
ISBN 978-3-406-73410-6

Korean Translation Copyright ⓒ 2021 by Dolbegae Publishers
This Korean Edition was published by arrangement with C.H.Beck Verlag, München through
BRUECKE Agency.

문명은 왜 사라지는가
— 인류가 잃어버린 25개의 오솔길

하랄트 하르만 지음 | 이수영 옮김 | 강인욱 해제

2021년 1월 4일 초판 1쇄 발행
2022년 4월 18일 초판 5쇄 발행

펴낸이 한철희 | 펴낸곳 돌베개 | 등록 1979년 8월 25일 제406-2003-000018호
주소 (10881) 경기도 파주시 회동길 77-20 (문발동)
전화 (031) 955-5020 | 팩스 (031) 955-5050
홈페이지 www.dolbegae.co.kr | 전자우편 book@dolbegae.co.kr
블로그 blog.naver.com/imdol79 | 트위터 @Dolbegae79 | 페이스북 /dolbegae

주간 송승호 | 편집 김진구·유은하
디자인 민진기·이연경
마케팅 심찬식·고운성·한광재 | 제작·관리 윤국중·이수민·한누리
인쇄·제본 영신사

ISBN 978-89-7199-588-4 (03900)
책값은 뒤표지에 있습니다.

이 도서의 국립중앙도서관 출판시도서목록(CIP)은 서지정보유통지원시스템홈페이지(http://seoji.nl.go.
kr)와 국가자료공동목록시스템(http://www.nl.go.kr/kolisnet)에서 이용하실 수 있습니다(CIP제어번
호: CIP2020051923).

문명은
왜
사라지는가

인류가 잃어버린 25개의 오솔길

VERGESSENE KULTUREN DER WELTGESCHICHTE
-25 VERLORENE PFADE DER MENSCHHEIT

하랄트 하르만 지음
이수영 옮김
강인욱 해제

돌베
개

일러두기

1. 이 책은 하랄트 하르만Harald Haarmann의 『Vergessene Kulturen der Weltgeschichte. 25 verlorene Pfade der Menschheit』(C.H.Beck, 2019)를 완역한 것이다.

2. 페이지 하단의 각주는 모두 옮긴이가 단 것이다.

3. 저자가 참고하거나 인용한 문헌의 출처는 본문에 약식으로 표기되어 있다. 가령 본문 6장에 나오는 '(Anthony 2009: 53)'의 경우, 책 말미 참고문헌 6장 편을 통해 Anthony, D. W. (2009), 「고유럽의 흥망성쇠」The rise and fall of Old Europe, in Anthony/Chi 2009의 53쪽을 참고했음을 확인할 수 있다.

4. 이 책에서 기원전 연대를 표기하는 '제○천년기'는 '세기'世紀와 마찬가지로 서수序數적 의미를 띤다. 가령 '기원전 제2천년기'는 '기원전 둘째 천년기'라는 뜻으로 기원전 2000년부터 기원전 1001년까지를 말한다.

차례

어떤 미래가 펼쳐질지 모르기에
우리 앞의 구축에 유일한 토대는 과거 경험이다.

—

이마누엘 칸트, 『순수이성비판』

세계사의
불가사의한
의붓자식들

서양의 역사서가 몰락한 민족과 문
명을 다루는 기준은 대체로 분명하다. 근대 유럽의 정치와 문화 발전에
흥미로운 영향을 주었다고 여기는 경우다. 그래서 유럽 또는 세계의 역
사는 주로 이집트와 메소포타미아에서 시작되는데, 국가나 문자와 같은
유용한 것들이 거기서 발명되었기 때문이다. 아주 작은 나라 이스라엘
은 유럽 기독교의 뿌리라는 이유로 어디서도 빠지지 않는다. 마찬가지로
작은 나라인 그리스는 민주주의, 철학, 연극의 발전 때문에 많은 공간을
차지한다. 라틴어, 문학, 법, 종교로 중세 유럽에 풍부한 유산을 남긴 로
마 제국도 결코 소홀히 다루어지지 않는다. 그다음에는 흔히 암흑기로
일컬어지는 중세가 언급되고, 마지막으로 유럽과의 관련성이 전혀 없는
비유럽 문명들은 주변부에서 다루어진다.

물론 이런 식으로 말하는 건 분명 지나치다. 우리는 역사를 유럽 중
심으로만 기술해서는 안 된다고 배웠고 우리가 비유럽 문명에 얼마나 많
은 덕을 보았는지도 잘 알고 있으니 말이다. 그럼에도 앞에서 예시한 역
사 기술 유형은 여전히 우리의 생각과 교과서에 확고하게 뿌리박혀 있
다. 예를 들어 식민지 시대 역사 기술이 대표적이다. 식민지를 겪은 민족

과 관련해서 이제는 식민주의를 축복이 아닌 억압과 착취로 기술하고 있다는 점은 분명하다. 그러나 관심사의 중심에는 여전히 유럽이 놓여 있으며, 단지 구원자의 모습으로 기술되지 않을 뿐이다. 이러한 관점에 따라 유럽 중심으로 돌아가는 역사에 장기적으로 영향을 준 흔적을 남기지 않았거나 남기지 않았다고 여겨지는 것들은 삭제되었고, 기껏해야 문화사의 골동품 전시실에 진열된 불가사의한 의붓자식의 역할만 할 뿐이다.

여기 이 책은 그런 아웃사이더 문명 25개를 본보기적으로 다룰 것이고, 그중 가장 오래된 문명은 구석기 시대에서 유래한다. 이 문명들은 분명 그들의 흔적을 남겼고 역사의 과정을 바꿀 수도 있었다. 그러나 승리자나 후속 문명에 의해 억압되고, 감춰지고, 그 기억이 지워지고 금지되었기 때문에, 또는 그들이 이룩한 성취가 다른 문명의 것으로 여겨졌기 때문에 잊히고 말았다. 연대순으로 정리된 이 책을 차례로 읽다 보면 역사가 실은 우리가 배운 것과는 다르게 흘러갔고, 운명의 여신이 다른 민족이나 문명에 승리를 안겼다면 전혀 다르게 흘러갈 수도 있었으리라는 생각을 어렴풋이나마 갖게 될 것이다. 그것이 이 책의 목표이기도 하다.

이 책에서 추적해갈 문명 중 몇몇은 오늘날까지도 우리에게 수수께끼를 던진다. 가령 이스터섬의 거대한 현무암 석상은 어떻게 채석장에서 해안으로 옮겨졌을까? 중국의 타클라마칸 사막에서 발견된 4000년 된 금발의 미라들이 유럽인의 유전적 특징을 갖고 있다는 사실을 어떻게 설명할 수 있을까? 수많은 신전 유적(앙코르와트, 앙코르톰, 바욘)을 남긴 크메르 왕국의 기념비적인 수도는 외세의 침략으로 정복되지도 않았는데 어느 때인가 그냥 조용히 버려졌다. 그 이유는 대체 무엇일까? 멸망한 문명과 제국, 언어에는 많은 것이 낯설게 남아 있다. 그것은 그들이 걸었던 길이 계속 이어지지 않았기 때문이다. 그런데 그 길은 정말로 사방 어디로도 나아가지 못하는 막다른 길이었을까? 몰락한 것처럼 보이는 몇몇 문화적 원형은 다른 맥락 속에서 다시 등장했다가 직접적인 연관성이 증명되지 않은 채 새롭게 제도화되었다. 따라서 서로 연관되었을 가능성을 충분히 생각해볼 만하다.

세계사의 몇몇 의붓자식을 본보기적으로 나열하자면 다음과 같다.

• 초기 인류는 이미 고도로 완성된 기술을 갖고 있었다. 예를 들어 사냥 무기로 쓰인 창은 호모 하이델베르겐시스(하이델베르크인) 시기에 이미 기술적으로 오늘날 투창 선수가 올림픽 경기에서 사용하는 투창용 창과 거의 비슷하게 만들어졌다.

• 세계에서 가장 오래된 신전은 메소포타미아나 이집트의 정착 농경민이 아니라, 그보다 수천 년 전 드넓은 아나톨리아˙ 동부 지역에서 수렵과 채취로 살아가던 사람들의 손에서 탄생했다.

• 사회적 위계질서와 가부장적 사회 형태는 모든 초기 고도 문명의 규범이 아니었다. 매우 이른 시기부터 수준 높은 문명에 토대를 둔 평등한 사회 모델도 존재했다. 대략 6000년 전쯤 유럽 최초의 고도 문명을 이룬 도나우 문명에서다.

• 그리스 문화어에서 나온 많은 표현은 그리스 이전 시대에서 유래

˙ Anatolia. 아시아 대륙의 서쪽 끝 흑해와 에게해, 지중해에 둘러싸인 반도로, 지역 대부분이 넓은 고원 지대를 이룬다. 지명은 그리스어로 '해 뜨는 곳', '동쪽'을 의미하는 아나톨레anatole에서 유래했다. 고대에는 소아시아로 불렸으며 지금은 터키 영토에 속한다.

했으며 고ㅗ유럽의 문화유산을 나타낸다. 예를 들어 세라믹, 메탈, 시어터, 앵커, 프시케 같은 개념이 그것이다.

• 로마 문명의 급속한 발전은 에트루리아인의 영향을 빼놓고는 상상할 수 없다. 유럽 문화어에서 차용한 수많은 라틴어 어휘는 에트루리아어에서 유래했고, 창작자를 후원하는 전통도 예술과 문화 발전에 열성적이던 에트루리아 출신의 한 귀족에게서 비롯되었다.

• 여전사로만 구성된 아마존 부족(아마조네스)을 언급한 그리스 신화에는 역사적 실체가 담겨 있다. 고고학자들은 흑해 초원에서 여전사들의 무덤을 발견했다.

• 현대 투우의 기원은 상당히 오래되었다. 그러나 현재 에스파냐와 라틴아메리카에서 행해지는 피비린내 나는 투우 경기는 평화로운 형태의 투우보다는 오래되지 않았다. 평화로운 형태는 미노아 시대 크레타에서 제례 의식의 일환으로 행해지던 투우에서 발견된다.

• 실크로드의 시작은 기원전 제3천년기까지 거슬러 올라간다. 중앙아시아와 중국을 연결하는 이 무역로는 일반적으로 알려진 것보다 훨씬 오래되었고 중국인이 개척한 것도 아니다.

• 아프리카는 식민지 시대 이전에 이미 광대한 무역망을 갖춘 다양한 고도 문명을 꽃피웠다. 좀 더 자세히 관찰해보면 원주민과 이방인의 요소로부터 공생적 전체를 만들어내는 전형적인 아프리카적 발전 과정이 드러난다.

• 에스파냐 정복자들이 침략하기 전의 아마존 분지는 사람이 거의 살지 않는 원시림이 결코 아니었다. 이는 최근의 위성사진에서 잘 나타난다.

현대 관찰자의 관점에서는 몰락한 문명이 수수께끼처럼 보인다. 이는 우리의 문화적 기억이 사라진 문명을 원래의 주변 환경에 배치할 수 있게 할 방향 지시선이나 기준점을 제공하지 못하기 때문이다. 이 책의 여러 과제 중 하나는 단초적이나마 그러한 기준점의 역사적 관계망을 펼치는 것이다.

여기서 선택한 문명과 제국은 최신 연구 상황을 토대로 기술했다. 때로는 이 책을 집필하던 중에도 터키 괴베클리테페나 아마존 분지 같은 지역에서는 새로운 유적이 발견되었다. 여기서는 언어학과 문화학 이외에도 고고학과 종교사 또는 인간유전학 같은 분야도 참작할 것이다. 각 주제와 연구 현황에 따라서 서로 다른 관점이 고려되겠지만 최대한 포괄적인 그림을 그리는 데 주안점을 둘 것이다. 마지막에는 하나의 문명이 잊힌 까닭은 무엇이고 혹시라도 계속 남아 있는 요소는 무엇인지, 더 파헤쳐야 할 수수께끼는 무엇인지 물을 것이다.

이 책은 독자의 호기심을 일깨우고자 한다. 또한 잊혔거나 변방으로 밀려난 문명의 흔적을 드러냄으로써 관심 있는 독자라면 언제든 틈틈이 들여다볼 수 있도록 하고 싶다. 여기 이 단편적 모음집이 독자를 자극하는 동행자가 된다면, 거의 잃어버릴 뻔한 오솔길을 찾아 나선 수많은 여행에서 그 길을 직접 밟아본 저자에게는 더없이 큰 기쁨일 것이다.

1

쇠닝겐 창의 비밀

호모 하이델베르겐시스의 사냥 문화

32만 년 전

때는 1994년이다. 독일 니더작센주 동쪽 노천광에서 갈탄을 채굴하는 헬름슈테트 인근 쇠닝겐Schöningen 지역에서 굴착기가 수 미터 깊이까지 땅을 파냈다. 굴착기가 지층을 마구 파헤치기 전에 작업 과정에 동행한 고고학자들이 먼저 주변 일대를 탐색하기 시작했다. 그해 10월 고고학자들은 약 10미터 깊이에서 보존 상태가 양호한 나무막대기 하나를 발견했다. 사람의 손으로 만들어 매끄럽게 다듬은 것이 분명해 보였고, 나뭇가지가 달린 부분들도 세심하게 잘라낸 상태였다. 1990년대 초부터 고고학자와 고식물학자는 야생 동물이 많이 살았던 이곳 미스아우에강江 계곡에서 초기 인류의 사냥 활동을 증명할 흔적을 찾고 있었다.

나무막대기를 발견한 뒤부터 발굴 작업은 집중적으로 진행되었고, 돌로 된 도구(작은 주먹도끼, 긁개, 화살촉)를 비롯해서 나무로 만든 도구까지 점점 더 많은 유물이 발견되었다. 이 도구들이 발견된 퇴적층에는 식물 잔여물(꽃가루, 씨)과 동물 뼈(야생마, 오로크스,* 숲코뿔소, 사슴, 늑대)도 감춰져 있었다. 선사 시대의 한 호숫가에 놓여 있던 나무 도구들은 그 오랜 세월이 흐르는 동안에도 제 모습을 그대로 보존할 수 있었다. 물에 실려 온 진흙에 뒤덮였는데, 그 진흙이 지층을 이루어 공기가 들어오지 않는 상태로 밀폐되는 바람에 나무를 썩어 없어지게 했을 부식 과정이 일어나지 않았기 때문이다.

발굴 작업이 이어지는 동안 서서히 깜짝 놀랄 만한 광경이 펼쳐졌다. 전혀 예상하지 못했던 사냥꾼 야영지 한 곳이 드러난 것이다. 야영지에서 찾아낸 유물 중에는 보존 상태가 훌륭한 나무 창 여덟 점도 있었다. 연대 측정과 꽃가루 분석 결과 다시 한 번 놀라운 일이 일어났다. 사냥꾼 야영지가 유래한 시기는 엘스터 빙기(약 35만 년 전에 끝남)와 잘레-리스 빙기(약 30만 년 전에 시작) 사이의 라인스도르프 간빙기였다. 그러니까 11만 5000년 전에 시작해 약 1만 1500년 전에 끝난 마지막 빙하기(바익셀-뷔름 빙기)보다도 오래된 것이다.

그로써 이 야영지가 해부학적 현생 인류인 호모 사피엔스의 터전이 아니라는 사실은 곧 분명해졌다. 우리는 현생 인류의 초기에 대해서

---

* aurochs. 유럽계 가축 소의 조상으로 여겨지는, 소과의 멸종된 포유류.

는 비교적 많은 것을 알고 있다. 이들은 약 4만 2000년 전에 유럽으로 왔고, 이들의 조상은 약 15만 년 전 아프리카에서부터 이동을 시작했다. 이동 루트는 근동 지역과 아나톨리아를 거쳐 서쪽 방향으로 이어졌다. 당시에는 서쪽으로 가는 길이 바다로 막혀 있지 않았다. 유럽이 보스포루스의 좁은 지협을 통해 소아시아와 이어져 있었기 때문이다. 이들 이주민이 들어온 시기는 마지막 빙하기였다. 남동유럽은 얼음이 녹은 상태였기 때문에 발칸 지역의 숲 지대를 탐색할 수 있었다. 계속해서 중부 유럽으로 나아간 뒤에는 영구동토대 주변에 펼쳐진 스텝 지대인 북극 툰드라까지 진출할 수 있었다.

사냥꾼은 정찰을 다니는 동안 유럽의 다채로운 토착 동물계를 신속하게 파악했다. 거기에는 아시아코끼리와 비슷한 유럽숲코끼리와 이들과 가장 가까운 친족인 초원코끼리 매머드도 있었다. 매머드는 툰드라 지대의 풀과 지의류, 이끼를 먹고 살았다. 사바나 지역에 눈이 덮인 듯한 툰드라는 드넓게 펼쳐진 풍부한 먹이를 제공했다. 풀과 지의류는 북극의 기온이 힌동안 영상을 유지하고 지면이 녹는 짧은 여름 동안에 자랐다. 순록도 거대한 무리를 지어 툰드라 지대를 돌아다녔다.

툰드라 남쪽으로 펼쳐진 스텝 지대와 온대 지역에는 야생마, 동굴곰, 동굴하이에나, 동굴사자, 큰곰, 털코뿔소, 스텝들소, 오로크스, 메갈로케로스**가 살았다.(Ziegler 2009) 이런 인기 동물을 잡기 위해서는 사냥꾼의 능숙한 솜씨와 집단 내에서의 협력 작업이 필요했다.

그래서 빙하기의 인류도 매머드를 성공적으로 사냥하는 법을 배웠

** 나뭇가지처럼 뻗은, 큰 뿔을 가졌던 멸종된 사슴.

다. 거대한 매머드는 한 마리만 잡아도 상당히 많은 양의 고기뿐 아니라 집을 짓는 데 필요한 털가죽과 뼈까지 제공했기 때문이다. 매머드의 엄니는 특별한 관심 대상이었다. 거기에 장식이 새겨진 경우가 적지 않았고, 빙하기의 사냥꾼은 상아로 조각상도 만들었다. 초기 인류가 만든 가장 오래된 조각상은 고고학자들이 '슈바벤의 비너스'라고 부르는 작은 여인상이다. 이 조각상은 빙하기의 다른 유물과 함께 2008년 독일 남부 슈베비셰알프 산맥에 있는 펠스(바덴뷔르템베르크) 동굴에서 발견되었으며, 3만 5000년에서 4만 년 전 사이에 만들어진 것으로 밝혀졌다.(Conard 2009: 268)

그러나 당시의 인류가 최초의 빙하기 사냥꾼은 아니었다. 더 오래전에 사람속에 속하는 다른 종도 중부 유럽과 서유럽에서 사냥을 다녔기 때문이다. 유럽에는 현생 인류가 이주하기 전에 세 종의 초기 인류가 살았다. 초기 호모 에렉투스, 호모 하이델베르겐시스, 후기 네안데르탈인이었다. 현생 인류는 유럽에서 네안데르탈인과만 조우했다. 이들은 부분적으로는 아주 인접한 곳에서 따로 살았고, 프랑스 남부와 에스파냐 북부 등지에서는 공동생활을 하는 경우도 있었다.(Otte 2014) 현생 인류와 네안데르탈인이 사회적 관계를 맺었을 거라는 가정은 인간유전학의 연구를 통해서도 뒷받침된다. 최근 연구에서는 우리 유전자의 3퍼센트까지가 네안데르탈인에서 유래한 것으로 증명되었다.(Sankararaman et al. 2014)

다른 두 종은 당시 이미 멸종된 상태였다. 네안데르탈인이 시간적으로나 진화론적으로나 해부학적 현생 인류의 한 조상이라면, 하이델베르크인은 진화론적으로 이 두 종보다 앞선 시기에 위치한다.(Grimaud-Hervé et al. 2015: 84 ff.) 하이델베르크인이 유럽과 아프리카에 퍼져 살았던 시기는 80만 년 전에 시작되어 약 10만 년 전에 끝난다.

몇 년 전까지만 해도 하이델베르크인은 발굴된 유골을 통해서만 알려졌다. 이 종으로 분류된 첫 번째 유골은 1907년 하이델베르크 남동쪽 마우어시市 근처에서 발견된 아래턱뼈였다. 이후 몇 년 동안 진행된 발굴 작업에서 또 다른 뼈들이 발견되면서 서서히 체격을 재구성하는 일이 가능해졌다. 하이델베르크인의 머리뼈는 눈썹 위쪽의 뼈가 두껍고, 이마는 좁으면서 뒤로 길쭉하게 이어진 형태를 나타낸다. 이마가 넓은 현생 인류보다 머리뼈 자체가 길었다. 하이델베르크인의 뇌 용량은 현생 인류보다 10퍼센트 정도 적었던 것으로 평가된다. 이는 진화론적으로 이전 단계를 시사한다. 이런 뇌 용량을 가진 하이델베르크인이 어떤 일을 할 수 있었을지는 오랫동안 이런저런 추론만 가능했다. 그러던 중 1990년대에 북부 독일의 저지대에서 놀라운 유물들이 발견되었고, 그것이 하이델베르크인의 활동과 행동 방식을 밝히는 돌파구가 되었다.

이제 다시 쇠닝겐 지역과 거기서 발견된 진기한 창 이야기로 돌아가 보자. 이 발굴지에는 동물의 뼈만 있었지만 인근에 위치한 빌칭슬레벤에서는 인간의 머리뼈 일부도 발견되었다. 턱뼈 하나와 치아 몇 개였다. 두 발굴지의 연대는 동일한 간빙기로 확인되었고, 발굴된 유물도 매우 비슷했다. 머리뼈 일부를 통해서 몇 가지 주요 특징이 재구성되었다. 머리뼈가 길쭉하고 눈썹 위쪽이 강하게 불거졌으며, 머리 뒷부분은 굽은 형태였다.

그사이 진행된 후속 연구를 통해서 쇠닝겐 호수의 사냥꾼들이 정말로 호모 하이델베르겐시스라는 사실이 밝혀졌다. 2015년에는 열발광 분석 작업으로 창이 만들어진 시기도 33만 7000년에서 30만 년 전으로 더 정확하게 한정되었다. 이는 하이델베르크인의 후기에 해당한다.

창의 길이는 서로 달라서 몇 개는 1.8미터였고 또 다른 것들은 2.5미터였다. 하나는 소나무로 만들어졌고, 나머지는 곧게 뻗은 어린 가문비나무 줄기로 만들어졌다. 간빙기 말 무렵에는 침엽수가 풍부했던 것으로 보인다. 이 사냥 무기의 무게중심은 뒷부분보다 두꺼운 앞쪽 손잡이에 있다. 쇠닝겐 창을 재구성해서 만든 창으로 시험한 결과, 창던지기를 단련한 사람, 그러니까 현대의 운동선수는 그 창을 70미터 멀리까지도 던질 수 있었다.

완전한 형태로 보존된 여덟 개의 창만이 이 발굴지의 화젯거리는 아니다. 전기 구석기 시대에 해당하는 이곳 사냥꾼 야영지 주변에서는 동물의 뼈도 약 1만 2000점이나 발견되었다. 그중 90퍼센트가 야생마Equus mosbachensis의 뼈였다. 뼈의 개수와 종류를 조사해본 결과 스물에서 스물다섯 마리의 유골로 밝혀졌다. 특히 눈에 띄는 점은 말의 머리뼈가 갈라졌다거나 어떤 식으로든 부서지지 않았다는 것이며, 지금까지 발견된 사냥 동물의 머리뼈 가운데 온전한 형태로 보존된 가장 오래된 것이라는 점이었다. 또 다른 유골을 통해 확인된 동물은 사슴, 코뿔소, 스텝코끼리였다. 고고학자들은 창 이외에도 약 1500점의 석기 유물을 발굴했으며, 그중에는 뾰족한 끝부분이 까맣게 그을린 막대도 하나 있었다. 발굴 팀장 하르트무트 티메는 그것을 고기 굽는 꼬챙이일 거라고 해석했다.

말 뼈 중에는 사냥이 이루어진 시기가 가을이라는 점을 짐작하게 하는 어린 말의 뼈도 있었다. 사냥터는 분명 심사숙고해서 선택한 장소였다. 사냥꾼들은 호숫가 근처에 야영지를 세운 뒤 빽빽한 갈대밭 사이에 매복할 수 있었다. 호숫가를 따라 움직이던 야생마 무리는 매복하고 있던 사냥꾼들과 호수 사이에 갇혀 꼼짝도 못하다가 꽤 여러 마리가 희생됐다. 포획한 말고기의 전체 무게는 4톤 정도였고 야영지에는 대략 서른 명이 모여 살았을 것으로 추산된다. 사냥꾼들은 이 한 번의 야생마 사냥으로 적어도 두 달 치 식량을 확보했다. 그 밖에도 옷이나 천막을 만들 수 있는 상당량의 털가죽도 얻었다. 말의 힘줄은 짐을 묶는 밧줄로 사용할 수 있었다. 사냥꾼들은 이런 모든 가능성을 실제로도 활용했을 것이다.

쇠닝겐 사냥터는 겨울철에 머물던 야영지였고 봄에는 사냥 공동체가 다른 곳으로 이동했을 것으로 추정된다. 상당수 유물과 동물 뼈는 하이델베르크인이 사회 집단을 조직하는 능력이 있었다는 점을 암시한다. 쇠닝겐과 빌칭슬레벤에서 발굴된 유물은 진화의 역사를 지금까지보다 훨씬 더 깊이 있는 시선으로 볼 수 있게 해준다. 하이델베르크인은 분명 조직적으로 계획하고 행동할 줄 알았다. 야생마 무리에 대한 대규모 사냥은 미리 준비되고 약속된 행동이었기 때문이다. 사냥에 사용된 창의 기술적 완성도는 사냥꾼의 노하우를 짐작하게 하며, 하이델베르크인이 이런 창을 만들고 다루기 위해 비교적 오랜 경험을 쌓았다는 점을 알려준다.

서로 다른 인류 종이 대략 50만 년 전부터는 사냥 무기로 창을 만들어 사용할 줄 알았으리라고 보는 것은 어느 정도 타당성을 갖는다.^(Thieme 1997) 이 기술적 노하우의 오랜 전통은 유럽에 등장했던 인류 네 종의 진화사에 걸쳐 나타난다. 호모 에렉투스와 호모 하이델베르겐시스는 끝부분을 불로 달궈 뾰족하게 만든 단순한 형태의 나무창을 사용했다. 호모 네안데르탈렌시스(네안데르탈인)는 그와 같은 종류의 창 이외에도 끝부분에 흑요석이나 부싯돌로 된 날을 부착한 창도 사용했다. 이런 기술은 해부학적 현생 인류인 호모 사피엔스와 접촉하면서 수용했을 것이다. 한편 호모 사피엔스는 처음에는 나무로 시작해서 돌과 금속을 거쳐 오늘날의 석탄에 이르기까지 그때그때 구할 수 있는 임의의 재료로 창과 창날을 만들었다. 초기 사냥 무기의 역사는 유럽에서 가장 완전하게 나타났다. 창끝을 의도적으로 불에 달구는 것은 그 부분을 단련하기 위해서였다. 이는 불에 대한 통제를 전제하는 것으로, 약 45만 년 전 호모 에렉투스에서 증명된 능력이다.(Grimaud-Hervé et al. 2015: 94 ff.)

쇠닝겐의 창 여덟 자루는 여전히 수수께끼를 자아낸다. 사냥꾼은 왜 그 창들을 거기에 남겨두었을까? 창은 사냥꾼에게 가장 귀중한 물건이었기에 그냥 잊어버리고 두고 갔을 리는 없다. 그 밖에도 창은 특정한 위치에, 그것도 말의 머리와 함께 놓여 있었다.

창과 말의 뼈가 놓인 전체적인 모습은 몽골인 사이에서 오늘날까지 행해지고 있는 말 의식을 떠올리게 한다. 이 의식이 거행될 때 말의 머리는 성스러운 장소에 배치된다. 쇠닝겐의 사냥꾼도 사냥 주술에서 행하는 그러한 의식을 알고 있었을까? 호모 하이델베르겐시스는 그때 이미 모든 생명 형태가 밀접하게 연결되어 있다고 보는 애니미즘*적 관념을 갖고 있었을까? 경우에 따라서는 우리가 영혼이라고 부르는 생명 원리의 형이상학적 존재를 생각할 줄 알았을까? 창과 말의 머리 그리고 말의 다

---

* animism. 자연계의 모든 사물에 영혼이 깃들어 있고, 자연계의 모든 현상도 영혼의 작용으로 보는 세계관이나 원시 신앙. 명칭은 라틴어로 영혼, 정령을 뜻하는 아니마anima에서 유래했다.

하이델베르크인이 말을 제물로 바치는 의식을 거행하는 장소였을까?
사냥 무기와 말 머리뼈 유물군의 세부 모습

른 뼈가 조화로운 통일체로 배치되어 있다는 점은 적어도 그 가능성을
암시한다.

　이와 관련해서는 곰 숭배 의식과 비교해볼 수 있다. 곰 숭배 의식은
역사 시대에도 유라시아 민족(시베리아 동부와 일본 북부까지) 사이에 널

리 퍼져 있었고 오늘날까지 오브우고르족인 시베리아 서쪽의 만시인(옛 이름은 보굴인)* 과 한티인(오스타크인)** 사이에서 유지되고 있다.(Haarmann/ Marler 2008: 98 ff.) 사냥꾼은 사냥으로 죽임을 당해 몸에서 강제로 분리된 곰의 영혼을 달래주어야 불행이 오지 않고 이후에도 성공적으로 사냥할 수 있다고 믿는다. 그래서 그 일을 위한 고유한 의식을 거행했는데, 이때 벗긴 털가죽을 세워두는 것으로 대변되는 곰은 자신의 고기가 차려지는 축제에 '초대 손님'으로 참여한다.

쇠닝겐 호숫가의 사냥꾼 야영지에서 야생마 사냥과 연계된 의식이 어떻게 진행되었을지는 알 수 없다. 그러나 하이델베르크인이 당시 이미 초감각적 현상에 대한 관념을 갖고 있었을 거라는 인상은 분명해진다. 따라서 종교성의 시작은 진화의 역사를 훨씬 뒤로, 현생 인류 종이 출현하기 훨씬 이전으로 옮겨놓는다. "선사 시대 인간의 정신적 세계에 대한 우리의 표상은 여전히 빈약하다." 진화 연구가 J. 라이히슈타인의 말이다.(Reichstein 2005: 66) "그러나 그러한 표상은 선사 시대 인간의 문화적 표현 형식과 종교성, 그것과 상호 관계에 있는 사회적·경제적 태도, 그리고 그때그때 만나는 주변 환경과의 싸움을 적절하게 판단하는 데 중요한 전제 조건이다."

종교적 관념은 개념적 사고를 전제로 하며, 그것은 사냥 무기를 디자인하고 만들어내는 일에도 꼭 필요했다. 쇠닝겐 창을 만든 사람들은 사

■   11세기 무렵 우랄 산맥 북동쪽에 살던 원주민과 시베리아 서쪽 스텝 지역으로부터 이동해온 위구르족의 교류를 통해 형성된 것으로 알려진 민족.
■■   만시인과 함께 곰 숭배 사상을 비롯해 여러 문화와 언어를 공유하고 있는 위구르계 소수 민족.

냥에 쓰이는 그 도구의 효율성을 잘 알았고, 그들의 숙련된 기술은 사냥 무기를 최대한 효과적으로 만드는 데 집중되었다. 또한 사냥 의식의 거행은 거기에 참가한 개인들이 육체적으로 인식할 수 있는 것의 영역(실제 사냥감으로서의 야생마)과 초감각적 영역(동물의 영혼) 사이를 개념적으로 구분할 줄 안다는 것을 전제로 한다. 개념적 사고는 언어 사용과 상관성이 있다. 상징적 기호 특성을 가진 소리로 소통함으로써 자기 주변 사물을 이름으로 부르고, 주변 세계를 문화적으로 조직하는 일이 가능해지기 때문이다. 달리 말해서 언어는 자기 존재에 의미를 부여하고 공동체 내에서 집단행동을 가능하게 하는 필수불가결한 수단이다.

따라서 매우 흥미로운 의문이 제기된다. 하이델베르크인도 언어를 사용했을까? 이 인류 종은 지금까지 그들 존재의 몇 가지 비밀을 우리에게 드러냈다. 그러나 이들이 과연 언어 능력을 갖고 있었을지는 현재로서는 알 길이 없다. 호모 하이델베르겐시스의 머리뼈는 단편적으로만 발굴되었고, 후두의 위치와 머리뼈 속 구강 형태를 드러내는 아래턱뼈는 아직 발견되지 않았다. 이른바 '언어뼈'라고 하는 근본적인 요소가 없는 것이다.(Lewin / Foley 2004: 467) 언어뼈는 현대 인간의 후두는 물론 선사 시대 인간의 후두에도 있는 뼈로, 특징적인 구멍이 있다. 혀를 움직이게 하는 근육 다발이 이 둥근 구멍으로 이어진다.

그런데 이 둥근 구멍이 네안데르탈인에서는 좁고 현생 인류에서는 훨씬 넓다. 이는 네안데르탈인은 입안에서 말소리를 내기 위해 혀를 다양하게 움직이는 가능성이 상대적으로 제한적이었다는 사실을 보여준다. 현생 인류는 혀의 수많은 근육을 토대로 다양한 위치를 만들고 수많은 말소리를 만들어낼 수 있다. 이것이 바로 복잡한 언어 사용을 위한 전

제 조건이다.^(Haarmann 2006: 31 ff.) 하이델베르크인의 경우 해부학적으로 말소리를 만들어낼 수 있었는지, 만일 그랬다면 발음 가능성이 얼마나 세분화되어 있었는지 아직까지는 알려진 것이 전혀 없다. 호모 하이델베르겐시스의 언어뼈가 발견된다면 획기적인 사건이 될 것이다.

2

곰, 야생 백조, 여성 수호신들

바이칼 호숫가의 구석기 시대 예술

3만 년 전

　　　　　　　　　　　　빙하기 동안 땅을 뒤덮은 빙하 가장
자리에 살던 초기 호모 사피엔스는 유럽에만 머물러 있지 않았다. 이들
은 약 4만 년 전에 드넓은 시베리아에까지 이르렀다. 빙하기의 사냥꾼들
은 서쪽에서 출발해 중앙시베리아까지 주변 지대를 탐색했고, 동쪽으로
멀리 캄차카 반도까지 이동했다.

　빙하기 주거지의 첫 발굴은 1920년대에 러시아 고고학자들에 의해
이루어졌다. 이후 거듭된 발굴 작업이 진행되는 동안 점점 더 많은 구석
기 시대의 집터가 확인되었다. 초기 주거지는 중앙시베리아의 바이칼 호

수 주변으로 형성되어 있었다. 그중에서 가장 오래된 선사 시대의 유물이 발견된 곳은 호수 동쪽 언덕 위 톨바가 마을이었다. 초기 호모 사피엔스가 이곳에 살았던 시기는 약 3만 5000년 전으로 확인된다. 이는 바이칼 호수 서쪽에 놓인 말타-부레트 주거지Mal'ta-Buret'(약 2만 3000년 전)^(Martynov 1991: 116 f.) 보다 이른 시기다.

톨바가와 말타 주거지는 시기적으로 상당한 간격을 드러내지만, 고고학자들은 이 둘이 동일한 지역 문명에서 비롯되었으리라고 가정한다. 북극 툰드라 지대의 생태 조건은 수천 년이 지나는 동안에도 근본적으로 바뀌지 않았다. 그에 따라서 이 지역에서 살아가는 생물(동물계와 인간 집단)의 생존 조건도 그대로였다.

빙하기 동안 땅이 가장 많이 얼어붙는 기간의 툰드라 지대는 고古아시아족과 고古시베리아족의 사냥 구역이었다. 그들 주변에서 가장 많이 사냥된 동물은 매머드, 털코뿔소, 들소, 곰, 순록이었고, 몸집이 더 작은 여우, 늑대, 비버 같은 동물도 있었다. 툰드라의 식물계는 풀, 이끼류, 지의류뿐이었지만 동물의 먹이로 부족하지 않을 만큼 양이 풍부했다.

빙하기의 집터에서는 당시 사냥꾼의 식량원을 밝혀주는 수많은 동물 뼈가 발견되었다. 인간의 뼈도 발견되었는데, 가령 말타에서는 어린아이의 무덤 잔해가 나왔다. 당시 그곳에 살았던 사람들이 남긴 물건은 특히 빙하기 사냥꾼의 일상생활을 들여다보게 해준다. 실생활에서 쓰이는 돌(긁개)과 동물 뼈(바늘)로 만든 도구 이외에도 우리가 오늘날 장식품이라고 할 수 있는 유물도 다수 발견되었다. 예를 들어 팔찌와 목걸이, 문양이 새겨지고 구멍이 뚫린 패 등이다. 뼈로 만든 이런 패는 행운용이나 액막이용 부적으로 지니고 다녔을 것이다.^(Abramova 1995, fig. 111 ff.) 우리는 빙하기의 예술로 이해되는 수많은 유물을 통해서 이 시기의 정신세계도 조금은 엿볼 수 있다. 이들 구석기인들이 펼쳐놓은 상상의 세계는 유라시아 예술과 신화 전통의 초기 단계를 드러낸다.

바이칼 호숫가의 유물은 여러 가지 이유에서 유일무이하다. 연대기적으로 관찰했을 때 이곳 유물은 시베리아에서는 가장 오래된 인간의 문화적 창작 활동을 보여준다. 유물 중 하나는 심지어 세계 기록을 갖고 있다. 톨바가에서 발굴된 작은 곰 조각상은 지금까지 알려진 가장 오래된 동물 형상이다. 이 조각은 세계에서 가장 오래된 여인상으로 알려진 슈바벤의 비너스(1장 참조)와 동일한 시기에 유래했다. 그러니까 털코뿔소의 뼈로 조각한 톨바가의 곰 형상이 만들어진 시기는 약 3만 3000년 전이다. 말타 유적에서도 곰 조각상이 나왔지만 시기적으로 그 이후에 만들어졌다.

말타 유적의 다채로운 조형 예술에서는 특히 여인상이 중요한 의미가 있다. 시베리아의 이 작은 조각상들은 유럽에서 발견된 구석기 시대 조각상과는 여러 관점에서 구분되는 독자적인 미학을 드러낸다. 모든 시베리아 조각상의 머리 부분은 턱, 코, 입 등 얼굴의 세부 모습이 보이게 형상화되었다. 반면에 대부분의 유럽 조각상은 머리 부분이 없고, 예외적으로 머리까지 형상화된 조각에서는 세부적인 얼굴 모습이 보이지 않는다. 그 밖에도 시베리아 조각상은 두 가지 주요 유형으로 구분된다. 하나는 뚱뚱한 유형이고 다른 하나는 날씬한 유형이다.

유럽에는 두 가지 주요 유형으로 나뉘어 양극성을 보여주는 사례가 거의 없다. 유럽에서 발견된 대부분의 구석기 시대 조각상은 몸이 뚱뚱하다. 소수의 예외만 있는데, 가령 갈겐베르크(오스트리아 니더외스터라이

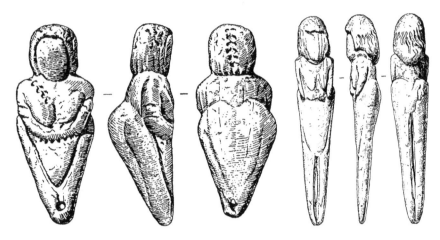

말타에서 출토된 조각상의 두 가지 주요 유형. 뚱뚱한 유형과 날씬한 유형이 있다.

히주州 크렘스 마을 부근)에서 발견된 약 3만 1000년 전 조각상이 그중 하나다. 날씬한 여인을 묘사한 이 조각상은 춤을 추는 듯한 자태 때문에 '춤추는 비너스'로 불린다.

고고학자와 인종학자는 뚱뚱한 조각상 유형이 다산의 상징과 연관성이 있다고 가정한다. 반면에 날씬한 유형은 자연의 모든 생명에 깃든 수호신을 표현한 애니미즘적 관념과 연관되어 있다고 본다. 그리고 유라시아 민족의 전래 신화에 따르면 이 수호신들은 하나같이 여성이다. "대지와 중간계의 다양한 원소와 자연 현상(물, 불, 바람, 숲 등)을 여성적 신성, 곧 '어머니 정령'의 화신으로 보는 것은 핀우고르족*의 전형적인 생각이다."(Ajkhenvald et al. 1989: 158)

날씬한 조각상은 유라시아 빙하기의 사냥꾼 공동체에서 단결의 상

문명은 왜 사라지는가

징으로서 전문화되었다. 사냥꾼 공동체는 씨족이나 씨족 연합으로 조직되었고, 여성은 이러한 사회 조직 내에서 조정자라는 특권적 역할을 맡았다. 1990년대에 말타 유적의 발굴을 주도한 연구 팀장은 "집에서 주도권을 가진 인물로서의 여성과 주거 공동체와 아궁이의 시조로서의 여성"(Abramova 1995: 82) 사이의 관계가 긴밀하게 결합되었다고 가정했다. 여성의 이러한 이중적 역할은 유라시아 민족의 전래 신화에서 그 근거를 찾을 수 있으며, "모계 중심적이고 씨족 질서에 기초한 성스러운 원칙으로서"(Ovsyannikov / Terebikhin 1994: 71) 어머니 – 씨족 시조의 관련성을 나타낸다.

다양한 동물을 묘사한 조각도 여인상만큼 많이 발견되었다. 몇몇 곰 조각상 이외에도 물새를 묘사한 조각이 특히 많다. 그중에서도 길쭉한 목을 표현한 조각은 유라시아 전역에 퍼져 있는 야생 백조다. 말타 조형 예술은 돌이나 뼈에 문양을 새겨 넣는 기법도 사용했는데, 예를 들어 평평한 뼈에 매머드를 묘사한 것이 있다. 특히 한쪽 면에는 소용돌이 형태로 일련의 점을 새겨 넣고 반대편에는 부조 기법으로 뱀 세 마리를 조각한 패가 주목을 받았다. 유라시아 신화에서 소용돌이 형태와 뱀은 성스러운 모티프로 알려져 있다.

토테미즘**은 역사 시대 이후 시베리아 민족 사이에 널리 퍼져 있었다. 서시베리아의 만시인(보굴인)과 한티인(오스탸크인), 우고르인은 오늘

• 우랄 어족의 한 갈래인 핀우고르어를 사용하는 민족. 유라시아 북쪽, 특히 볼가와 우랄 지역의 원주민에서 유래했을 것으로 추정된다.

•• totemism. 원시 공동사회에서 형성된 토속적 신앙의 한 형태. 각 씨족이 특정한 동물이나 식물을 자기 씨족의 상징이나 수호신, 즉 토템으로 삼아 신성시하고 숭배하며 집단적 의식을 행하는 것을 말한다.

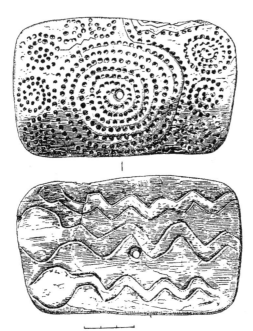

뼈로 만든 패에 새긴 문양

날까지도 자신들의 기원을 유라시아 신화에 나오는 성스러운 동물인 곰과 연계시킨다. 신화에 따르면 어머니 태양과 아버지 하늘은 창조의 진척 상황을 감독하게 하려고 그들의 아들인 곰을 지상으로 보냈다. 땅으로 내려온 곰은 아직 인간이 없는 것을 보고 몹시 실망했다. 그래서 자연의 여성 수호신 하나를 아내로 삼았고, 둘 사이에 태어난 자손이 시베리아의 가장 오래된 씨족이 되었다.(Schmidt 1989)

야생 백조도 많은 소수 민족 사이에서 신화적 선조와 씨족의 시조로 여겨졌다. 전설에서 북유럽의 사미인(라프족)은 '백조의 민족'으로 명명되며, 퉁구스족과 알타이족은 그들의 신화적 선조로 숭배되는 새 형상을 조각한 말뚝을 세운다. 신화에서 물새가 성스러운 상징을 갖는 이유는 수면 아래로 사라져 보이지 않게 되는 것에서 설명할 수 있다. 애니미즘의 관념에서 물새는 보이는 세계인 이승과 보이지 않는 선조의 세계 사이를 매개하는 중개자다. 예로부터 이승과 저승의 존재 사이에는 소통을 담당하는 전문가가 존재했다. 이들이 샤먼(퉁구스어에서 유래한 말)이며, 샤먼은 주술 의식에서 지하 세계에 있는 선조들이 무탈하게 잘 지내는지 물새를 통해 소식을 전달받는다.(Kare 2000)

시베리아의 구석기 시대는 유럽에서보다 오래 지속되었다. 약 1만 년 전에야 빙하기가 끝나고 그와 함께 시베리아의 구석기 문화 시기가 끝났다. 그러는 사이 유럽에서는 이미 중석기 시대*가 주요 전성기를 이루었다.(Bailey/Spikins 2008) 시베리아 문화의 연대기에는 유럽의 중석기 시대와 비교할 수 있는 과도기가 없다. 빙하기가 끝난 뒤 대형 동물은 유럽에서 시베리아로 물러나 거기서 수천 년을 더 살았다. 매머드의 마지막 피난처는 북극권 너머 최북단에 있는 타이미르 반도였다. 가장 최근에 발견된 엄니는 기원전 제6천년기 전 것으로 확인된다.

기후가 따뜻해지면서 거대한 빙하가 녹기 시작했고 자연 환경도 눈에 띄게 달라졌다. 북극의 툰드라 지대는 북쪽으로 옮겨졌다. 이전에 그곳을 지배하던 거대 맹수는 피난처로 물러났으며, 빙하기의 많은 동물은 멸종했다. 가문비나무와 자작나무 같은 선구 수종은 북쪽으로 점점

▪ 구석기 시대와 신석기 시대 사이의 과도기. 기원전 8000년에 시작되어 기원전 2700년까지 지속된 유럽 서북부의 문화 단계를 가리킨다.

더 많은 지역을 차지했고, 몇천 년이 지나는 동안 드넓은 숲 지대인 타이가가 북쪽 멀리까지 확장되었다. 인류의 생활 조건은 근본적으로 달라지지 않았고, 사냥감이 거대 맹수에서 더 작은 동물로 바뀌었다는 점만 제외하면 사냥 문화도 그대로 유지되었다.

빙하기 동안 얼음층 가장자리에서 살았던 인간은 서서히 숲 지대로 이동했고, 이제 북극권의 드넓은 지역으로 확장된 북극 툰드라 지대로도 옮겨갔다. 바이칼 호숫가 사냥꾼의 자손은 두 집단으로 분리되었다. 한 집단은 같은 지역에 남아 선조들의 방식대로 삶을 이어갔다. 이전의 취락지는 포기했지만 바이칼 호수에서 멀리 떨어지지 않은 주변 지역에 새 취락지들이 형성되었다.(Martynov 1991: 119) 빙하기 사냥꾼의 또 다른 자손은 멀리 북쪽의 동시베리아와 캄차카 반도로 진출했다. 이들의 후예는 지금까지도 거기서 살아가고 있다. 바로 고아시아족이다. 수백에서 수천 명으로 이루어진 소수 민족으로 축치인, 코랴크인, 니브흐인, 이텔멘인, 유카기르인, 케트인이 이에 속한다.

기원전 2500년 무렵 유럽에서 시베리아 북부로 이동한 새로운 이주민도 많았다. 우랄 산맥이 유럽과 시베리아를 가로막고 있지만 좁은 통로 두 곳이 자유로운 통행을 가능하게 해주었기 때문이다. 남쪽 통로는 우랄 산맥의 지맥들과 카스피해의 북쪽 해안 사이에 열려 있다. 이곳은 역사 시대에 알려진 민족 이동 통로로, 수많은 유목민 집단이 유럽에서 중앙아시아와 시베리아로, 그리고 그와 반대 방향에서도 이동했다. 북극해(북빙양)의 해안 지역에 있는 북쪽 통로를 통해서는 북시베리아로 이동한 우랄 지역 유목민 집단이 들어왔다. 이들의 후예 중 한 갈래는 북시베리아에 거주하는 사모예드 계열 소수 민족(네네츠인, 응가나산인, 셀쿠프인,

에네츠인)으로, 고아시아족과 마찬가지로 주로 순록을 키우며 살아간다. 또 다른 갈래는 유럽의 헝가리인과 친족 관계인 오브우고르족(만시인, 오스탸크인)이다.

고아시아족(고시베리아족)과 우랄 지역의 새 이주민은 서로 다른 언어 사용으로 구분되지만 이들의 문화는 모든 소수 민족이 적응한 북극권에서의 삶에 초점을 맞추고 있다.

바이칼 호숫가 사냥꾼들의 애니미즘적 세계관은 수천 년 동안 유지되었고, 오랜 시간이 지나는 동안에도 기본적인 특징은 미세한 변형만 보였다. 말타 유물의 전체 목록과 장르를 통해 알려진 조형 예술의 모든 모티프는 이후의 문화 발전 시기인 시베리아 샤머니즘*에서도 그 의미를 잃지 않았고,(Haarmann / Marler 2008: 70 ff.) 오늘날까지 이어지고 있다. 예를 들어 자연 수호신의 상징이자 씨족 시조로서의 여인상, 토템 동물이자 '숲의 왕'으로 표현된 곰, 토템 동물이자 두 세계의 중개자인 물새, 삶의 순환(탈피에 의한 부활)을 상징하는 뱀 등이 그것이다. "북반구에서 가장 오래되고 가장 오랜 생명력을 지닌 관습은 샤머니즘이다. 샤머니즘은 가족과 씨족의 관습이다. 수렵인과 채취인과 농민들 사회에서는 우리 시대에까지 통용되고 있으며, 산업화 시대에도 계속 살아 있다."(Kare 2000: 104)

바이칼 호숫가의 빙하기 사냥꾼이 남긴 예술 작품의 주요 형태와 모티프는 예로부터 시베리아인의 문화유산에 속하며, 유라시아의 구전 신화와 다양한 샤머니즘 의식 속에 확고하게 자리 잡고 있다. 소비에트 이

▪ shamanism. 주술사인 샤먼(무당)이 초자연적 존재와 직접적으로 교감하며 신에게 제사하고, 병을 몰아내고, 길흉을 예언하는 일을 행한 원시 종교의 한 형태. 범신론적 세계관을 가졌으며 자연 숭배, 조상 숭배, 정령 숭배 의식을 치렀다.

데올로기 신봉자들은 1930년대부터 원시적 사회 형태의 잔존물인 샤머니즘이 극복되었다고 주장했다. 그러나 1991년 소비에트 체제가 붕괴되고 소비에트 연방이 해체되자 실상은 전혀 그렇지 않다는 사실이 드러났다.^(Glavatskaya 2001) 토착 시베리아인은 서양에서 온 방문객을 자신들이 그사이 비밀리에 의식을 거행하던 장소로 안내했다. 소비에트가 통치하던 수십 년 동안 그곳에서 선조의 문화유산을 보존해온 것이다.

시베리아의 역사 시대 샤머니즘은 시기적으로 빙하기 사냥꾼의 관념 세계와 살아 있는 자연에 대한 관념에 깊이 뿌리내리고 있으며, 오늘날까지 시베리아인 사이에서 드러나는 투철한 자연 보호 의식은 우리 모두에게 규범을 제시하고 있다.

3

거대한 빙하 위의 물범 사냥꾼

빙하기에 아메리카 대륙으로의
이동이 있었을까?

2만 3000년 ~ 1만 9000년 전

　　　　해부학적 현생 인류의 조상은 거의
모든 대륙으로 이동했고, 전 세계로의 대이동 마지막 단계가 바로 아메
리카 대륙으로의 이동이었다. 기존의 연대기에서 볼 때 인류는 약 1만
5000년 전에 북아메리카 대륙에 당도했다. 이 말은 매머드를 뒤쫓아 베
링 해협을 지나 알래스카로 이동한 빙하기 사냥꾼들이 첫 이주자였다는
뜻이다. 당시에는 해수면의 높이가 오늘날보다 훨씬 낮았고, 북태평양과
북극해 사이의 통로로 오늘날의 시베리아와 아메리카를 갈라놓고 있는
베링 해협은 마른 땅이었다. 따라서 아시아와 북아메리카는 이 베링 육

교를 통해 서로 이어져 있었다.

　연구자들은 인류가 동아시아에서 아메리카로 이주했다는 데 이견이 없다. 인류는 비교적 늦은 시기인 약 1만 3000년 전에 북아메리카로 이동했다. 반면에 아메리카 대륙 북서쪽 지역으로 이주한 시기는 더 오래전이었다. 인류의 알래스카 도착은 그보다 수천 년은 더 앞선 과거의 일이었다. 발굴된 유물과 동물 뼈의 연대를 측정한 결과 인류는 이미 2만 7000년 전에 베링 육교의 서쪽(시베리아) 지역에서 사냥을 했고, 약 2만 4000년 전에는 동쪽 지역인 알래스카까지 진출해 있었다.(Gruhn/Bryan 2011: 18) 그렇다면 알래스카와 아메리카 내륙으로 이주한 시기에서 나타나는 이런 불일치는 어떻게 설명할 수 있을까?

　아메리카로 이동한 첫 이주자들은 빙하기 수천 년 동안 알래스카에 머물며 오도 가도 못했고 북아메리카 내륙으로 계속 진출할 수가 없었다. 얼음층이 최대한으로 늘어난 기간 동안 대륙을 뒤덮은 두 개의 거대한 빙상, 즉 서쪽의 코딜레란 빙상과 동쪽의 로렌타이드 빙상이 남쪽으로 가는 통로를 막고 있었기 때문이다. 아메리카의 북쪽 얼음이 녹기 시작한 1만 2000년 전 무렵에야 인류가 빙상 남쪽 지역으로 들어갈 수 있는 통로가 비로소 열렸다. 따라서 기존의 전통적인 관점에서는 광활한 북아메리카로의 이주가 빙하기 이후에 비로소 시작되었다고 본다.

　그런데 고古아메리카인의 초기 역사와 그들의 유물, 문화와 언어를 연구하다 보면, 시기가 언제가 되었든 기존 사고의 틀에는 맞지 않는 모순에 부딪히게 된다.

　첫째, 아메리카 대륙 최초의 석기 문화인 클로비스Clovis 문화(뉴멕시코주 클로비스의 이름을 따서 명명됨)와 연결되는 특징적인 석기(특히 날의

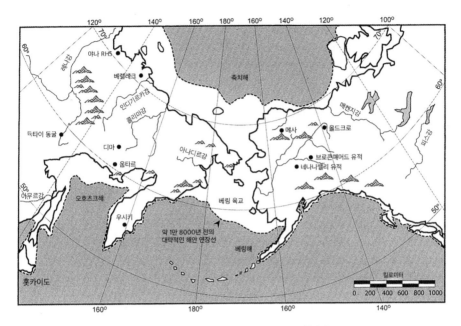

베링 육교 주변 지역에서 발견된 초기 인류의 흔적지

형태)를 들 수 있다. 그런 돌날은 창이나 작살의 끝부분에 뾰족한 촉으로 덧붙여졌으며, 가장 오래된 유물의 연대는 1만 3000년 전으로 확인된 다.(Waters / Stafford 2007, Kilby 2011) 대칭적인 양면을 가진 돌날에서 특이한 점은 그런 특수한 제작 기술이 북아메리카 남서부에서 선행 단계도 없이 느닷없이 등장했다는 것이다. 이는 무척 이례적일 뿐만 아니라 비현실적으로 느껴진다.

고아메리카인이 북서부(알래스카)에서 남쪽으로 이주한 루트를 따라서는 클로비스 문화의 기술과 유사한 원형이 전혀 발견되지 않았다. 시베리아나 동아시아에서 발견된 석기를 봐도 클로비스 문화의 선구적 형태로 곧바로 연결 지을 수는 없다. 그렇게 한다면 연대기적으로는 시베리아-알래스카-북아메리카 내륙으로 이어지는 순서와는 일치하겠지만 말이다. 물론 그보다 더 오래된 초기 클로비스 석기가 있지만 북아메리카 남서쪽이 아닌 동쪽과 남동쪽에서 발견되었다.

초기 클로비스 도구에서 나타나는 양쪽 모서리가 날카로운 대칭적인 날을 유럽에서 만들어진 도구와 비교하면, 이런 유형이 솔뤼트레 문화기(약 2만 5000년~1만 6500년 전)*에 퍼져 있었다는 사실을 알 수 있다. 버지니아주 캑터스힐, 펜실베이니아주 메도크로프트 동굴, 메릴랜드주 마일스포인트에서 발굴된 유물이 증명하는 것처럼 클로비스 석기의 날은 빙하기의 유럽에서 알려진 제작 기술을 이어나간 것이다.

둘째, 고아메리카인(아메리카 원주민)의 몇 가지 유전적 특징도 지금까지 밝혀지지 않았다. 알래스카에서 남아메리카의 티에라델푸에고 제도까지는 A, B, C, D, X로 불리는 총 다섯 개의 하플로그룹haplogroup**이 퍼져 있다. 인류가 시베리아에서 알래스카로, 거기서 더 나아가 북아메리카 내륙으로 이주했다는 사실은 유전자풀에 포함된 특정한 성질(D9S1120, 9RA)을 통해 증명할 수 있으며, 그러한 특징은 고아메리카인과 고아시아인, 축치인, 코랴크인에게서 발견된다.(Schroeder et al. 2009)

▪ 솔뤼트레 문화는 프랑스 론강 유역의 솔뤼트레Solutré 유적에서 유래한 명칭으로, 프랑스와 에스파냐를 중심으로 퍼진 구석기 시대 후기 문화를 이른다.

▪▪ DNA의 변형을 추적해 인간 혈통을 같은 조상을 가진 집단으로 구분한 것을 나타낸다. 계보 추적을 쉽게 하기 위해서 부계 혈통을 알 수 있는 Y염색체와 모계 혈통을 알 수 있는 mtDNA를 주로 사용한다.

반면에 하플로그룹 X(더 정확하게는 미토콘드리아 DNA, 즉 mtDNA X2)는 북아메리카 대륙의 북동쪽에서만 나타나며, 고아메리카인의 다른 집단들 유전자풀에는 없다.[Gruhn/Bryan 2011: 18] 다른 한편으로 이 X2 그룹은 유럽인, 북아프리카와 근동 지역민, 나아가서는 중앙아시아인의 유전자풀에서 발견된다. 하지만 동아시아 또는 시베리아의 과거나 현재 집단에서는 X2가 나타나지 않는다. 만일 베링 해협을 통한 루트가 인류가 아메리카 대륙으로 이주한 유일한 관문이었다고 한다면 시베리아의 어느 민족 집단에선가는 이 X2가 확인되어야만 한다. 하플로그룹 X2가 아시아에서 유래하지 않았다면 어디서 그리고 누구에 의해서 아메리카로 옮겨졌을까?

이와 관련해 눈에 띄는 점은 하플로그룹 X2가 선사 시대에 프랑스 남서부와 에스파냐 북부에 거주하던 인류에서 증명되었고,[Balter 2013] 현존하는 바스크인에서도 나타난다는 사실이다. 바스크인은 빙하기 동안 서유럽에서 살았던 고유럽인의 먼 자손이다. 고유럽인이 남긴 눈에 띄는 유물은 구석기 시대 동굴(라스코, 페슈메를, 쇼베, 알타미라 등) 벽화다.

셋째, 지금까지 밝혀지지 않은 특이한 발전을 보인 또 다른 분야는 북아메리카 언어의 지역적 특징이다. 북동부에서는 다른 아메리카 원주민 언어의 구조적 특징과는 현저하게 다른 언어가 사용되었다. 북동부 지역 언어는 계통적으로 알곤킨 어족에 속한다. 약 30개 언어가 포함된 이 어족의 언어는 오늘날에도 수천 명이나 수백 명이 사용하고 있다. 이들 언어는 콜럼버스 시기 이전에는 오대호Great Lakes 지역에 이르기까지 널리 퍼져 있던 언어의 유물이다.[Goddard 1992]

알곤킨어의 전형적인 특징은 셀 수 있는 대상인 경우 문법적 형태소를 통해서 복수를 표시한다는 것이다(예를 들어 '소년'은 napens이고 '소년들'은 napens-ak로 쓴다). 고아메리카인의 다른 언어에서는 수의 구별과 명사의 성 구별이 알려져 있지 않다. 그러나 알곤킨어는 생물과 무생물을 구분한다. 그래서 나무, 담배, 눈, 동물의 털로 만든 옷, 태양이나 달 같은 천체, 그 밖의 몇몇 사물을 생물로 분류하고, 거기에 맞게 문법적으로 표시한다.

알곤킨어의 또 다른 특징은 포합적 문법 구조[*]에 있다. 간단히 말해서 이 언어의 많은 단어는 하나 이상의 어근으로 이루어진다. 단어가 복합어로 등장하고 문법적 형태소(접두사, 접미사)와 접속사가 결합된 복잡한 구조. 이런 식으로는 아주 길게 연결된 단어 사슬이 생길 수 있는데, 폭스 채널에서 나온 다음과 같은 단어를 예로 들 수 있다. ka:hkihkinameske:nawote. '화살이 그의 피부를 스친다면'이라는 뜻으로 ka:hkihk-('~를 할퀴다', '스치다')로 시작해서 -e(가능성의 표현으로 '만일 ~이라면')로 끝난다.

이러한 포합어는 다른 북아메리카 원주민 언어 중 이누이트어에서만 알려져 있다. 이 언어는 9500년 전 시베리아에서 아메리카로 뒤늦은 이주가 이루어진 뒤에야 퍼졌다. 그런데 알곤킨어를 사용하는 사람들은 이미 그보다 수천 년 전부터 북동부에서 살았다. 따라서 알곤킨어의 포합적 구조는 훨씬 오래되었다. 서쪽에서 북아메리카로의 지속적인 이주를 살펴보면 언어 사이의 친족 관계(다시 말하면 어족의 분리)와 아메리카

---

[*]　문장을 구성하는 요소가 하나로 결합되어 전체 문장이 한 단어로 이루어진 것처럼 보이는 구조를 말한다. 중심이 되는 단어(대부분은 동사)의 어근에 여러 개의 접두사나 접미사를 붙여 매우 복잡한 문장을 만든다.

원주민 언어의 구조에서 더 많은 통일성을 기대할 수 있을 것이다.

알곤킨어의 포합적 구조, 명사의 성에서 생물과 무생물의 구분, 단수와 복수의 표시 등과 같은 특징적 요소는 유럽의 한 언어에 눈에 띄게 모여 있다. 그 기원이 빙하기까지 거슬러 올라가는 바스크어다.(Trask 1997)

클로비스 문화의 기술, 유전적-언어적 특수성에서 나타나는 여러 모순적인 요소를 하나의 공통된 틀에 맞춰 넣으려 한다면, 필연적으로 다음과 같은 질문으로 이어진다. 지금까지는 주목하지 않았던, 빙하기 사냥꾼들의 동쪽(유럽)에서 서쪽(북아메리카)으로의 이동이 있었던 걸까? 빙하기 동안 인류가 대서양을 횡단했을 가능성을 생각할 수 있을까? 지금까지의 연구에 따르면 유럽 항해자들의 아메리카 동부 해안 탐색은 훨씬 이후의 시기에 이루어졌다. 즉 중세에 바이킹이 뉴펀들랜드섬에서 거주했던 증거가 남아 있다.(Fitzhugh / Ward 2000) 선사 시대에 대서양 횡단은 도저히 불가능한 일로 보인다. 그러나 어쩌면 첫눈에만 그렇게 생각되는 것일지 모른다.

스미소니언 국립박물관의 데니스 J. 스탠퍼드와 영국 엑서터 대학교의 브루스 A. 브래들리 교수는 빙하기 동안 서유럽에서부터 북아메리카 식민지 개척이 시작되었다는 가설로 관심을 모았다. 두 사람은 그 시기도 약 2만 3000년에서 1만 9000년 전 사이로 명확하게 한정했다. 빙하기에 유럽에 거주하던 특정 사냥꾼 집단이 물범 사냥에 집중하면서부터 북대서양을 건너 서쪽으로의 표류가 시작되었을 것이다. 서유럽 동굴 벽화에 그려진 모티프 중에서 물범과 다른 바다 동물이 발견된다는 점을 감안할 때, 빙하기 사냥꾼들이 바다 동물계를 잘 알았을 거라는 가정은 설득력이 있다.(Stanford / Bradley 2012: 142) 해안 근처 바다에서는 간단한 배를 타고도 물범을 사냥할 수 있었을 것이다. 북대서양은 당시 두꺼운 얼음덩어리로 뒤덮여 있었다. 사냥꾼은 얼음덩어리 맨 가장자리를 따라 이동하며 물범을 쫓았다. 고생물학 연구에서 확인된 바로는 대서양 양쪽 바다에는 고리무늬물범, 그린란드물범, 턱수염물범, 회색물범 네 종이 서식하고 있었다.(Phillips 2014)

사냥꾼에게 육지는 필요하지 않았다. 식량은 바다에서 나왔고, 사냥을 하는 동안에는 바다 가장자리의 얼음덩어리 위에 천막을 칠 수 있었기 때문이다. 천막에 필요한 기둥은 배로 실어왔고, 기둥에 씌울 재료인 물범 가죽은 계속해서 새로 만들 수 있었다. 사냥꾼은 먼바다로 나갈 필요가 없었고 변덕스러운 파도에 내맡겨진 상태도 아니었다. 날이 좋을 때는 배를 타고 얼음덩어리 근처 바다에서 사냥을 했고, 날이 좋지 않을 때는 얼음덩어리 한쪽에 마련한 임시 거주지에 머물렀다. 그들은 자신들의 일상을 서쪽으로 잡아당기는 태양의 움직임을 뒤따랐다. "이 사람들은 바다 환경을 이용하기 위해서 자신들의 기술과 생활 방식을 적응해나갔고, 여러 세대에 걸쳐 탐색하는 동안 북대서양을 횡단하는 길을 찾았으며, 마침내 북아메리카 북동부 지역의 육지에 이르렀다."(Stanford / Bradley 2012: 247) 사냥꾼의 서쪽 이동은 결코 의도적인 대서양 횡단이 아니었다. 그저 새로운 사냥 구역을 탐색하기 위해 얼음 가장자리를 따라서 이동한 결과였다.

이처럼 콜럼버스 이전 북아메리카 이주 연대기와 관련한 새로운 정황이 드러나면서 관련 학계에서는 격렬한 논쟁이 불거졌다. 그 결과 '솔뤼트레 가설'*을 중점적으로 다룬 수많은 논문이 발표되었다.(Balter 2013, Raff / Bolnick 2015, Straus 2017, u. a.) 이러한 대서양 이주설에 특히 반대한 이들은 인

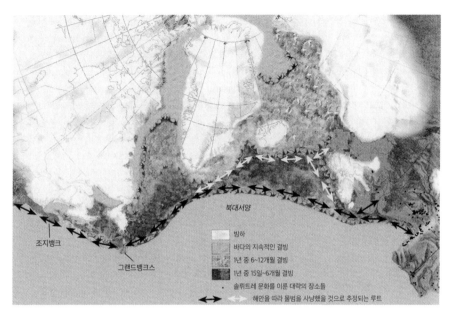

빙하

바다의 지속적인 결빙

1년 중 6~12개월 결빙

1년 중 15일~6개월 결빙

솔뤼트레 문화를 이룬 대략의 장소들

해안을 따라 물범을 사냥했을 것으로 추정되는 루트

북대서양

조지뱅크

그랜드뱅크스

빙하기 사냥꾼의 북대서양 사냥 루트

간유전학자였다. 그러나 이 논쟁의 찬반 입장을 뒤쫓다보면, 인류의 빙하기 이주 문제는 논쟁에 참가한 인간유전학, 고고학, 인류학, 언어유형학의 입장을 모두 고려하지 않고는 논리적인 대답을 찾을 수 없다는 인상이 강해진다.

고아메리카인 유전자풀의 세분화에서는 특히 하플로그룹 X2의 분

■   솔뤼트레 문화의 유물이 클로비스 문화의 유물과 매우 흡사하다는 점을 근거로, 최초의 아메리카인은 시베리아가 아니라 유럽에서 대서양을 통해 건너갔을 것이라고 주장하는 가설.

포 관점에서 두 갈래 혈통dual ancestry^(Raghavan 2013)으로 분류된다. 즉 연대의 차이로 논리적으로 설명되듯이 X2를 가진 집단은 유럽에서, X를 가진 집단은 아시아에서 이동한 것이다.

바스크어와의 비교에서 알곤킨어의 구조에 나타나는 유사성을 단순한 우연으로 치부해서는 안 된다. 언어 구조의 유사성은 고립적으로 나타나는 것이 아니라 다른 영역(유전자 특징과 도구 제작)에서의 일치로 뒷받침되기 때문이다. 특히 솔뤼트레 문화의 도구 제작은 클로비스 기술의 발전을 분명히 알게 해준다. 그 기술은 유럽에서 전해진 노하우 없이는 제대로 뿌리내리지 못했을 것이다.

이러한 대서양 가설의 조명 속에서 아메리카 대륙으로의 이주 역사는 빙하기의 두 시기로 구분된다. 첫째, 이주 초기(2만 3000년~1만 9000년 전)에는 솔뤼트레 문화를 이룬 집단 중 일부가 유럽에서 옮겨갔다. 둘째, 이주 후기에는 아시아에 거주하던 집단이 베링 육교를 통해 알래스카(약 2만 4000년 전부터)로 건너갔다가 거기서부터 북아메리카 내륙(약 1만 1500년 전)으로 진출했다.

베링 해협을 통해 알래스카로 들어가는 일은 빙하기 이후에도 계속 이어졌고, 빙하기 이후의 이주는 계속해서 캐나다와 북아메리카 내륙으로 향했다. 약 1만 1000년 전에는 아시아에서 동시베리아를 거쳐 알래스카로 향하는 두 번째 이주가 이루어졌다. 이들의 후손이 나데네 아메리카 원주민이고, 이들이 사용하는 언어는 애서배스카어를 포함한 나데네 어족이다. 북서부의 몇몇 고립어(이야크어, 틀링깃어, 하이다어)도 나데네 어족에 속한다. 세 번째 이주는 약 1만 년에서 9000년 전으로 확인된다. 당시 알류트족과 에스키모족의 조상이 북아메리카로 건너왔다.^{(Haarmann}

유럽에서 건너온 빙하기 사냥꾼들은 아메리카의 동부 해안에 거처를 정했다. 당시 대서양의 해수면은 오늘날보다 100미터 이상 낮았다. 이는 빙하기에 해안 지역에 있던 초기 사냥꾼의 모든 야영지가 지금은 저 깊은 해저 어딘가에 있다는 뜻이다. 해저고고학자들은 당시 사냥꾼이 사냥한 동물의 뼈를 발견했지만, 빙하기 야영지가 있던 위치는 아직까지 확인되지 않았다. 해저 모래층에서 당시 사냥꾼이 사용하던 석기를 찾는 일은 건초더미에서 바늘을 찾는 것이나 마찬가지다. 그런 유물이 발견된다면 유럽의 솔뤼트레 문화, 아메리카 대륙 남동부의 초기 클로비스 문화 및 남서부 클로비스 문화에서 제작한 도구 사이의 잃어버린 고리일 것이다.

현재 대서양 항해자와 그들의 후손에 대한 단서는 초기 클로비스 문화의 탄생과 관련해 한 가지뿐이고, 그것은 이번에도 DNA 분석이다. 빙하기 사냥꾼은 먼저 남쪽 해안을 따라 이동했고, 나중에는 서쪽인 내륙으로 향해 텍사스를 지나 뉴멕시코로 옮겨갔다. 클로비스 문화의 도구가 발견된 초기 장소는 하플로그룹 X2가 증명되는 지역이다. 이는 수 세대가 지나는 동안에도 선조들의 기술적 노하우를 보존했던 대서양 항해자의 후예가 서쪽 지역에서도 전통 양식으로 도구를 제작했다는 사실을 말해준다.

북동부 사람들의 후손과 북서부에서 이주해온 사람들의 후손은 북아메리카의 드넓은 지역 어디선가 서로 만났을 것이다. 원래는 따로 떨어져서 살아가던 집단이 뒤섞였고, 여러 인종이 다양하게 융합되는 과정을 거치면서 개별적인 아메리카 원주민의 문화들이 분화되었다.

4

인류 최초의 신전 건축물

괴베클리테페의
중석기 시대 사냥꾼 문화

기원전 제10천년기

1990년대 터키 남동쪽, 유프라테스강이 메소포타미아 북부를 굽이쳐 흐르는 아나톨리아 지방에 나무가 거의 없는 척박한 언덕 지대에서 제식을 행하던 장소로 추정되는 대규모 복합 시설이 모습을 드러냈다. 이 유적은 샨르우르파 근처 '배불뚝이 언덕'이라는 뜻을 가진 괴베클리테페Göbekli Tepe 꼭대기에서 발굴되었고, 그때부터 고고학자나 문명학자에게 아직까지 풀리지 않는 수많은 수수께끼를 던지고 있다. 그래서 해석의 여지도 매우 다양하다.

아나톨리아 동부에서 발굴된 이 괴베클리테페 유적은 고도 문명에 대한 기존의 특징 규정을 다시 한 번 숙고하게 만드는 계기를 제공했다. 그전까지는 성스러운 거대 건축물은 고대 세계의 초기 중심지인 메소포타미아와 이집트에서 처음 등장했다는 생각이 지배적이었기 때문이다. 메소포타미아의 성탑聖塔인 지구라트, 수메르의 여러 도시에 있는 신전탑, 이집트 고왕조의 피라미드가 이러한 견해를 뒷받침하는 것으로 보이는 가장 오래된 건축물이다. 일반적으로 거대 건축물은 하나의 문명을 형성하는 독점적인 특징으로 이해되었다.

아나톨리아 동부에서 뜻하지 않게 선사 시대 건축물이 발굴된 곳이 괴베클리테페만은 아니다. 1960년대에 이미 차외뉘˙에서 발굴이 이루어졌고 1980년대에는 네발리초리˙˙에서 석기 시대의 신전이 발굴되었다. 그러나 괴베클리테페의 풍부한 유적은 그때까지 발견된 모든 것을 압도했다.

꼭대기에 신전이 세워진 배불뚝이 언덕의 높이는 15미터다. 신전은 단독 건축물이 아니라 총 스무 개의 원형 건축물로 구성되었고, 지금까지는 그중 네 개만 완전히 발굴되었다. 각 건축물에는 여덟 개의 돌기둥이 포함되는데, 그 웅장한 비율에서 현존하는 가장 오래된 거석 신전이라는 점을 알 수 있다. 모든 돌기둥이 T자 모양의 머리 장식을 갖고 있고

˙ Çayönü. 아나톨리아 지방의 티그리스강 상류 계곡에 위치한 중요한 고고학 유적지다. 기원전 1만 년 무렵 초기 농경 공동체의 단순한 원형 건물에서 기원전 9000년, 기원전 8000년, 기원전 7000년 초까지 더 세분화된 건물을 갖춘 대규모 주거지로 발전해간 형태를 엿볼 수 있다.

˙˙ Nevali Çori. 샨르우르파 지방 유프라테스강 중류에 위치한 초기 신석기 시대 주거지로 가장 오래된 곳은 기원전 1만 년까지 거슬러 올라간다. 사람의 뒤통수에 뱀 형상이 새겨진 조각상과 사람 얼굴에 새의 부리를 가진 조각상이 발견되었다.

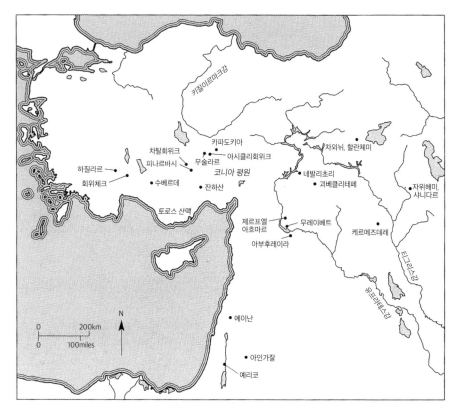

기원전 제10천년기~기원전 제9천년기에 동부 아나톨리아에 세워진 괴베클리테페와 그 밖의 신전들

(그래서 T자 기둥으로 불린다), 높이 6미터에 무게는 20톤에 이른다. 이 거대한 구조물 중 일부는 기둥의 형태로 다듬어지지 않은 채 암벽에서 깎아낸 상태 그대로 놓여 있다. 가장 큰 기둥은 길이가 7미터에 무게는 약 50톤에 이를 것으로 추정된다.

신전을 지은 시기는 기원전 9600년에서 기원전 8800년 사이의 시기, 그러니까 중석기 시대(기원전 1만 년~기원전 7000년)에 해당한다. 아직 토기 제조 기술이 발명되지 않은 시기였다. 당시에 아나톨리아 지역은 물론이고 세상 어디에도 도시는 아직 형성되지 않았다. 괴베클리테페의 신전은 고원 중심부에 홀로 서 있다. 괴베클리테페에서 어느 정도 떨어진 카라자다그에서는 초기 인류의 취락지도 발견되었다. 베를린 독일 고고학 연구소 오리엔트 분과 담당자로서 1995년부터 2014년 사망할 때까지 괴베클리테페 발굴 작업을 이끈 클라우스 슈미트는 이곳 신전이 여러 지역의 사냥꾼과 채집인 집단이 모이는 중심지였을 것으로 추정했다. 이들이 특별한 기회에 연대감을 강화하고 공동으로 애니미즘적 제식을 거행하기 위해서 150킬로미터 떨어진 곳에서부터 이 중요한 종교적 중심지를 찾아왔다는 것이다. 그러니까 이들은 당시에 이미 넓은 지역에 걸쳐 조직되어 있었다는 뜻이다.

기원전 제10천년기에는 아직 한곳에 정착해 농경 생활을 하는 공동체는 형성되지 않았다. 그런데 최근 연구에서는 신전을 짓는 동안 수많은 일꾼을 부양할 병참 역할이 필요해짐에 따라 의식적으로 곡물 재배(처음에는 야생 밀) 실험이 이루어졌을 거라고 추정한다. 물론 괴베클리테페의 거석 기둥을 세운 농민들의 시기는 일상적인 농경이 이루어지던 시기와는 달랐다(영국 남쪽에 6000년 늦게 형성된 스톤헨지*는 정착 생활을

---

* Stonehenge. 영국 윌트셔주 솔즈베리 평원에 원형으로 배치된 거대한 돌기둥 유적. 건축 기간은 세 시기로 나뉘는데, 제1기는 기원전 2800년~기원전 2200년경, 제2기는 기원전 2100년경, 제3기는 기원전 2000년~기원전 1100년경이다. 다양한 주장이 제기되었지만, 스톤헨지가 어떤 역할을 했는지는 아직 명확하게 밝혀지지 않았다.

괴베클리테페의 원형 신전, D건물

하던 농민에 의해 세워졌다). 괴베클리테페에서는 맥주를 담았을 것으로 보이는 통에서 발효 처리가 있었다는 단서가 발견되었다.(Ghose 2012) 술에 대한 특별한 사랑이 곡물 재배의 시초였을까? 아니면 맥주를 마시는 것도 신전 구역에서 거행된 제식의 일환이었을까?

괴베클리테페 신전의 전형적인 형태는 원형이다. 다만 가장 오래되고 완전히 발굴된 상태인 뱀이 새겨진 기둥 건물만은 측면부가 반듯한 반원형이다. 전체 건물의 다른 부분들은 원형으로 이루어졌다.

모든 건물에 공통되는 특징은 육중한 T자 머리 기둥이다. 이 기둥들의 측면에는 부조 기법을 사용한 동물이 묘사되어 있다. 동물은 개별적으로(가령 뱀, 여우, 멧돼지 또는 표범 한 마리씩) 등장하거나 집단으로 등장한다. 집단으로 묘사된 경우에는 물새와 멧돼지 조합이나 뱀, 황소, 여우 조합으로, 또는 뱀과 야생 당나귀나 여우, 거미, 새 조합으로, 아니면 멧돼지와 개 조합으로도 나온다. 그 밖에도 멧돼지나 고양잇과 맹수(사자, 표범)를 묘사한 다양한 조각도 발견된다. 괴베클리테페 신전이 이용되던 시기에는 아직 길들여지지 않은 상태였던 다양한 동물을 묘사한 모습이 마치 석기 시대 동물원 같은 인상을 준다.(Schmidt 2006)

새도 다양한 종이 묘사되었는데, 특히 예로부터 아나톨리아 동부와 메소포타미아에 널리 퍼져 있던 검은목두루미가 대표적이다. 검은목두루미와 석기 시대 사냥꾼들 사이에 특별한 관계가 형성된 이유는 이들이 짝짓기 행동에서 표현하는 인상적인 춤에 있었을 것이다. "사냥 문화를 가진 사람들은 검은목두루미의 춤을 모방하고, 그것을 통해서 그 새들과 비슷해지려고 할 정도로 깊이 매료되었을 것"이다.(Schmidt 2006: 193) "차탈회위크"에서 출토된 두루미 복장이 분명해 보이는 흥미로운 날개 유

동물 형상이 새겨진 기둥 부조

물도 그 점을 말해준다."

수많은 동물 묘사는 온전히 자연 속에서 자연과 함께 살았던 석기 시대 사냥꾼들의 정신 상태에서 비롯되었을 것이다. 동물 사냥은 다른 생물과 밀접한 관계를 맺게 했고 모든 생물이 내적으로 결속되어 있다

▪ Çatalhöyük. 터키 중앙 아나톨리아 지역, 코니아주에 있는 신석기 시대 초기 유적지로 두 개의 언덕으로 이루어져 있다. 규모가 크고 높은 동쪽 언덕에는 기원전 7400년에서 기원전 6200년 사이의 주거지가, 서쪽 언덕에는 기원전 6200년에서 기원전 5200년 사이의 주거지가 형성돼 있다.

문명은 왜 사라지는가

는 본능적인 감정을 전달했다. 인간은 검은목두루미의 짝짓기 행동을 자신들의 사회적 행동인 '춤'과 동일한 표현 형태로 보았다. 춤 모티프는 네발리초리에서 출토된 부조 그림에서 발견되는데, 인간의 몸에 새의 머리를 한 존재가 춤을 추는 모습이 형상화되었다.(Garfinkel 2003)

　가상의 세계 질서에서 모든 생물이 연대감 속에 살아간다는 생각은 조상에 대한 기억에도 초점이 맞춰진다. 거대한 T자형 기둥이 세워진 이유를 찾다 보면, 유라시아 신화에서 알려진 전설적인 시조, 즉 자기 씨족의 추앙받는 씨족 아버지나 어머니 모티프를 만나게 된다. 따라서 T자형 기둥은 사냥꾼들의 성스러운 신전에서 행해지는 제사 의식에서 신화적 조상의 현존을 상징적으로 나타낸다고 볼 수 있다. 이러한 해석이 맞다면 괴베클리테페 신전은 죽은 사람을 기리는 의식이 거행되는 장소이기도 했을 것이다. 이와 관련해서는 최근 죽은 사람을 기리는 의식 행렬의 종착지로 새롭게 해석되고 있는 스톤헨지와의 유사성이 나타난다.(Haarmann 2013: 59 ff.)

　괴베클리테페 신전에는 인간의 특징을 담은 신의 형상이 전혀 없다. 인간의 모습으로 신을 묘사한 형상은 훨씬 이후인 메소포타미아와 이집트에서 비로소 탄생한다. 괴베클리테페 신전에서 여러 의식을 거행한 초기 인류는 분명 초감각적인 것에 대한 관념이 있었고, 신적인 존재(자애로운 수호신과 사악한 악마)에 대한 생각도 일정한 역할을 했다. 모든 생물에 영혼이 깃들어 있다는 생각은 이곳 아나톨리아에서 행하던 의식보다 훨씬 오래되었으니 말이다(2장 참조). 다만 어머니 자연과 수호신에 대한 생각이 아직은 개별적 특징을 가진 형상으로 인격화되지는 않았다. 그렇지 않다면 괴베클리테페 신전에서 나온 여러 그림에서도 그런 형상에 대한 암시를 찾을 수 있었을 것이다.

부조 기법으로 묘사된 동물 형상은 기둥의 측면뿐 아니라 T자 머리에서도 발견된다. 그러나 기둥의 측면에 새겨진 부조가 T자 머리의 그림들과 다른 기능을 가졌으리라는 단서는 전혀 없다. T자 머리 기둥이 신화적 시조나 다른 세계의 존재를 상징한다는 가정에서 출발한다면 T자 머리에 새겨진 동물 모티프는 토템 동물로 해석할 수 있을 것이다.(Peters/Schmidt 2004: 209 ff.) 신전에서 제식을 거행하던 사냥꾼들은 서로 다른 씨족에 속했다. 이들은 아마 저마다 자기 씨족의 탄생과 연관되었다고 생각한 다른 동물 형상을 숭배했을 것이다. 이런 해석에 따라 검은목두루미족, 사자족, 표범족 등이 있었을 것이다. 네발리초리 신전에 일부는 부조 기법으로, 일부는 조각으로 새를 묘사한 석회석 기둥이 있으며, 이 기둥은 '토템 기둥'으로 불린다.(Schmidt 2006: 79) 토테미즘은 오랜 옛날부터 유라시아 문화에 퍼져 있었으며, 또한 애니미즘 전통은 시간적으로 괴베클리테페 신전이 탄생한 시기보다 훨씬 이전으로 거슬러 올라간다(2장 참조).

모든 정황으로 볼 때 괴베클리테페 꼭대기의 신전은 계절에 따라 의식을 거행하는 일에만 쓰였다. 신전 주변에서 석기 시대 사냥꾼의 야영지는 전혀 발견되지 않았고, 신전 방문객은 다른 어딘가에서 순례자로서 찾아왔을 것이다. 신전 건물은 그 나머지 시간에는 대부분 비어 있었다. 따라서 한 가지 의문이 떠오른다. 방문객은 권한이 없는 사람의 신전 출입을 막고 성스러운 장소를 보호하기 위한 대책을 마련해 두었을까? 적어도 사자가 새겨진 기둥 건물 한 곳은 그런 보호 조치에 대한 정보를 준다. 동쪽 벽 근처 큼지막한 돌판으로 된 긴 의자에는 여성을 형상화한 그림이 새겨져 있다. 여성은 둥글게 부풀어 오른 외음부를 적나라하게

위협적인 자세를 취하고 있는
여성 수호신(?)

드러내는 자세로 양쪽 다리를 넓게 벌리고 있다. 현대 관찰자의 시선으로 볼 때 이런 포즈는 외설적으로 느껴진다. 고고학자들은 이 그림의 의미를 아직까지 해석하지 못하고 있다. 표면적으로 느껴지는 외설적 인상이 그 뒤에 감춰진 종교적 의식의 의미를 곧바로 인식하지 못하게 만들기 때문일 것이다.

　그러나 유라시아 문화에서는 이와 비교할 수 있는 표현과 그런 표현의 역할이 잘 알려져 있다(예를 들어 그리스 코르푸섬의 메두사,* 드라비다**의 칼리,*** 인도의 바즈라요기니,**** 아일랜드의 실라나기그*****). 여기서 중요한 것은 외설 자체보다는 파렴치한 태도로 상대를 경악시키고 거리를 두게 만드는 위협적 행동을 표현하는 것이다.(Dexter / Mair 2010) 다리를 벌리고 있는 포즈는 민족지학자나 문화학자 사이에서 액막이나 악을 물리치는 행위Apotropaic magic의 표현으로 알려져 있다. 그리스어로 '뭔가를 막다, 물리치다'라는 뜻을 가진 아포트로파이오스apotropaios에서 유래했다. 따라서 사자 기둥 건물 안에 묘사된, 깜짝 놀라 물러나게 만드는 자세를 취한 여성의 그림도 공동체의 구성원이 없는 동안 이방인의 성역 침범으로부터 신전을 보호해야 할 수호신을 의인화해서 표현한 것일 수 있다.

괴베클리테페 신전은 조금은 극적인 종말을 맞았다. 신전은 파괴되지 않았고, 기원전 제8천년기 초 언젠가 그냥 버려진 채 묻혀버렸다. 그렇게 묻히게 된 것도 오랜 시간 속에서 이루어진 퇴적 작용의 결과가 아니었다. 그보다는 인간의 활동으로 만들어진 못 쓰게 된 석기와 석회석 도구, 깨진 돌 용기, 그 밖에 동물의 뼈로 계획적으로 신전이 덮여버렸다.

▪ Medusa. 그리스 신화에 나오는 괴물. 원래는 아름다운 소녀였으나 아테나 여신의 저주를 받아 흉측한 괴물로 변했다. 무섭게 부풀어 오른 얼굴과 툭 튀어나온 눈, 뾰족한 멧돼지 엄니에 머리카락은 모두 꿈틀거리는 뱀의 형상을 하고 있다. 메두사의 얼굴을 직접 보는 사람은 돌로 변하는 마법에 걸렸다. 아테나 여신의 명을 받은 영웅 페르세우스에 의해 목이 잘려 죽었다. 코르푸섬의 아르테미스 신전에 위협적인 포즈를 취한 메두사의 모습이 새겨져 있다.

▪▪ Dravida. 인도 남부의 데칸 고원에서 스리랑카 북부에 걸친 넓은 지방을 이르는 옛 명칭으로, 아리아인이 들어오기 전 인도에 살던 드라비다인의 거주 지역이다.

▪▪▪ Kali. 힌두교에서 검푸른 피부를 지닌 죽음과 파괴의 여신이다. 얼굴에 피가 묻어 있고 어둡고 위협적으로 묘사되는 경우가 많다.

▪▪ Vajrayogini. 인도에서 힌두교적 밀교 수행법에 나오는 주요 여신 중 하나로, 개인의 수호신이자 명상의 여신이기도 하다.

▪▪▪ Sheela-na-gig. 벌거벗은 여성이 다리를 벌리고 과장된 외음부를 드러내는 상징적 조각상으로, 아일랜드나 영국의 교회와 성에서 발견된다.

그런 재료 중에서는 인간의 뼈도 일부 발견되었다. 신전은 그렇게 덮여버림으로써 날씨의 변화와 사람의 손에 파괴되지 않을 수 있었다. 땅 밖으로 솟아 있던 유일한 부분인 몇몇 기둥머리는 나중에 인근 농부들에 의해 파괴되었다. 그중 일부는 집을 짓는 재료로 사용되었고, 일부는 경작을 방해하는 장애물이라 치워졌다.

신전 건물 전체를 메워버린 이 이례적인 행위는 단 하나의 설명으로만 이해될 수 있다. 즉 이전에 이동 생활을 하던 사냥꾼 집단이 사냥과 채집에서 식물 재배의 경제 형태로 넘어가는 과도기적 과정에 적응했고 이후 정착 생활을 하는 농민이 된 것이다. 새로운 경제 형태에 적응하다 보니 동시에 세계관도 바뀌었다. 자연의 정령 자리에는 농경의 신이 등장했다. 이로써 괴베클리테페 신전은 사냥꾼에게 성스러운 장소로서의 기능을 잃었고 결국 버려지고 묻혀버렸다.

아나톨리아 석기 시대 사냥꾼의 정신적 발달 수준은 부조 기법으로 묘사한 다채로운 동물 모티프에서만 드러나지 않는다. 더 나아가 은유적 표현 형식까지 다룰 줄 알았다는 점을 보여주는 추상적인 상징도 존재한다. 말하자면 거석 기둥의 측면에는 동물만 묘사된 것이 아니고, H자 모양의 기호, 원이나 반원, 초승달 모양, 부조로 새겨진 부크라니움⋮⋮이 발견된다. 따라서 차탈회위크 유물의 도상학(5장 참조)에서 풍부하게 제시된 두 개의 뿔 상징은 괴베클리테페까지 2000년 이상 거슬러 올라가는 전통의 계승이다. 또한 이 부크라니움 전통이 괴베클리테페에서 시작되지 않았다는 것도 분명하다. 매우 다양한 그림 모티프와 건축물의 기

⋮⋮ bucranium. 두 개의 뿔이 달린 소의 머리를 묘사한 고대의 장식 모티프.

술적 완성도로 보았을 때, 괴베클리테페 신전의 체계화와 그 안에 표현된 종교적 세계관도 더 이전 시기의 경험과 노하우에서 배웠다는 점을 시사하기 때문이다.

괴베클리테페 신전에 묘사된 다양한 그림 모티프에서는 유라시아 석기 시대 사냥꾼의 그림과 역사 시대 유라시아 민족의 전래 신화 사이의 유사성이 뚜렷하게 드러난다. 특정한 동물 형상의 모티프와 상징적 구상은 바이칼 호숫가에서 야영하던 집단과 동부 아나톨리아에 신전을 세운 집단에서 동시에 발견된다. 예를 들어 뱀, 물새, 신화적 조상에 대한 구상이 그런 것이다. 근동 지역의 초기 신전 건축물은 선사 시대 사냥꾼 문화의 주변 지역에서 탄생했다. 이러한 사냥꾼 문화는 북쪽에서는 계속 이어진 반면, 아나톨리아에서는 정착 생활과 식물 재배, 도시적 거주 방식으로 넘어가는 과도기적 과정으로 들어서면서 묻혀버렸다. 괴베클리테페 이후 약 2000년 뒤 차탈회위크를 세운 사람들이 남긴 고고학 유물에서 그러한 과도기를 읽을 수 있다.

괴베클리테페 발굴은 인류의 문화 발전에 대해 갖고 있던 기존의 생각을 수정하라고 요구한다. 도시는 문명의 출발점이 아니었고 도시적 환경이 거대 건축술 탄생의 전제 조건도 아니었다. 상황은 오히려 정반대다. 다시 말해서 종교적 세계 질서의 결정체이자 사회 집단의 연대감 강화 의식이 거행되는 중심지인 신전이 문화적 발전의 이정표가 된다. 중심지의 역할은 도시적 취락지로까지 확대되며, 여기서 신전 건축은 초기 문명의 중요한 형식으로 대두된다.

5

위대한 여신과 모기

차탈회위크,
세계에서 가장 오래된 대도시

기원전 제8천년기 ~ 기원전 제6천년기

영국의 고고학자 시턴 로이드는 앙카라 고고학 연구소장을 맡고 있던 1956년까지도 아나톨리아에는 신석기 시대 인류가 살았던 흔적이 전혀 없을 거라고 확신했다. 선사 시대의 농부가 지내기에는 겨울이 너무 추웠으리라고 보았기 때문이다.

그러나 영국의 고고학자 제임스 멜라트의 획기적인 발굴로 선사 시대 역사가 없던 그 지역의 모습은 완전히 바뀌게 된다. 멜라트는 몇 년 동안 터키를 여행하며 눈에 띄는 지형을 꼼꼼히 메모했다. 그것을 토대로 아나톨리아 남부 코니아주 남동쪽에 위치한 쌍둥이 언덕(차탈회위크: 차탈çatal은 '포크, 갈퀴', 회위크höyük는 '언덕, 산꼭대기'를 뜻한다) 꼭대기에 옛 취락지의 흔적이 있을 거라고 생각했다. 여기저기 흩어져 있는 깨진 도기의 흔적은 차탈회위크를 보다 면밀하게 살펴보겠다는 결심을 더 굳혀주었다. 멜라트는 1958년 드디어 첫 발굴 작업에 착수했다(4장 지도 참조).

멜라트의 발굴 팀은 두 곳의 언덕에서 실제로 옛 취락지의 유적을 발견했다. 취락지의 동쪽 부분은 주변 평원보다 20미터가량 높이 솟아 있었다. 서쪽 언덕에도 조금 더 작은 규모의 취락지가 존재했다. 선사 시대에는 차르샴바강의 지류가 두 취락지 사이로 흘렀고, 이들 취락지에서는 저수통이 발견되지 않았다. 지류가 흘러 신선한 물 공급이 확보되었기 때문에 언덕에 저수통을 따로 설치할 필요가 없었던 것이다.

1961년부터 1965년까지 이루어진 네 번의 발굴 작업 끝에 도시 규모의 윤곽을 보이는 유적지가 드디어 모습을 드러냈다. 규모가 큰 동쪽에는 7000명에서 1만 명, 서쪽에는 수천 명이 살았을 것으로 추정한다. 차탈회위크는 아나톨리아에서 가장 오래된 도시이고 요르단 계곡에 위치한 매우 오래된 도시인 예리코에 필적할 수 있다. 차탈회위크는 거의 2000년 이상 이어진 취락지이고, 건립 시기는 기원전 7500년에서 기원전 5600년 사이로 보인다. 특이한 점은 취락지를 지속적으로 넓혀나간 것이 아니라, 이전 취락지 위쪽으로 새 주거 영역을 층층이 세웠다는 것이다. 고고학자들은 모두 18개 층으로 이루어진 취락지를 확인했다.(Hodder 2006: 91 ff.)

이 취락지에서는 모든 것이 이례적이었다. 햇볕에 말린 점토 벽돌로 지은 당시의 집은 서로 나란히 붙어 있었다. 더 정확하게 표현하자면 한 집의 벽이 동시에 이웃집의 벽을 이루는 형태였다. 통로나 집과 집 사이

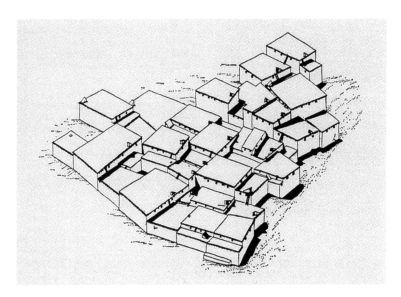

차탈회위크 동쪽 VI구역 주거 단지의 재구성, 기원전 6500년 무렵

에 길이 전혀 없었고 문조차 없었다. 당시 주민들은 지붕에 뚫은 구멍을 통해 사다리를 타고 집을 드나들었다. 평평한 지붕은 동시에 한 집에서 다른 집으로, 그리고 여러 집을 거치며 전체 취락지를 지나다니는 길이 기도 했다. 높은 곳에서 내려다보면 집들이 길도 없이 다닥다닥 붙어 있어 마치 벌집과 비슷하다는 인상을 준다.

주민 수천 명이 살던 이 도시에는 이후 형성된 다른 도시에서는 볼수 있는 어떤 것이 없다. 바로 부자가 살았을 큰 건물과 지배자의 궁전 건물이다. 차탈회위크의 집은 사회 계급에 따라 주민을 구분한 흔적이 보이지 않고, 다른 집보다 더 화려하게 장식한 건물도 전혀 없다. 이는 당시 사회에 사회적 위계질서가 없었다는 점을 시사한다. 멜라트는 특정한 윤곽을 지닌 집들을 공적인 기능을 담당하는 곳, 즉 소뿔로 장식된 성스러운 장소나 공회당이라고 했다. 그러나 1993년부터 차탈회위크 발굴을 이끈 이언 호더는 성소의 존재를 확인하지 못했다. 호더에 따르면 모든 건물이 동일한 방식으로 지어진 가정집이었다. 따라서 벽에 있는 소뿔 장식은 가정 제단이 있는 장소를 표시하는 것일 수 있다.

차탈회위크 주민은 농부였고, 이들의 농토는 취락지에서 멀지 않은 곳에 있었다. 언덕은 당시 풀밭으로 둘러싸여 있었다. 따라서 곡식이 자라는 동안 농토에는 물이 충분히 공급되었다. 재배하는 곡식은 밀과 보리였는데, 이 취락지가 형성된 시기에는 야생 품종이 퍼져 있었다. 주민들이 길들인 야생 염소와 야생 양도 초지를 돌아다니며 풀을 뜯었다. 곡식은 타작을 해서 가루를 냈고, 그 가루로 빵을 구웠다. 집 안에는 맷돌과 화덕이 갖춰져 있었다. 당시의 식량에는 도축한 동물의 고기와 유제품도 포함되었다. 도시 주민의 식단은 사냥한 야생 동물의 고기로도 보충되었다. 노루와 여우를 비롯해 어쩌면 들소도 있었을 것이다. 전체적으로 상당히 많은 도시 주민에게 지속적으로 공급할 식량은 충분했다.

이 농경 공동체는 사회적으로 어떻게 조직되었을까? 통일적인 건물 형태로 미루어 판단할 때 사회적 계급의 구별이 없는 공동체였다면 영향력을 행사하고 다른 주민의 운명을 결정하는 지배층도 없었을 것이다. 신전과 조직화된 성직자 계급도 존재하지 않았다. 연구자들은 이 도시 공동체가 적어도 위계적으로 구성되지 않았다는 점에서는 의견이 일치한다. 호더에 따르면 노동 분업이 조화롭게 균형을 이루었고 남녀가 근본적으로 동등했다. 이러한 사실은 장례 풍습에서 매우 뚜렷하게 드러난다. 부장품에서 두드러진 차이가 있는 남성이 선호하는 장비라고 할 만한 유물이 관찰되지 않기 때문이다.

그러나 죽은 사람의 매장과 관련된 특정한 풍습 한 가지는 여성에게 중요한 문화적 역할이 부여됐다는 점을 시사한다. 죽은 사람의 시신은 땅에 묻은 뒤 한동안 건드리지 않고 그대로 두었다. 그러다가 부패 과정이 완결되어 피부가 다 썩고 나면 무덤을 다시 열어 머리뼈를 분리해 집 안으로 가져갔다. 이는 그다지 이례적인 일이 아니었는데, 당시에는 죽은 사람을 모두 집 안(바닥 아래, 벽 쪽의 긴 의자 아래나 화덕 아래)에 묻거나 집 바로 옆 마당에 묻었기 때문이다.

몇몇 머리뼈는 석고 모형으로도 만들어졌다. 이런 인공물은 주로 소 뿔로 장식된 기둥 근처에 놓인 바구니에 보관되었다. 석고 모형으로 만든 머리뼈들 중 하나에는 얼굴에 붉은 황토가 칠해져 있었다. 이 머리뼈는 웅크린 자세로 묻혀 있던 한 유골의 품에서 발견되었다.(Haydaroğlu 2006: 140 f.) 그런데 머리뼈 분리 풍습이 실행된 시신은 모두 여성이었다. 이는 차탈회위크 주민의 관념 세계에서 여성이 특별한 역할을 했음을 추정할 수 있는 부분이다. 아마 시조 또는 씨족 어머니로서 그에 걸맞은 숭배를 받았을 것이다. 여성에게 숭배받는 씨족 어머니의 역할이 부여되었다는 가정은 조형 예술에서도 뒷받침되는데, 차탈회위크의 집에서 발견된 수많은 여인상이 이를 방증한다. 이런 형상의 비유적 의미는 '시조가 된 여인으로, 또는 죽음과 결합되었거나 삶과 죽음의 결합을 나타내는 여인으로' 다양하게 해석할 수 있다.(Hodder 2006: 214)

멜라트는 곳곳에서 발견된 여성을 묘사한 다양한 예술품을 신석기 시대 여신 숭배의 명백한 표현으로 보았다. 그중에서도 특정한 유형의 조각상이 여러 가지 추측을 불러일으킨다. 그것은 바로 앉아 있는 여인을 뚱뚱한 비율로 묘사한 조각상이다. 엉덩이와 큰 젖가슴, 두껍고 넓적한 다리가 강조되었고, 괴베클리테페 유적의 기둥에 새겨진 그림처럼 음부가 적나라하게 드러나 있다. 이런 조각들 중 하나는 일종의 왕좌에 앉아 있는 여인을 묘사했는데, 왕좌의 좌우에는 표범이 서 있다. 멜라트는 이 조각을 위대한 여신의 모상으로 해석한다. 이 해석에는 논란의 여지가 있다. 그러나 단순히 표범을 키우는 여성을 묘사했을 거라는 최소한의 해석은 여러 가지 이유에서 설득력이 없어 보인다. 차탈회위크의 이 여성은 왜 경외심을 일으키는 자세로, 그것도 일상생활의 용도로 만들어지지 않은 것이 분명한 의자에 앉은 모습으로 묘사되었을까? 한 인물에 그처럼 남다른 존경을 표시하는 경우는 대개 사회적 위계질서가 있는 공동체에서 만들어진다. 그러나 고고학적 조사 결과에 따르면 차탈회위크에는 지배층이 존재하지 않았다. 게다가 몸의 균형도 맞지 않는 그렇게 뚱뚱한 여자는 사다리를 오를 수 없어 지붕에 뚫은 좁은 구멍을 통해 집 안으로 들어갈 수 없다.

　모든 정황으로 보아 이 여인상은 신화적 장면과 관련된 조각임을 알 수 있다. 즉 위대한 여신과 그 여신을 상징하는 동물을 묘사한 것이다. 맹수 두 마리의 호위 아래 위엄 있는 자세로 앉아 있는 여인을 묘사한 이 조각과 비슷한 모티프는 서부 아나톨리아 하질라르에서 발굴된 기원전 5500년경 유적지의 예술품에서도 볼 수 있다.

　표범 두 마리의 호위를 받는 여인상은 이례적인 장소에서, 다시 말해 곡식을 저장하는 통에서 발견되었다. 아마 그리스 신화에 나오는 데메테르의 역할과 비슷하게 농경의 여신을 묘사한 것일지 모른다.

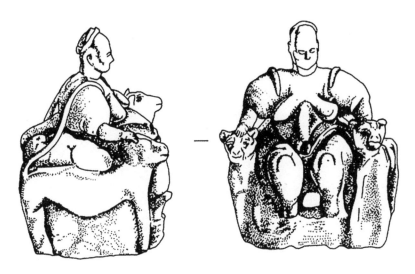

표범의 호위를 받는 인상적인 여인상. 신화적 장면일까?

차탈회위크의 예술 창작 활동은 다수의 조각뿐 아니라 기술적으로 숙련된 부조 그림과 프레스코 벽화에서도 나타난다. 많은 집의 벽에서는 개별적인 모티프를 그린 그림이나 동물과 사람이 묘사된 복합적인 그림이 발견되었다. 그런 프레스코 벽화 중 하나는 주제 면에서 다른 모든 것과 뚜렷한 차이를 보인다. 말하자면 고유한 범주를 대변한다. 마치 조감도로 그린 것처럼 미로처럼 얽힌 집들의 단면이 묘사된 것이다. 프레스코 벽화의 배경에 나오는 특정한 모티프는 약 140킬로미터 떨어진 곳에 솟아 있는 하산 화산의 이중 분화구 윤곽을 묘사한 것으로 여겨진다. 이 프레스코 벽화는 문화사에서 가장 오래된 '도시 지도'로 해석된다.

프레스코 벽화 중에서 차탈회위크의 집에서 발견되어 발굴 장소에

차탈회위크 도시를 지도로 나타낸 프레스코 벽화

그대로 두었던 것들은 믿을 만하다. 이런 벽화는 박물관과 전시회, 그리고 이후 진행될 연구를 위해 스케치로 그려지거나 모사되었다. 반면에 몇몇 프레스코 벽화는 학계를 두 진영으로 분열시킨 스캔들을 불러일으켰다. 멜라트가 1960년에 공개한 몇몇 프레스코 벽화 모사본의 진위 여부가 문제였다. 그 벽화들은 당시 원래 있던 장소에서 옮겨진 다음 박물관으로 운송하기 위해 포장되었다가 분실되었다. 그로 인해 이 벽화에 담긴 장면들은 멜라트가 완성한 스케치를 통해서만 알려졌다.

일부 학자들은 멜라트가 모사한 그림이 실제로 차탈회위크의 벽화를 담은 것인지 회의적이고, 멜라트가 발굴한 것들에 의구심을 표한다.

문명은 왜 사라지는가

반면에 또 다른 학자들은 멜라트가 밝힌 발굴 과정의 설명에 동조하고 그가 모사한 그림들을 실제 프레스코 벽화의 기록으로 인정한다. 이러한 논쟁에도 멜라트가 모사한 그림들의 복사본은 2006년 이스탄불에서 개최된 대규모 차탈회위크 전시회에 걸렸다.(Haydaroğlu 2006: 191 ff.)

멜라트가 모사한 그림이 진짜 프레스코 벽화를 재현한 것이 아닐 거라는 의심은 아무 근거 없이 나오지 않았다. 그는 자신의 발굴 보고서에서 프레스코 벽화뿐 아니라 다른 유물도 열거하고 기술했지만, 나중에 이 유물들의 행방이 묘연해졌다. 멜라트는 사기꾼이라는 비난을 받았고 귀중한 유물을 외국으로 반출한 혐의도 받았다. 1965년 이후 그의 발굴 허가서는 더 이상 갱신되지 않았고, 그는 글자 그대로 발굴 현장에서 추방되었다. 발굴 유물 은닉과 관련된 이 스캔들은 이후에도 밝혀지지 않았고, 발굴 장소에서는 수십 년 동안 모든 작업이 중단되었다. 그러다가 1993년에야 이언 호더의 지휘 아래 발굴 작업이 다시 시작되었다.

고고학자들은 차탈회위크에서 추상적인 모티프가 새겨진 수많은 점토 스탬프도 발견했다. 그런 스탬프는 몸에 그림을 그리거나 직물에 색채가 있는 모티프를 찍기 위해 사용했을 것으로 보인다. 추상적인 모티프 이외에 몇몇 스탬프에서는 동물, 그중에서도 곰을 단순화해서 묘사한 그림도 발견된다. 차탈회위크 도상학에서는 곰이 특별한 역할을 했고 조각과 부조 기법으로 다양하게 묘사되었다. 곰은 신화적 존재로서 유라시아 사냥꾼 문화(2장 참조)와 도상학에서 잘 알려져 있으며, 경작과 사냥을 병행해 주변 동물에 매우 익숙했던 차탈회위크 주민에게는 그런 관념 세계가 낯설지 않았을 것이다. 차탈회위크의 곰 모티프는 고유럽의 신석기 예술에서도 발견된다.(Haarmann / Marler 2008: 134 ff.)

차탈회위크의 도시 역사는 매우 이례적인 종말을 맞이하는데, 그 이유는 끊임없이 사람들을 들볶은 모기에 있었던 것으로 보인다. 모기는 분명 도시가 형성되었을 때부터 줄곧 있었을 것이다. 습기가 많은 저지대와 강변 초지는 모기가 서식하기 좋은 환경이었기 때문이다. 차탈회위크 주민은 수백 년 동안 모기에 잘 대처하며 살았다. 고고학자들이 확인한 바로는 도시의 건물 안 주거 공간은 눈에 띌 정도로 깨끗하게 유지된 상태였다. 내부 공간에 모기 서식처가 생기는 것을 막기 위해서였을 것이다. 어쩌면 모기를 체계적으로 제거했을지도 모른다. 집 안 화덕에는 연기 배출구가 따로 없었고, 지붕에 난 구멍을 통해서만 연기가 빠져나갈 수 있었다. 화덕의 연기가 오랫동안 집 안 전체에 퍼지게 만든 구조는 의도적인 것으로 보이는데, 그래야 동시에 모기도 막을 수 있었을 테니 말이다.

그러나 기원전 제6천년기 언제부터인가 어쩌면 기원전 5800년 무렵 발생한 기온 상승의 결과로 축축한 저지대에 말라리아모기가 서식하게 되었다.(Balter 2005: 287) 점점 더 많은 사람이 말라리아에 걸렸다. 전문가들은 무덤 속 유골에서 말라리아로 야기된 일련의 기형적 뼈를 확인했다.

만연한 말라리아는 도시 주민의 삶을 몹시 힘겹게 만들었고, 그들은 고향을 영원히 떠날 수밖에 없다고 판단했다. 결국 기원전 5600년 무렵 차탈회위크는 버려졌다. 그로부터 얼마 지나지 않아 차탈회위크 서쪽, 오늘날의 터키어로는 하질라르로 불리는 곳에 새 도시가 탄생했다. 신석기 문화는 여기서 계속 이어졌다. 하질라르를 세운 사람들이 차탈회위크 주민의 후손인지는 알려지지 않았다. 어쩌면 영원히 비밀로 남을 것이다.

차탈회위크의 특이한 역사는 초기 문명 발전에 대안적 모델이 존재했다는 인상을 준다. 차탈회위크에서 본보기적으로 증명된 바와 같이 초기 신석기 시대의 도시 취락지는 사적 건물과 공적 건물의 구분 없이 생겨날 수 있었다. 또한 도시적 환경에 수천 명의 구성원으로 이루어진 공동체 조직도 사회적 위계질서 없이 얼마든지 기능할 수 있었다. 그런데 차탈회위크만 그런 공동체를 이룬 것은 아니다. 그보다 늦게 등장한 도나우 문명의 대도시들에서도 비슷한 조건을 가진 도시 공동체가 형성되었다(6장 참조). 사회적 위계질서로 특징되는 일직선적인 도시 역사는 그 이후 메소포타미아와 이집트에서 시작되었다.

6

고古유럽의 영향력

연방의 초기 모델인 도나우 문명

기원전 제6천년기 ~ 기원전 제3천년기

　　도나우Donau 문명의 발견은 순전한 우연 덕분이었다. 명시적으로 그것을 찾아 나선 사람은 아무도 없었기 때문이다. 헝가리 남작 가문의 고고학자 조피아 토르마는 1870년대에 당시에는 헝가리 왕국에 속해 있던 투르다슈Turdaş(루마니아 트란실바니아) 지역에서 발굴 작업을 시도했다. 조피아의 연구 팀은 발굴 작업으로 드러난 신석기 시대 취락지에서 기호가 새겨지거나 그려진 수많은 토기 조각과 여인상을 발견했다. 당시에는 이 유물이 어느 문명에 속하는지 밝히는 것이 불가능했고, 연대 역시 오랫동안 확인되지 못했다. 트란실바니아 국립 역사박물관 자료실에는 조피아 토르마의 당시 일기장이 보관되어 있는데, 1878년에 쓴 한 일기에는 알려지지 않은 그 기호가 종교적 구절일 수 있다고 추측한 대목이 나온다. 그녀의 추측은 100년이 훌쩍 지난 뒤에야 사실로 확인되었다.(연구사와 관련해서는 Merlini 2009b 참조)

조피아는 1876년 부다페스트, 1880년 베를린에서 열린 인류학 국제회의에 참석해 투르다슈 발굴과 관련된 내용을 발표했다. 당시 학자들은 조피아의 발견에 대체로 회의적인 반응을 보였다. 앞에서도 언급했듯이 당시까지 알려진 문명과 아무 관련성도 찾을 수 없었기 때문이다. 하인리히 슐리만* 한 사람만이 개방적인 태도를 취하며 투르다슈 기호와 고대 키프로스 문자 체계의 비교를 충분히 근거 있는 일로 여겼다. 조피아는 그 발굴 작업에서 발견한 모든 것을 종합해 1894년 『민족지학적 유사성』이라는 저서를 출간했지만 별다른 주목을 받지는 못했다. 당시 학계는 세간의 이목을 집중시킨 슐리만의 발굴에 흥분해 있었다. 트로이에서 나온 프리아모스의 보물(1873), 미케네**에서 발굴한 아가멤논의 황금 가면(1876) 그리고 티린스 유적(1884)이 그것이다. 크레타섬에서도 발굴 계획이 있던 슐리만은 나중에 크노소스 궁전이 발굴되는 터를 찾아냈다. 그러나 땅 주인과의 토지 구매 협상에 실패하면서 크노소스 궁전 발굴은 다른 사람의 공으로 돌아간다(13장 참조).

▪ Heinrich Schliemann(1822~1890). 독일 출신의 사업가이자 고고학자로, 그리스 일대를 탐사하면서 호메로스의 『일리아스』와 관련된 유적을 탐구했다. 트로이와 미케네 유적 발굴로 유명해졌다.

▪▪ Mycenae. 그리스의 펠로폰네소스 반도 동북쪽에 있던 고대 성채 도시. 미케네 문명의 중심지로, 기원전 1400년에서 기원전 1200년경까지 번영을 누렸다. 19세기 말에 하인리히 슐리만에 의해 발굴되었다.

1908년 세르비아의 고고학자 밀로예 바시치가 베오그라드 남쪽 도나우강의 가파른 강변에서 넓은 면적의 텔* 취락지를 발굴했다. 빈차 Vinča 유적이었다. 빈차의 시작은 기원전 5700년 무렵으로 확인되었고, 세르비아 고고학 문헌에서 '선사 시대의 대도시'로 명명되었다. 실제로 빈차는 신석기 시대에 거대한 수로와 그 지류에서 이루어지는 무역의 중추였다. 빈차에는 약 2500명이 거주했고, 취락지의 구조에서 이미 도시적 주거 방식의 특징을 뚜렷하게 보여준다. 신석기 시대 취락지 발굴은 계속 이어졌고, 발굴된 유물의 수도 비약적으로 증가했다. 빈차에서는 상징이 새겨지거나 그려진 유물(주로 여인상)이 다수 발견되었다. 고고학자들은 곧 빈차가 멀리 다른 발칸 지역에까지 영향력을 발휘한 문명의 중심지였다는 사실을 확인했다.

1961년 니콜라에 블라사가 트란실바니아의 무레슈강 근처 타르타리아에서 이끌던 발굴 작업에서 기호가 새겨진 점토판 세 개가 출토되었다. 그러자 이 유물이 메소포타미아에서 영향을 받았을 가능성을 놓고 활발한 논의가 시작되었다. 그러다가 1980년대에 들어서면서 연륜연대학적 방법(나무의 나이테를 통한 연대 규정)으로 빈차에서 발견된 신석기 시대 유물의 연대 확인이 가능해졌고, 그제야 비로소 아나톨리아와 서아시아 지역에서의 문화 수입 가능성을 가정하던 학자들의 논의도 중단되었다. 생동적인 기호와 금속을 사용하고, 수준 높은 도기를 제작하고, 장거리 무역이 발달하고, 남동유럽 최초로 도시 집중 지역을 형성한 빈

■　Tell. 오랜 세월 동안 같은 지역에 살던 여러 세대의 사람들에게서 나온 잔존물이 겹겹이 층을 이루어 작은 언덕을 형성한 유적.

차 문화의 단계가 메소포타미아의 초기 중심지들보다 훨씬 오래된 것으로 드러났기 때문이다.

발칸 지방에서 드러난 신석기 시대 지역 문화들의 통일성을 처음으로 인식한 사람은 리투아니아 출신 미국 고고학자 마리야 김부타스(1921~1994)였다. 그 거대한 문화 복합을 일컬어 '고古유럽'이라는 명칭을 처음으로 사용한 사람도 그녀였다. "기원전 제5천년기와 제4천년기 초(……) 고유럽인은 인구가 상당한 규모로 모여 있는 도시들을 갖고 있었다. 여러 층으로 지어진 높은 신전, 성스러운 문자, 네다섯 개의 방을 갖춘 넓은 집, 전문적인 도공, 직조공, 구리 및 금 세공사, 그 밖의 공예가가 있었고, 또한 고도로 발달한 다양한 물건을 만들었다."(Gimbutas 1991: viii)

물론 김부타스가 고유럽의 모자이크를 맞추기 위해 재구성한 많은 것은 아직 불확실한 가설이었다. 고유럽 구상은 1990년대에 격렬한 비판을 받았고, 많은 회의론자에 의해 비난을 받으며 거의 잊혔다. 그러나 더 새로워진 문명 연구 방법을 통해서 고유럽 구상은 다시 살아났고, 오늘날에는 관련 학계 토론의 필수 요소가 되었다.(예를 들어 Anthony/Chi 2009)

여기서 고유럽이나 도나우 문명을 언급할 때는 서로 긴밀하게 연관된 활동 세력의 네트워크가 다루어진다. 다시 말해서 비슷한 제도와 관습, 동일한 방향의 경제적 이해관계, 지역을 넘어서는 소통 및 가치 체계, 비슷한 물질 문화와 문화적 상징을 가진 집단을 다룬다는 뜻이다. 상호 작용 공간으로서의 고유럽은 여러 개의 지역 문화권으로 구성된 모자이크를 형성한다. 빈차(세르비아, 보스니아, 알바니아, 코소보, 헝가리 남부: 기원전 5500년부터), 카라노보(불가리아, 마케도니아), 쿠쿠테니(루마니아), 트리필랴(우크라이나), 티서·렌젤(헝가리), 디미니(그리스) 문화권이다.

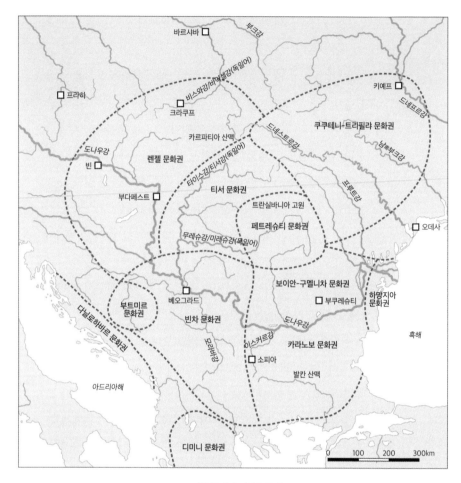

바르샤바 부크강

프라하

키예프
드네프르강

비스와강/바이셀강(독일어)
크라쿠프

쿠쿠테니-트라필랴 문화권

카르파티아 산맥
드네스트르강
남부크강

도나우강
빈
렌젤 문화권
타이스강/티서강(독일어)

프루트강

부다페스트
티서 문화권

트란실바니아 고원
페트레슈티 문화권
오데사

무레슈강/미레슈강(독일어)

보이안-구멜니차 문화권
하망지아 문화권

부트미르 문화권
베오그라드
부쿠레슈티

다닐로하바르 문화권
빈차 문화권

모라바강
도나우강

아드리아해
이스커르강
카라노보 문화권
흑해

소피아
발칸 산맥

0   100   200   300km

디미니 문화권

도나우 문명의 지역 문화권

먼저 아나톨리아에서 건너간 소규모 개척자 집단이 그리스에 농경을 전해주었고, 테살리아* 지방에 그리스 최초의 농경 공동체가 탄생했을 것이다. 그러나 아나톨리아의 농부가 멀리 남동유럽까지 이주했을 거라는 이전의 전제와는 달리, 변화된 환경에 적응해 농경을 받아들이고 그 기술을 스스로 발전시킨 건 남동유럽의 중석기 시대 토착민(고유럽의 사냥꾼과 채집인)이었다. 곡물 품종과 채소 실험, 아나톨리아 젖소와 토착들소인 오로크스의 교배 실험이 그러한 점을 보여준다. 따라서 남동유럽에 나타난 농경 생활 방식의 확산은 중석기 시대의 사냥과 채집 문화가 신석기 시대의 식물 재배 문화로 넘어가는 일반적인 변화로 설명될 수 있다.(Budja 2005) 실제로 농경 역사에서 가장 오래된 쟁기 사용 흔적은 남동유럽에서 발견된다.(Hodder 1990: 53 ff.)

고유럽의 농경 취락지는 오랜 시간에 걸쳐 발전했으며(기원전 제7천년기~기원전 제4천년기), 신석기 시대와 동기 시대**에 전성기를 누렸다. 따라서 도나우 문명의 형성은 고도 문명에 이를 때까지 각 지역에서 서로 다른 시기에 이루어졌다. 농경 사회 취락지의 가장 초기 흔적은 기원전 제7천년기 초로 확인된다. 이는 테살리아 지방과 펠로폰네소스 반도***에서 발견된 취락지에 해당한다. 발칸 중심 지역과 루마니아, 불가리아

---

*   Thessalia. 그리스 중북부에 있는 지방.
**   신석기 시대에서 청동기 시대로 넘어가는 과도기로 구리나 금, 은과 같은 금속을 사용하기 시작한 시대다. 구리를 합금으로 사용하지 않아서 순동기 시대라고도 하고 석기를 함께 사용했기 때문에 금석 병용 시대라고도 한다.
*** Peloponnesos. 그리스 본토 남부를 구성하는 반도로, 기원전 13세기 무렵부터 발달했다. 기원전 8세기에서 기원전 5세기에는 스파르타 등의 도시국가가 번영을 누렸으며, 기원전 431년에서 기원전 404년에는 스파르타와 아테네 사이에 펠로폰네소스 전쟁이 벌어졌다.

고유럽의 도기

의 취락지는 그보다 늦은 시기에 형성되었다. 우크라이나와 헝가리 남부에서 발견된 취락지는 더 나중에 만들어졌다.

그리스 문화와 비교할 때 그리스 이전의 문화와 그 발전 상황이 새롭게 확인됨에 따라서 이전의 낡은 견해는 바로잡아야 한다. "사람들은 그리스의 청동기 시대를 최초의 유럽 문명으로 이해한다. (……) 그러나 남동유럽은 일반적으로 인정되는 시기보다 훨씬 이전에 이미 기술적 완성도와 예술적 창의성, 사회적 복합성 측면에서 일반적인 견해와 상충되는 수준에 도달했다."(Anthony 2009: 53)

도나우 문명의 기술적, 문화적 수준은 다음과 같이 다채로운 문화적 성취에서 여실히 드러난다.(Haarmann 2011a: 70 ff., 118 ff.)

• 포도, 올리브, 여러 가지 채소 재배

• 여러 층으로 된 건물을 짓는 데 필요한 기술적 완성도를 갖춘 세속 및 종교 건축술

• 도예와 도기 제작(가마의 온도를 1000도 이상으로 통제할 수 있었다), 유약 기술, 물레 발명(Gligor et al. 2007)

• 금속 가공: 기원전 5400년 무렵부터 구리를 녹였는데, 남동유럽이 아나톨리아보다 수백 년쯤 먼저였다.(Pernicka/Anthony 2009: 168) 기원전 4500년 무렵부터는 금을 사용했다.

• 기호 체계: 숫자를 나타내는 기호, 농경 달력, 도량형 체계(Haarmann 2010: 44 ff.)

• 아직까지 해독되지 않은 문자로 제식 문구와 종교적 내용의 짤막한 구절을 기록한 것으로 보인다.(Merlini 2009 a, Haarmann 2010: 52 ff.)

• 조형 예술: 조각상, 제식 대상, 화병 그림

• 자연신에 집중한 제식 생활이 발전해 소형 제단, 제물 탁자, 헌주 獻酒 잔, 모형 신전 등이 있었다.

중석기 시대에서 신석기 시대로의 이전은 물물교환이라는 또 다른 혁신을 낳았다. 물물교환은 외부의 영향 없이 남동유럽 안에서 발전했다. 물자 수송은 고유럽이 동일한 방향의 사회경제적 발전을 이루는 데 핵심 역할을 했다. 지역 문화권 내에서는 기반 시설의 응집을 보장했고 교류하는 지역에서는 평준화 경향을 촉진했다. 사회와 경제, 문화적 교류를 수행한 대규모 교통망은 중심 수로인 도나우강과 도나우의 수많은 지류였고, 그 때문에 '도나우 문명'이라는 이름이 붙었다.(Haarmann 2011a) 몇

'생각하는 사람', 기원전 4800년
무렵 루마니아 체르나보더 무덤
에서 나온 조각상

몇 취락지는 지역적 경계를 넘어 중요한 의미를 갖는 무역 중심지로 발
전했다. 도나우강변의 빈차, 트란실바니아 무레슈강변의 투르다슈, 흑해
연안의 바르나가 거기에 속한다.

　　중석기인이 교환한 가장 오래된 무역품은 유리질 화산암의 하나인
흑요석이었다. 기원전 제11천년기에서 기원전 제8천년기까지 멜로스섬
에서 가져온 유리질 화산암은 에게해 서쪽 해안 지역에서 사용되었다.
테살리아와 펠로폰네소스 반도의 초기 이주민이 흑요석 무역을 맡았고 수요가 많았던 그 원료를 그리스 동부의 농경 취락지에 공급했다. 나중에는 북쪽에도 헝가리에서 티서강을 따라 도나우강과 강 하류 쪽으로 이어지는 흑요석 통상로가 개척되었다. 흑요석은 이 루트를 통해 기원전 제7천년기부터 남쪽으로도 전해졌다.

당시 인기가 좋았던 또 다른 거래품은 특정한 조개 종류였다. 더 정확히 말하자면 스폰딜루스 조개의 석회질 껍데기였다. 고유럽에서 사용한 스폰딜루스라는 표현은 기층어로서 그리스어로 스며들었다.(Beekes 2010: 1432) 스폰딜루스 조개는 지중해의 수심 20~30미터 사이에서 살아가지만 흑해에는 전혀 없다. 이 거래품도 기원전 제7천년기 농경민에 의해 독점되었다. 흑요석과 마찬가지로 스폰딜루스 조개의 유통도 처음에는 그리스 동부로 한정되어 있었다. 그러다가 정착민 네트워크가 확장되면서 에게해에서 온 물품도 발칸 지역 내륙으로 전해졌다. 시간이 지나는 동안 스폰딜루스 조개의 유통망은 남동유럽 신석기 지역 문화권의 좁은 경계를 훨씬 넘어 프랑스, 독일, 폴란드 지역으로 확대되었다.(Séfériadès 2009: 182 지도 참조)

기원전 제5천년기에서 기원전 제4천년기 사이에 고유럽의 경제가 얼마나 강력하게 성장했는지는 금속 가공 분야의 지식이 보여준다. 고유럽의 구리 세공사는 엄청난 양의 구리를 가공했다. 구리 가공물의 상당 부분은 멀리 흩어져 있는 장소에서, 부분적으로는 구리 광상과 작업장에서 꽤 멀리 떨어진 곳에서 발견되었다. 구리로 만들어진 유물의 전체 무게만 4톤이 넘는다. 그러니까 도나우 문명에서 거래된 전체 물품의 규모는 수천 년 뒤 메소포타미아나 이집트에서 확인된 것과 맞먹는 수준이었다. 기원전 제5천년기 흑해 서쪽 해안 지역에서 증명된 해상 운송은 전체 물품 거래에서 적지 않은 부분을 차지했다.

고유럽인의 선물 교환 풍습은 마을 공동체의 좁은 영역을 넘어서는 연대 의식이 존재했다는 점을 짐작하게 한다. 이들은 친족 관계를 강화하거나 서로 거래하는 집단 사이의 유대감을 촉진하기 위해서 선물을 주고받았다.

특히 선호된 선물은 작은 조각상의 부분이었다. 조각상을 의도적으로 부수어 선물로 주면서 부서진 조각을 서로 결합하는 의식을 치렀다.(Chapman 2000) 고유럽 공동체에서 확인된 이러한 선물 교환은 세계에서 가장 오래된 풍습일 것이다. 세계의 몇몇 문화에서는 지금까지도 그런 전통이 유지되고 있는데, 멜라네시아* 의 수많은 섬이 편입되어 있는 쿨라** 교역이 대표적이다.(Nile / Clerk 1996: 89)

남동유럽의 신석기 시대와 동기 시대 유적지를 연구하는 고고학자들은 고유럽 농경 사회를 고도 문명의 의미에서 초기 문명으로 보아야 할지를 놓고 지금까지도 어려움을 겪고 있다. 그 이유는 무엇보다 이 초기 농경민의 정착지에서 국가적인 조직 형태가 증명되지 않았다는 데 있다. 메소포타미아와 고대 이집트 문명은 상세하고 다양한 연구로 속속들이 잘 알려졌고, 거기서부터 모든 초기 문명의 태동에서 명백하게 드러난다는 본보기적 유형이 파생했다.(Albertz et al. 2003: 8 ff., 131 ff.) 그에 따르면 국가 조직의 구축은 모든 고도 문명이 발전하는 데 필수적인 전제 조건이

▪   Melanesia. 오스트레일리아 북동쪽 태평양 남부에 있는 섬을 통틀어 이르는 말이다. 그리스어로 '검은 섬들'이라는 뜻으로 뉴기니섬, 비스마르크 제도, 솔로몬 제도, 피지 제도 등이 포함된다.
▪▪   Kula. 멜라네시아인이 의례적으로 특정 물품을 교환하는 행위.

다. 이 논리에 따라 고도 문명은 유럽이 아닌 고대 오리엔트에서 처음으로 증명되었으며('빛은 동방으로부터'ex oriente lux), 따라서 남동유럽의 신석기 시대 문화 단계는 문명으로 볼 수 없다는 것이 틀에 박힌 사고방식이었다.(Kristiansen 1998: 44 ff., Haarmann 2011b: 13 ff. 참조)

그러나 구세계와 신세계의 초기 문명을 전체적으로 비교하면, 고대 이집트와 고대 수메르 문명*** 모델이 규칙이라기보다는 오히려 예외에 해당한다는 사실이 확인된다. 오늘날의 고고학자, 인류학자, 문화학자는 초기 단계에서 국가적 질서가 전혀 증명되지 않았거나 초보적으로만 발전한 초기 문명이 있다고 말한다. 고유럽이나 인더스 문명도 그런 경우다(8장 참조). 따라서 초기 문명에 대한 논의는 인더스 문명과 도나우 문명과 같은 다른 초기 고도 문명으로도 확대되어야 한다.

현재까지 확보된 지식을 토대로 하면 도나우 문명은 평등 사회였다고 할 수 있다. 사회적 평등을 보여주는 특별한 고고학적 증거가 있으며, 그 증거는 이른바 부정적 측면에서 시사하는 바가 많다. 다시 말해서 고유럽인의 취락지에는 특권 지도층과 사회적 위계질서를 보여주는 특징이 없다. 첫째, 묘지 문화에서는 빈부 차이와 남녀 차이가 전혀 구별되지 않는다. 둘째, 지배권을 나타내는 전형적인 상징이 없다. 예를 들어 신분을 상징하는 왕홀⁑이나 지배 계급에 속하는 종족을 확인할 수 있는 문

▪▪▪ Sumer Civilization. 기원전 27세기 이전에 메소포타미아 남부 평야에서 일어난 고대 문명. 오늘날의 이라크 지방에 해당한다. 고대 수메르인은 티그리스강과 유프라테스강 사이의 남쪽에 도시국가를 건설하고 문자와 청동기를 사용했으며, 홍수에 대비해 둑을 쌓고 저수지를 만들어 농사를 지었다. 쐐기문자, 태음력, 바퀴로 움직이는 기구, 60진법 등 후속 문명의 발전에 기초가 된 많은 기술적, 문화적 유산을 남겼다.
⁑ 王笏. 왕의 권력과 위엄을 상징적으로 나타내는 손에 드는 지휘봉.

장 등의 상징적 인공물이 없다. 셋째, 취락지의 배치에서 족장이나 사회 지배층 구성원의 집으로 확인할 만한 더 큰 건물의 윤곽이 없다. 넷째, 궁전과 같은 세속적인 권력을 드러내는 웅장한 건축물이 없다.

이와 같은 부정적 요소들이 말하는 바는 자명하다. 고유럽의 초기 농경민 공동체는 노동 분업이 발달해 있었다. 아이 돌보기, 직조, 원예처럼 여성이 선호하는 활동 분야와 건축, 금속 가공, 원료 조달처럼 남성이 선호하는 분야가 있었다. 그렇다고 여성이 남성을 지배하거나 반대로 남성이 여성을 지배하지는 않았다.

특정한 분야에서는 남녀가 똑같이 노동 과정에 참여했지만 맡은 임무는 서로 달랐다고 볼 수 있다. 가령 루마니아의 쿠쿠테니 문화권에서는 섬세한 감각으로 아름다운 장식을 새긴 수준 높은 도기가 만들어졌는데, 연구자들은 이 도기가 여성 도공의 작품일 거라는 가정에 전반적으로 동의한다.(Lazarovici 2009: 134) 여성은 도기의 예술적 완성을 책임진 반면, 남성은 원료 조달(점토)과 가마에서 도기 굽는 일을 맡았을 것이다.

도나우 문명의 평등한 사회 구조는 때로 모권 사회로 잘못 해석되기도 한다. 그러나 여성이 남성을 지배하는 구조가 아니었고, 남녀 사이의 관계는 조화롭게 균형을 이루었다. 다만 여성에게 씨족 어머니로서의 특별한 역할이 부여되었기 때문에 '모권', '모계' 또는 '어머니 중심'(Gimbutas 1991: 324 ff.) 사회로 기술하는 건 타당하다. 이언 호더도 김부타스와 비슷하게 차탈회위크의 사회 구조를 여성이 중심적 위치에 놓인 평등 사회로 묘사한다(5장 참조).

고유럽에서는 후기(기원전 제5천년기~기원전 제4천년기)에 국가와 비슷한 대규모 취락지가 탄생했다. 이러한 거대 취락지 중에서 가장 오래된 곳은 우크라이나 서쪽과 몰도바 북쪽, 곧 쿠쿠테니 문화권에 속하는 지역에 있다. 기원전 제4천년기에는 몇 가지 최고 기록이 수립된다. "기원전 3700년에서 기원전 3400년 사이에 트리필랴 CI 지역의 도시 취락지 중 한 곳은 250~450헥타르까지 메소포타미아의 초기 도시들보다 두 배에서 네 배까지 큰 규모로 자신들의 취락지를 넓혔다. (……) 이는 유럽뿐만 아니라 전 세계에서 가장 큰 취락지였다."(Anthony 2009: 52)

심지어 도브로보디, 마이다네츠케, 탈랸키 같은 대도시도 생겨났다. 마이다네츠케의 주민은 약 7500명으로 추산된다. 주택이 2000채가 넘었던 도시 탈랸키의 면적은 3.5×1.5킬로미터까지 확장되었다. 이곳에는 1만 명 이상이 살았을 것으로 추정된다.(Videjko 2003: 68 ff.) 그러나 다음과 같은 점은 동일하다. "거대 취락지에도 궁전, 대규모 중앙 신전, 대형 중앙 창고가 없었고, 특별히 부유하게 꾸며진 집조차 발견되지 않았다."(Chapman 2009: 85) 주거 구역의 주민들은 대가족과 씨족에 따라 배치되었을 것으로 추정된다.

도나우 문명은 우리에게 중요한 점을 알려준다. 즉 위계질서에 따라 조직되지 않은 공동체에서도 사회와 경제, 기술적 수준이 고도로 발전할 수 있다는 사실이다. 따라서 지배층의 형성은 고도 문명의 생성에 필요한 일반적인 전제 조건이 아니다. 초기 연방의 형태를 보인 고유럽의 사회 모델은 남녀 양성의 협력이 특징적으로 나타난 공동체였다. 도나우강과 그 지류 그리고 에게해에서 흑해에 이르기까지 이루어진 지역 및 지역 상호 간의 무역 관계는 각 지역에 고루 분포된 이익을 가져다주었다.

서양의 고대 문화를 연구하면서 그리스 문명의 비약적인 발전에 깊은 인상을 받을 때는 그 이전의 문화 시기에도 시선을 돌려야 한다는 점을 잊지 말아야 한다. 고대 문화의 전형적인 특징은 고유럽을 출발점으로 한 특유의 발전 과정에서 비롯되었기 때문이다(12장 참조).

7

신화적인 딜문

페르시아만의 상업 중심지

기원전 제3천년기

수메르의 창조신이자 물의 신 엔키는 대지의 여신 닌후르사그에게 딜문* 땅에 긴 수로와 강과 운하를 만들어 모든 생물에게 마르지 않는 생명수를 주겠노라고 약속한다. 각종 물품은 바다를 통해 운반되었고, 딜문의 배에는 마간***에서 채굴한 구리가

▪ Dilmun. 원래 수메르의 대홍수 신화에 나오는 신화적 지명으로 두 개의 강이 합쳐지는 곳, 영원의 생명을 얻은 자가 사는 낙원이다. 역사상의 딜문은 상업 중심지로 번영했던 고대 수메르의 왕국으로, 그 중심 지역은 바레인섬, 페르시아만의 타루트섬, 쿠웨이트의 파일라카섬 등으로 추정된다.

높이 쌓여 있었으며, 멜루하***의 배는 금과 은을 메소포타미아로 실어왔다.

딜문에 대한 가장 오래된 단서는 수메르 신화에서 발견된다. 엔키는 다양한 형태로 전래된 수메르 신화에서 창조와 세계 질서를 관장하는 신이며, 엔키에 관해서는 여러 가지 이야기가 있다.(Moore / Lewis 2009: 42 f.)

그중 하나는 딜문에서 합일에 이르는 엔키와 대지의 여신 닌후르사그의 관계를 묘사한 이야기다. "시간이 시작되고 성장과 평온의 성스러운 과정이 널리 알려지고 난 뒤, 살아 있는 자들의 땅, 위대한 신들의 정원이자 지상 낙원인 성스러운 딜문은 찬양받는 여주인 닌후르사그가 머무는 땅이었다. (……) 그리고 현명한 신이자 담수의 주인인 엔키가 닌후르사그와 한 몸이 된 건 딜문에 있을 때였다. 그들은 딜문에서 온전히 둘뿐이었고, 엔키가 자신의 아내와 하나가 된 곳은 아직 아무도 범접하지 않은 땅이었다."(biblebrisket.files.wordpress.com)

창조 신화의 여러 형태 중 하나에서 딜문은 수메르의 노아인 우트나피슈팀이 대홍수가 끝나고 신들에게 받아들여져 영원한 생명을 부여받은 땅으로 묘사된다. 서아시아 지역에 퍼져 있는 엘리시움 이념, 즉 인간이 늙지 않고 맹수도 온순한 이상향에 대한 관념은 기원전 제4천년기 말 수메르 문헌에서 이미 발견된다.

세계 최초의 서사시인 『길가메시 서사시』는 기원전 2100년 무렵에 나온 수메르판이 가장 오래되었고, 이른바 표준판은 기원전 1300년경

▪▪   Magan. 현재의 오만 지역. 메소포타미아에 구리 및 석재를 공급했다.
▪▪▪   Meluhha. 현재의 인도 지역.

아카드에서 탄생했다. 이 서사시에서는 길가메시가 딜문을 방문하는 이야기가 묘사된다. 우루크::의 왕 길가메시가 영원한 젊음의 비밀을 찾아 딜문으로 향하는 것이다. 영원한 생명의 원천은 식물이나 바다의 동물(조개)로 서로 다르게 묘사되었다. 길가메시의 모험을 둘러싼 여러 이야기는 고대에 널리 퍼져 있었다. 클레오파트라가 애인 마르쿠스 안토니우스에게 바레인 진주를 갈아 넣은 음료를 준 것도 그 이야기의 영향이었을 것이다.

신화적으로 변용된 영원한 생명에 대한 암시는 선사 시대만 해도 해안호와 초록으로 뒤덮인 강변 초지, 비옥한 땅이 펼쳐진 지역에 살았던 사람들의 문화적 기억 속 여운일 것이다. 예를 들어 아라비아 반도 중심에 위치한 와디 바틴은 당시에는 주변의 비옥한 땅에 물을 공급하던 강의 한 부분이었다. 오스트리아 탐험가 에두아르트 글라저는 1920년대에 『구약성경』에 나오는 에덴동산은 아라비아 동쪽 지역이고, 그곳에 딜문이 포함될 거라는 가설을 세웠다. 현대에는 그와 같은 에덴동산 가설을 뒷받침하기 위해서 지상 관측 위성(랜드샛) 사진을 분석하기도 했다.

딜문을 다룬 수메르와 아카드의 문헌은 향수에 젖어드는 기분을 불러일으킨다. 저 머나먼 지평선 너머 태양이 떠오르는 곳에 배로만 도달할 수 있는 땅이 있다. 딜문의 배는 정선된 물건, 그중에서도 누구나 갖고 싶어 하는 사치품을 실어온다. 멀리서부터 이런 물건을 실어오는 상인과 뱃사람은 자신들이 사는 곳과 독점 거래에 대해 일절 말하지 않는

:: Uruk. 이라크 남부에 있는 수메르의 고대 도시. 거대한 신전을 중심으로 수립된 도시국가로, 기원전 4000년 무렵에 세워진 것으로 추정된다.

다. 그런 비밀스러운 은폐로 인해서 딜문은 수메르 사람의 상상 속에서 영웅이 불멸의 샘을 찾으러 떠나는 낙원이 되었다. 또한 딜문의 폐허는 죽을 수밖에 없는 존재인 우리 인간에게 엘리시움에 대한 잃어버린 꿈을 상기시킨다.

딜문은 정확히 어디에 있었을까? 고고학자들은 1860년대에 이라크 바스라 근처에서 딜문과 연결할 수 있는 폐허를 발견했다. 그러나 당시에 이미 지리적 대안으로 바레인도 언급되었다. 1880년대에는 E. L. 뒤낭에 의해서, 20세기 초에는 F. B. 프리도에 의해서 체계적인 발굴이 시도되었다. 1950년대에는 덴마크와 영국의 발굴 팀이 작업을 이끌었다. 2008년부터는 F. 호일룬의 지휘 아래 쿠웨이트와 덴마크 팀의 고고학 프로젝트가 진행되고 있다.

딜문의 중심 지역은 아마도 바레인섬 북부와 페르시아만에 있는 사우디아라비아의 타루트섬, 쿠웨이트의 파일라카섬이었을 것이다. 지금까지 칼아트알바레인에서 발견된 가장 오래된 취락지 흔적은 기원전 제4천년기로 거슬러 올라간다.(Howard-Carter 1981) 지금은 메마른 사막 기후로 인해 사람이 살지 않는 땅이지만 당시에는 지하수가 흘러 물이 충분히 공급되던 비옥한 농경지였다.(Larson 1983)

기원전 6000년부터 이 비옥한 지역의 상당 부분은 해수면 상승으로 인해 점차 바닷물로 뒤덮였다. 바닷물이 범람하지 않은 곳은 이전에는 훨씬 넓게 펼쳐져 있던 엘리시움의 일부였다. 역사 시대에 이를 때까지 과거의 에덴동산은 페르시아만으로 변했고, 연안 지역은 완전히 말라버렸다. 몇 년 전 지하수 탐색 작업을 하던 중에 페르시아만 땅에서 폐허가 발견되었다. 연구자들은 이 성벽 잔해가 바닷물에 뒤덮이기 전 비밀에 쌓인 딜문의 취락지일 수 있다고 추정한다(『사이언스』, 2010년 12월).

주로 담수가 흐르던 지역에 살던 사람들은 몇 세대 만에 환경의 급격한 변화를 겪었을 것이다. 그들은 소금물 문제를 해결하기 위해 골머리를 앓았고 배를 만들어 바다로 진출하면서 그 문제를 해결하기 시작했다. 환경적 생존 조건의 변화는 문화적 생활 방식의 변화를 야기했다. 연안 지역이 말라버리면서 고기잡이로 살던 사람들은 농부가 되었고, 감조 습지感潮濕地가 바닷물에 잠기면서 그곳 주민들은 뱃사람이 되었다.

페르시아만 국가들을 소개한 안내서에서는 딜문에 관한 내용을 읽을 수 있다. "기원전 약 4000년에서 기원전 2000년까지는 딜문 문명이 아라비아의 동쪽 해안을 따라 약 250마일까지 지배했는데, 오늘날의 쿠웨이트에서 바레인과 내륙으로 60마일(후프우프 오아시스까지)에 이르는 지역이었다."(Nyrop 2008: 11) 무역이 번성했던 딜문은 기원전 2200년에서 기원전 1600년 사이에 전성기를 누렸다. 딜문의 역사는 다음의 몇 시기로 구분된다.

- 기원전 제3천년기, 딜문 형성기: 1880년대에 프리드리히 델리츠슈와 헨리 롤린슨에 의해 쐐기문자로 된 문헌에서 딜문에 대한 단서가 처음으로 밝혀졌다. 아카드 제국* 시기에 나온 기록에 따르면 딜문은 기원전 제3천년기 후반까지 정치적으로 아카드의 통제 아래 있었다.

- 첫째 시기(기원전 2200년~기원전 2000년): 지배층이 존재하는 위계

---

* Akkadian Empire. 기원전 24세기에서 기원전 23세기까지 약 200년 동안 메소포타미아 중부 지역과 그 근방을 지배한 메소포타미아 최초의 통일 국가. '아카드의 사르곤', '사르곤 대왕'으로 불린 사르곤(기원전 2333년~기원전 2279년 재위)이 수메르의 도시들을 정복하고 북부의 고대 도시 아카드를 중심으로 나라를 세웠다.

질서 사회가 형성되었다. 금속 거래는 구리에 집중되었다. 구리를 채굴하던 장소는 바레인섬이 아닌 마간(오만)에 있었다. 처음에는 마간이 메소포타미아와의 구리 무역을 독점했다가 기원전 2150년 무렵 딜문이 넘겨받았다.(Laursen 2009) 칼아트알바레인은 외곽 성벽을 가진 도시 취락지로 확장되었다. 딜문 문명은 인더스 문명의 강한 영향을 받았다. 첫째 시기가 끝날 무렵에는 값비싼 부장품(진주와 산호 장식)이 딸린 사회 지배층의 묘지가 포함된 수많은 무덤 들판이 생겨났다. 지금까지 약 1만 7000개의 무덤 언덕이 확인되었다.(Laursen 2008)

- 둘째 시기(기원전 2000년~기원전 1800년): 마간 지역의 무역 중심지들이 쇠락했다. 인더스 문명 중심지와의 무역 관계가 단절되었기 때문일 것이다. 그 대신 메소포타미아의 정치 지배층인 아모리인과의 정치, 경제, 문화적 관계가 강화되었다.(Højlund 1989)

- 셋째 시기(기원전 1800년~기원전 1650년): 가장 중요한 정치, 경제 활동이 바레인섬에서 파일라카섬으로 옮겨졌다.

- 몰락: 딜문은 기원전 1000년 이후 궁극적으로 패권을 잃었고, 그로부터 몇백 년 뒤에는 신바빌로니아 제국, 그 이후에는 페르시아 제국의 통치권으로 들어갔다.

딜문은 수메르와 아카드의 도시국가나 그 이후 나온 메소포타미아의 일부 지역을 차지한 여러 왕국들과 같은 의미의 국가였을까? 아니면 해상 루트를 따라 물건이 운반되는 곳이면 어디든 영향력이 미치던 무역 강국이었을까? 이 점은 지금까지 밝혀지지 않았다. 어쨌든 영토의 경계 구분이 없었다. 딜문은 위계질서를 가진 사회지만 국가 제도가 없는 무역 강국으로 특징짓는 것이 그럴듯해 보인다.

딜문 사람들은 농경민이었을 뿐만 아니라 활발한 해상 무역도 조직했다. 해상 무역을 위한 루트를 탐색하려면 항해할 배를 만드는 일이 무엇보다 중요한 전제 조건이었다. 기원전 제4천년기 무렵 딜문의 기술자들은 중동 지역 최초의 조선공이었다. 다른 초기 문명에서는 먼바다를 항해할 필요가 없었다. 수메르의 도시들은 유프라테스강과 티그리스강 유역에서 발전했다. 이웃 나라 엘람*은 멀리 떨어진 인더스 문명과 교역을 했고, 그 교역로는 육상 루트를 통해 이란 고원을 지나 인더스강의 저지대까지 이어졌다. 고대 이집트에서는 나일강이라는 거대한 수로를 통한 내수 경제가 발전했다. 그에 비해 오늘날의 쿠웨이트 지역에서는 해상 무역의 초기에 유래한 배 모델이 발견되었다. 고고학자들은 이 배가 딜문의 초기 해상 무역을 암시한다고 가정한다. 그러나 전 세계적인 상황과 비교하면, 딜문에서 유래한 배가 항해 능력을 가진 배의 가장 오래된 전통을 의미하지는 않는다. 에게해와 흑해에서는 이미 기원전 제5천년기 말부터 해상 무역이 이루어졌으니 말이다(6장 참조).

딜문을 언급한 가장 오래된 단서 중 하나는 우루크에서 나온 아카드와 수메르의 문헌에서 발견되며, 시기는 기원전 3200년 무렵으로 확인된다. 딜문은 기원전 2300년 무렵 라가시**의 우르난셰왕 비문에도 등장한다. 그에 따르면 딜문의 배는 다른 나라에서 보내는 공물을 실어왔

▪ Elam. 티그리스강 동쪽으로 오늘날 이란 남서쪽 후제스탄 지역에 있던 고대 왕국. 기원전 3000년경부터 기원전 640년까지 존속했으며 중심지는 수사였다. 수메르, 아카드, 바빌로니아 왕조의 지배를 받았으며, 문화적으로는 메소포타미아와 밀접한 관계가 있었다.
▪▪ Lagaš. 고대 수메르 시대 메소포타미아 최남부에 있던 도시. 수메르 초기 왕조 시대에 번영했다.

다. 기원전 제2천년기에는 딜문 지방 정부 관리와 니푸르의 총독 사이에 주고받은 편지도 전해졌다. 기원전 약 1370년으로 확인된 이 서신 왕래는 딜문과 바빌로니아 카시트 왕조(기원전 1531년~기원전 1155년 통치) 사이의 외교적, 경제적 교류를 보여준다.

딜문은 단순히 구리가 거래되던 땅만은 아니었다. 딜문의 항구는 교류하는 여러 나라의 물건을 옮겨 싣는 환적장 역할도 했다. 수메르의 거래 물품은 딜문을 거쳐 인도에 도달했고, 인도에서 가져온 물건은 딜문의 상인이 수메르로 운반했다. 딜문에서 멜루하로 이어지는 해상 루트에서는 마간(오만 반도)이 중요한 중간 기착지였다. 그 루트를 통해 딜문으로, 계속해서 메소포타미아로 운반된 물품에는 원료나 완성품 형태의 금속(구리와 아연, 은)과 상아, 고급 목재, 직물, 장신구가 포함되었다. 금속은 다른 금속과 교환되었다. 아카드 문헌에는 그러한 사실을 보여주는 수많은 대목이 나온다. "딜문에서 수입된 구리는 물물교환 거래에서 양모, 은, 기름, 다양한 유제품과 곡물로 지불되었다. 그 밖에도 무역이 성공적으로 끝난 뒤에는 이른바 딜문 배의 청동 모형을 난셰* 여신에게 바치는 것이 관습이었다."(Ray 2003: 85)

딜문을 거치는 무역과 물품 환적이 얼마나 집중적으로 이루어졌는지는 딜문의 무게와 길이, 부피 단위가 수메르의 도시와 인더스의 무역 중심지에서도 똑같이 사용되었다는 사실에서 짐작할 수 있다.

문화재도 서쪽과 동쪽에서 딜문으로 보내졌다. 바레인섬 북쪽의 취락지에서는 인더스 문자가 새겨진 도장과 쐐기문자로 쓰인 문장의 단편

▪ Nanshe. 수메르 신화에 나오는 다산과 물고기잡이의 여신.

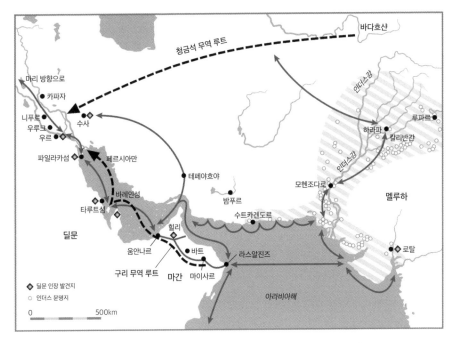

기원전 제4천년기~기원전 제2천년기에 존재했던 인더스 문명의 취락지와
서아시아 지역 무역 루트 및 무역 중심지

도 발견되었다. 딜문 상인은 업무 활동을 할 때 수메르의 쐐기문자를 사
용했다.

딜문과 딜문의 교역 역사는 초기 문명의 퍼즐을 맞추는 중요한 조
각이다. 그처럼 유서 깊고 귀중한 문화의 고향이 되는 것을 자랑스러워
하지 않을 나라가 어디 있을까? 그러나 역사 문화는 어디서나 똑같은 방
식으로 가꾸어지는 것이 아니라, 시대에 따른 세계관의 흐름에 종속된
다. 바레인 주민 사이에서는 딜문 고대 문화에 대한 평가가 일치하지 않

는다. 바레인 국립박물관의 보존 위원들은 나라의 오랜 역사가 담긴 중요한 유적지를 보호하려고 애를 쓰지만, 이슬람 근본주의자의 반대에 부딪힌다. 초기 이슬람을 모범으로 근본주의 운동을 펼치는 살라프파는 보존 위원들과 대립했고, 이슬람 이전 시대의 문화유산 보존에 명백한 반대 의사를 표명했다. 2005년 7월에 개최된 의회 회의에서 살라프 운동의 지도자 셰이크 아델 모우브다는 그런 유적을 모두 콘크리트로 덮어버리고 그 위에 신실한 무슬림을 위한 집을 지어야 한다고 요구했다.

8

하라파와 모헨조다로 사이

인더스 문명의 1001개 취락지

기원전 2800년 ~ 기원전 1800년

20세기 초까지만 해도 인더스 문명은 전혀 알려지지 않았다. 인도 고고학 연구회의 서쪽 지역 책임자였던 D. B. 반다르카르가 1912년에 작성한 보고서가 그 사실을 보여준다. 그는 사막 지역인 신드를 찾아가 모헨조다로Mohenjo-Daro의 폐허를 조사했다. 당시 그곳에는 높이 솟은 언덕 하나와 그보다 작은 언덕 여섯 개가 드러나 있었다. 반다르카르는 다음과 같은 결론에 도달한다. "이 폐허는 오래된 기념물의 잔해가 아니다. 현지에서 전해지는 바에 따르면 겨우 200년 된 도시의 잔해일 뿐이다."(Possehl 1982: 405) 당시에는 오래된 기념물이라고 하면 메소포타미아의 지구라트나 이집트의 피라미드와 같은 신전 탑을 생각하는 것이 일반적이었다. 반다르카르는 현장에 구부러진 형태의 점토 벽돌이 없다는 점에서 산발적으로 발견된 벽돌이 아주 오래된 건물의 잔해일 수 없을 거라고 믿었다. 그러나 그는 "세부 사항에 이르기까지 전부 틀렸다."(Keay 2000: 8)

반다르카르의 판단에 의구심이 든 후임자 R. D. 바네르지와 존 마셜은 1920년대 후반에 모헨조다로의 폐허를 다시 조사하기 시작했다. 그 폐허가 상당히 오래되었다는 인상을 강하게 받은 두 고고학자는 조사를 지속하기로 결정했다. 발굴 작업은 다른 사람들이 이어갔고, 하라파 지역에 있는 비슷한 형태의 언덕으로까지 확대되었다. 그것은 수십 년에 걸쳐 일일이 수작업으로 진행해야 하는 자잘한 일의 연속이었다. 드디어 1960년대에 첫 결과가 나왔다. "우리는 하라파Harappa 문명이 전성기를 누리던 수백 년 동안은 물론, 그 문명이 퍼져 있던 광대한 지역에서 나타나는 문화적 통일성에 압도되는 인상을 받았다."(B. und F. R. Allchin 1968: 131) 그사이 이 오래된 문명에 속하는 약 1050개의 마을과 도시 취락지가 보다 자세하게 알려졌다. 인더스 문명의 층위에 속하는 장소는 그밖에도 더 있다. 그러나 매우 황폐한 환경이라 더 상세한 연구가 이루어지기는 어려울 전망이다.

인도 아대륙에서 피어난 가장 오래된 이 고도 문명은 다양한 이름으로 불렸다. 먼저 인더스 문명이라고 하면 사람과 물자 수송이 이루어지는 거대한 수로와 연결된 문화 복합체가 떠오른다. 반면에 하라파 문명은 인더스강과 이 강의 가장 중요한 지류인 사라스바티강 상류에 위치한 수많은 취락지와 연관된다. 그 밖에도 인더스-사라스바티 문명이나 인더스 계곡 문명이라는 명칭도 존재한다. 인더스강과 사라스바티강 유역에는 1000여 개가 넘는 취락지가 밀집해 있다. 이들은 남북 방향으로 1000킬로미터 이상 뻗은 촘촘한 무역망을 통해 서로 긴밀하게 교류했다(7장 지도 참조).

가장 큰 도시인 모헨조다로와 하라파는 각각 인더스강과 사라스바티강 연안에 있었다. 각 도시에 약 3만 명에서 4만 명이 살았을 것으로 추정된다. 모헨조다로는 남아시아에서는 최초로 유네스코 세계문화유산으로 지정되었다. 두 도시와 간웨리왈라는 오늘날 파키스탄 지역에 속하고, 돌라비라·칼리반간·라키가리·루파르·로탈(딜문의 배들이 드나들던 주요 항구)과 같은 도시 집적 지역은 인도 영토에 속한다.

인더스 문명을 이룬 사람들은 정착 생활을 한 농경민이었고, 경작지를 관리하기 위해서 면밀하게 고안한 관개 체계를 발전시켰다. 이들은 인도 아대륙의 토착민에 속하지 않았으며, 이들의 선조는 기원전 제6천년기 무렵 서쪽에서 남아시아로 이주했다. 남아시아의 유전자 지도에서는 인더스 계곡 주민들에서 하플로그룹 L-M20의 집중이 확인되며, 이 유전자 특질의 높은 빈도는 서인도에서 대륙 남단까지 하나의 띠처럼 이어진다. 인류학자 맥엘리비와 퀸타나 무르치는 "이 유전자풀의 빈도나 확산 추정 시기(기원전 약 5000년)로 볼 때 인더스 계곡 지역에서의 확산은 신석기 시대에 농경을 하던 지역의 일부 집단이 이동하면서 퍼져나간 것과 연관 있을 것"(McElreavy / Quintana-Murci 2005)이라고 강조한다.

이들 초기 이주민은 문화적·언어적으로 고대 드라비다인으로 확인된다. 드라비다어는 독립된 고유 어족에 속하며, 기원전 제2천년기에 인도로 이주한 사람들이 쓰던 인도어(또는 인도아리아어)와 근본적으로 구분된다.(Haarmann 2016: 292 ff.) 지금까지 동파키스탄(방글라데시)에서 남인도, 스리랑카에 이르는 지역에서 70개 이상의 드라비다어가 사용되고 있다.

고대 드라비다인은 원래의 고향인 이란 고원 지대에서 서쪽의 엘람 및 수메르 문명과 교류하면서 농경 기술을 받아들인 다음 그 방법을 인도로 전했다. 여기에는 밀, 보리, 렌틸콩, 완두콩, 아마와 같은 유용 식물 재배법이 포함되었다.(Parzinger 2014: 453 f.) 가축(특히 물소) 사육을 보여주는 가장 오래된 단서는 기원전 5000년 무렵으로 확인된다.(Gallego Romero et al. 2011) 원예(채소 재배)와 농경(곡물과 아마 재배)에 기반한 경제 형태와 가축 사육은 인더스강 서쪽(파키스탄 카치 지역)에서 발굴된 신석기 시대 취락지 메르가르에서 처음 증명된다. 이러한 농경 기술은 기원전 제3천년기 무렵 인도 북서부에서 완전히 확립되었다. 이로써 도시 취락지 건설을 위한 전제 조건이 만들어졌다.(Fuller 2002: 193 ff.)

인더스 문명의 시기는 다음 네 단계로 구분된다.

• 초기 하라파 시기(기원전 3300년~기원전 2600년): 이미 초기부터 하크라강 물을 사용하기 위해 설치한 관개용수로와 초기 취락지의 흔적이 증명되었다.

• 전성기(기원전 2600년~기원전 1900년): 중심이 되는 이 시기에는 격자 형태로 배치된 더 큰 규모의 도시가 탄생했다. 도시 기반 시설로 공중 목욕장과 곡물 창고, 요새, 나아가서는 세계에서 가장 오래된 도시 배수 체계가 갖춰져 있었다. 하라파와 모헨조다로의 집에는 수세식 화장실의 원형으로 여겨지는 변기가 설치돼 있었다.

• 후기 하라파 시기(기원전 1900년~기원전 1700년): 관개용수로망이 이전보다 더 복잡하게 가지를 뻗었다. 하크라강과 사라스바티강이 말라

문명은 왜 사라지는가

붙을 위험에 직면하면서 점점 더 빠듯해지는 자원을 최적으로 이용하기 위해서였다.

- 몰락(기원전 1700년부터): 하크라강과 사라스바티강, 그 지류들이 말라붙어 환경 재앙을 야기했다.

신드(인더스강 하류 서쪽), 구자라트(인더스강 남동쪽), 마하라슈트라(탑티강과 고다바리강 사이에서 동쪽) 같은 주변 지역에서는 하라파 시대 후기의 잔존 문화가 기원전 1500년 무렵까지 보존되었다.(Parpola 1994: 24 ff.)

남아시아의 무역망은 멀리 인더스 계곡을 넘어 서쪽에서 번성하던 문명으로까지 확장되었다. 이란 고원을 넘어 엘람으로 이어진 육로가 있었고, 딜문 상인의 관여 아래 메소포타미아 도시국가와의 물품 교류가 이루어지던 해상 무역로도 있었다(7장 참조).

고대 드라비다인의 공동체에는 수메르와 엘람 같은 다른 초기 문명 사회의 특징인 위계질서가 없었다. "마을의 크기로 보아 하라파 취락지는 국가에 의한 통제나 중앙 행정기관이 없는 상태에서 수공업과 무역으로 살아가던 곳이라는 인상을 준다."(Maisels 1999: 226) 행정을 담당하는 중심 건물이나 지배층의 것으로 볼 만큼 성대하게 장식된 무덤의 흔적이 전혀 없기 때문이다. 사회적, 경제적 평등을 보이는 인더스강변의 이 초기 공동체는 결코 예외적인 경우가 아니다. 앞에서 이미 보았듯이 도나우 문명에서도 비슷한 형태가 발견된다(6장 참조). 이들 초기 고도 문명은 정치적 제국은 형성하지 않고 경제 구역으로 통합된 연방 형태의 사회 모델을 대변한다.

인더스 문명의 문화 유물은 다채롭고 풍부한 도자기, 갖가지 대상에 표현된 복잡한 종교적 상징과 문자 기록을 포괄한다. 항구 도시 로탈

(서인도의 구자라트)에서 딜문의 배에 실려 메소포타미아로 운반된 무역품에는 도자기와 청동 그릇, 장신구(진주, 금, 동석, 홍옥수), 그림과 상징적인 문자가 새겨진 인장, 점토 조각상, 고급 목재 등이 있었다. 고고학자들은 로탈의 항구 구역에서 배의 점검과 수리를 위한 것으로 보이는 독dock 시설과 연결 운하의 잔해를 발견했다.

특히 흥미로운 것은 종교적 상징이 표현된 예술품이다. 인더스 문명의 상징적 내용과 의식이 힌두교나 불교와 같은 훗날의 종교 전통에 미친 지속적인 영향은 점점 더 사실로 확인되고 있다. 수많은 조각상 중에서도 특정한 주제의 것이 눈에 띈다. 춤추는 젊은 여인을 묘사한 조각상으로, 이는 불교와 힌두교 설화에 나오는 '천상의 젊은 무희' 압사라(비천)의 원형일 것이다. 기원전 1700년 무렵 인도 북서부로 온 아리아 이주민은 다양한 여인상을 만들어낸 고대 드라비다인의 전통에 깊은 인상을 받았다. 이런 여인상은 오늘날까지도 만들어져 힌두교의 특정 의식에서 사용되고 있다.(Dexter 2012: 206 ff.)

인더스 문명의 유물 가운데 주요 형식 중 하나가 점토로 만든 인장이다. 이례적으로 많은 점토 인장이 발견되었고, 기호나 그림 모티프가 새겨진 두 가지 유형이 있다. 그림 모티프 없이 숫자 기호 몇 개만 새겨진 인장은 좀 더 단순하고, 물품과 물품의 양을 표시하는 데 사용되었다. 다른 인장은 매우 정교하게 만들어졌고 종교와 관련 있는 것으로 보인다. 몇몇 인장에는 소뿔로 만든 머리 장식을 하고 요가 자세로 앉아 있는 인물이 묘사되어 있는데, 그 주변에는 동물이 있다. 동물의 주인으로 여겨지는 힌두교의 시바 신과 비슷하다고 생각해도 무방해 보인다. 이러한 해석을 근거로 소뿔 장식 모티프가 새겨진 인장 유형은 파슈파티

Pashupati('모든 동물의 주인') 인장으로 불린다. 이마에 붉은 점을 그리는 인도인의 풍습도 인더스 문명의 종교적 전통에서 비롯되었을 가능성이 있다.(Parpola 1994: 264 f.) 붉은 점은 시바 신의 눈을 상징하고, 그 표시가 있는 사람을 보호하는 역할을 한다고 믿는다. 시바 신 자체가 아리아인 이전 부터 유래했다면 그 신의 상징적 의미도 당연히 보존돼왔을 것이다.

힌두교의 장례 문화인 화장 풍습도 인더스 문명의 장례 의식으로 증명된다. 대大칼리 여신과 여신에 대한 숭배 문화는 분명 이 시기에서 유래한다. 여신의 이름 칼리는 드라비다어로 '검은', '어두운'을 뜻하는 칼라kala와 연관된다. 칼리는 검은 여신으로도 불리며, 도상학에서도 그에 맞게 어둡게 묘사된다. 힌두교나 불교나 칼리 여신을 숭배했다. 불교에서 칼리 숭배의 중심지는 네팔의 박타푸르이고, 힌두교에서는 콜카타 북쪽에 위치한 닥시네스와르다.(Harding 1993)

고도 문명을 나타내는 특징 중 하나는 문자 사용이며, 이는 인더스 문명의 특징이기도 하다. 물물교환 시 이미 문자를 가진 메소포타미아와 엘람, 딜문의 상인과 거래하면서 쌓인 경험이 문자를 발전시키는 계기가 되었을 것이다. 인더스 문자의 개별 기호는 이미 기원전 제4천년기에 사용된 도기 표시와 씨족 표시에서 비롯되었다. 다양한 의미를 가진 형식적인 기호의 형성은 기원전 제3천년기 중반에 완결되었다. 딜문의 경우 수메르의 쐐기문자를 받아들여 문자를 사용했던 것과 달리, 인더스 문자는 다른 문명의 기호 체계를 토대로 만들어진 것이 아니다. 인더스 문자의 기호 체계는 지역 고유의 창조물이다.

기호의 개수는 모두 400개가 넘는다. 각 기호의 사용은 표어문자, 즉 하나의 기호가 하나의 단어가 되는 원칙에 근거했을 것이다. 이 원칙

인더스 문자의 문자 기호가 새겨진 인장. 인더스 문자는 이 문명의 독자적인 창조물이다.

은 수메르와 고대 이집트 문자 같은 초기 고유 문자들에서도 특징적으로 나타난다. 인더스 문자의 기호로 어느 정도까지 언어의 음성도 재현할 수 있었을지는 밝혀지지 않았다. 가령 변화 어미나 새로운 단어를 만드는 접미사 같은 음절도 재현했을지는 알 수 없다. 문자는 오른쪽에서 왼쪽으로 썼다. 대부분의 새김글은 짧았고 평균 다섯 개의 기호로 이루어졌다. 더 긴 새김글은 문자 기호가 열일곱에서 스물여섯 개까지 포함되어 있다.(Parpola 1994: 82 f.) 모든 새김글의 60퍼센트 이상은 인장에서 발견되었다. 인장이 종교적으로 사용되었을 가능성은 이미 언급했다. 작은 부적에 문자를 사용한 것도 그러한 점을 시사한다. 그릇의 바깥면에 새긴 글자는 제물을 바치는 봉납 새김글로 해석할 수 있다.

인더스 문자는 기원전 2500년 무렵에서 기원전 1900년 무렵 사이에 사용되었다. 인더스 문자가 새겨진 물품, 특히 인장은 인더스강 유역의 도시뿐만 아니라 이란 고원과 바레인섬, 메소포타미아 문화 중심지 등 많은 장소에서 발견되었다.(Parpola 1994: 10)

고대 인더스 문자는 인더스 문명이 몰락하면서 더는 사용되지 않았지만, 개별적인 기호 형태는 사람들의 문화적 기억 속에 보존되었다. 오늘날까지도 드라비다 여인은 집 벽과 안마당 바닥에 인더스 문자의 기호를 떠올리게 하는 상징을 그려 넣는다. 이 상징에 불가사의한 힘이 있어 나쁜 정령을 막아준다고 믿는다. 물고기의 추상적인 윤곽처럼 보이는 상징이 특히 인기 있다. 현재 인도에서는 셈어 알파벳의 아람어 변형에서 파생된 알파벳이 사용되고 있다.(Haarmann 2002: 96 ff.)

인더스 문명은 왜 몰락했을까? 기원전 1900년에서 기원전 1800년 사이에 심각한 기후 변화가 발생했다.(MacDonald 2011) 날씨는 전체적으로 서늘해졌다. 그때까지 규칙적으로 내리던 몬순 비가 점점 약해지거나 완전히 사라졌고 농경지는 점점 말라붙었다. 봄에 들판을 적셔주던 강물의 범람도 약해졌다. 계속되는 건기로 사라스바티강이 더는 흐르지 않으면서 강을 따라 형성된 지역에 종말이 닥쳤다. 수백여 취락지가 그런 운명을 맞았다.(Dexter 2012: 197 f.) 농경지가 말라버리자 인더스강과 사라스바티강 유역에 살던 수많은 사람들이 취락지를 버리고 물이 충분한 새로운 농경지를 찾아 동쪽으로 옮겨간 것이다. 한편으로는 예기치 않게 쏟아진 강한 비가 홍수를 일으켜 특히 인더스강 하류에 있던 취락지를 뒤덮어버렸을 수도 있다. 그로 인해 모헨조다로를 비롯한 여러 취락지가 버려질 수밖에 없었을 것이다.(Keay 2000: 4)

인더스 문명의 지속적인 영향은 뒤이어 등장한 여러 문화의 도자기 생산과 종교적 상징에서 기원전 300년에 이르기까지 계속 증명된다.

9

하투샤 성벽 앞 신들의 행렬

히타이트 제국의 발전과 몰락

기원전 제2천년기

프랑스 고고학자 샤를 텍시에는 1830년대에 아나톨리아 고원을 여행하다가 앙카라에서 북동쪽으로 약 180킬로미터가량 떨어진 하투샤Hattuşa 폐허에도 이르렀다. 그러나 이 폐허의 연대를 확인할 방법이 없었고, 그 때문에 자신이 몰락한 히타이트Hittite 제국의 수도를 발견했다는 사실도 몰랐다. 그는 근처 야질리카야 바위 신전에 열두 명의 신이 행렬하는 장면을 묘사한 기념비적 부조에도 깊은 인상을 받았을 것이다.(Ökse 2011) 텍시에는 거기서 받은 인상을 스케치로 재현했다. 그 스케치가 바위 신전에 새겨진 장면들을 기록한 가장 오래된 자료다.

바위 신전에는 바위를 안쪽으로 깎아 들어가며 만든 두 개의 방이 있는데, A방은 넓고, B방은 작고 좁다. 아주 오래전에는 하투샤 대신전에서 이곳 바위 신전으로 향하는 행렬이 있었다. 히타이트 제국의 왕은 정기적으로 바위 신전을 방문했다. 여기서 거행된 모든 의식 중에서는 새해를 맞이하는 의식이 가장 중요했다. 학자들은 기원전 16세기부터 야질리카야 신전 방문이 이루어졌다고 추정한다. 그러나 바위에 새겨진 대부분의 화려한 부조는 투드할리야 4세와 수필룰리우마 2세가 통치하던 기원전 13세기에 탄생했다.

넓은 A방에 새겨진 부조에는 히타이트 제국에서 숭배하는 전체 신의 형상이 묘사되어 있다. 중심에 최고신 한 쌍이 보인다. 두 명의 산신山神을 밟고 서 있는 폭풍의 신 테슈브와 표범의 등 위에 서 있는 태양의 여신 헤바트다. 왼쪽 벽면에는 남성 신의 행렬이, 오른쪽 벽면에는 머리에 관을 쓰고 긴 옷을 입은 여신들이 새겨져 있다. 이 같은 성별에 따른 신의 배치에 예외가 하나 있다. 메소포타미아의 이나나 또는 이슈타르 여신과 동일한 샤우슈카 여신만 남성 신의 행렬에 배치되어 있다. 샤우슈카는 사랑과 전쟁의 여신이다.

그리고 지하 세계의 신이 묘사된 B방은 여러 특징으로 미루어볼 때 투드할리야 4세의 묘지나 추모지로 바쳐졌을 것이라고 짐작된다.

나중에 야질리카야 신전과 하투샤 폐허를 방문한 영국의 윌리엄 존 해밀턴과 처음으로 하투샤 폐허 사진을 찍은 프랑스의 에르네스트 샹트르 그리고 독일의 건축가들(카를 후만, 하인리히 바르트, 오토 푸흐슈타인)은 막강한 성벽을 가진 이 도시를 누가 건설했는지 알아내려고 애를 썼다.

문명은 왜 사라지는가

열두 신의 행렬. 야질리카야 신전의 B방에 새겨진 부조

그러다가 1906년에 후고 빙클러와 테오도어 마크리디가 공동으로 진행한 발굴을 통해 궁금증이 해소되기 시작했다.

하투샤 폐허는 처음 발견되고 나서도 오랜 시간이 지난 후에 히타이트 문명에 속한다는 사실이 확인되었다. 당시에는 히타이트인이 원래 누구였고 어떤 언어를 사용했는지 알려지지 않은 상황이었다. 1907년과 1911, 1912년에 계속된 발굴 작업에서 쐐기문자가 기록된 수천여 개의 점토판 조각이 발견되었다. 연구 팀은 처음에 점토판에 적힌 모든 텍스트가 아카드어라고 생각했다. 나중에 밝혀진 바에 따르면 그중 실제로 아카드어 텍스트도 포함돼 있었다. 그러나 대부분은 히타이트어로 쓰였다. 히타이트인은 발전된 문화 기술인 쐐기문자를 메소포타미아에서 수입해 자신들의 언어로 수용했다. 하투샤 문서 보관소에 있는 약

3만 개의 점토판 조각은 최대 규모로 수집된 히타이트어 문헌이다.

히타이트어는 어떤 언어와 비슷할까? 학자들은 대부분 셈 어족에 속하는 서아시아 지역 언어와 계통적 관계에 있을 거라고 추측했다. 그러나 프리드리히 흐로즈니(1915)의 연구를 통해서 히타이트어가 인도유럽 어족에 속한다는 사실이 궁극적으로 밝혀졌다. 그러니까 그리스어, 페르시아어, 산스크리트어를 비롯해 다른 문명어와 비슷한 것이다. 2001년 하투샤 문서 보관소의 점토판은 유네스코 세계기록유산으로 지정되었다. 하투샤 유적과 야질리카야는 이미 1986년부터 유네스코 세계문화유산으로 등재돼 있다.

인도유럽인은 두 번에 걸친 이주로 흑해 주변 지역에 정착했다. 기원전 제5천년기 초반 유라시아 스텝 지대에서 시작된 첫 이주는 북서쪽 지역으로 향했다(오늘날의 루마니아와 불가리아). 기원전 3000년 이후 이루어진 두 번째 이주에서 인도유럽인은 트라키아로부터 출발해 소아시아 지방으로 향했고 아나톨리아 고원에 정착했다. 아나톨리아 인도유럽인의 지역 문화는 기원전 제3천년기 무렵 독자적인 특징을 얻었다. 그것이 북쪽에서는 히타이트인과 팔라인*의 문화였고, 남쪽에서는 루비아인**의 문화였다. 히타이트인에 대한 첫 언급은 기원전 제2천년기 초 아시리아 문헌에서 발견된다.

인도유럽인의 지역 문화가 형성된 곳에는 이미 그들 이전에 정착해

■　 Palaier. 아나톨리아 북쪽 팔라 지역에 살던 원주민. 정치적 영향력은 거의 없었지만 이들이 사용한 팔라어가 히타이트어와 함께 청동기 시대 아나톨리아 어족의 대표적 언어에 속하기 때문에 주목을 받았다.

■■　 Luwian. 청동기 시대와 철기 시대 초기 소아시아와 시리아 북부 지역에 살았던 민족.

서 살아가던 민족들이 있었다. 나중에 히타이트인의 중심지가 되는 카파도키아***에서는 하티인이 정치적 주도권을 쥐고 있었다. 따라서 하티인들이 토착민의 지배층으로 기반을 다진 지역은 이들의 이름에 따라 붙여졌다. 다른 민족의 자료에서는 히타이트인과 연결된 키팀(『구약성경』에 나오는 히브리어 형태로)이나 케타(케타 왕국)라는 이름이 발견되지만, 히타이트인 스스로는 자신들을 네샤인이라고 불렀다. 나중에 나온 유럽어 명칭은 히브리어 이름 형태에서 파생된다.

히타이트인은 기원전 제3천년기 말 하티인의 지배 아래 있었고, 당시의 정치 상황에 복종했다. 히타이트의 지배층은 하티인 지배층에 복속하면서 사회적으로 상승할 기회를 노렸다. 기원전 제2천년기 초에는 "인도유럽인 왕자 몇 명이 정치적 이유로 하티인과 후르리인**의 이름을 취했다."(Akurgal 2001: 34) 히타이트어는 하티어와 함께 행정 관청의 공식어가 되었고, 히타이트 지배자로의 권력 교체는 시간문제였다.

그리고 기원전 1600년 무렵 권력 교체가 이루어졌다. 하티의 패권 상실은 히타이트의 하투실리 1세가 초대 왕으로서 히타이트 독립 제국을 세운 것에서 상징적으로 드러났다. 이 첫 번째 제국(고왕국) 시대는 기원전 1450년 무렵에 끝났다. 이어진 정치적 혼란기는 수필룰리우마 1세(기원전 1344년~기원전 1322년 재위)가 신왕국을 세운 뒤에야 비로소 안정

***　Cappadocia. 터키 동쪽 아나톨리아 중동부를 일컫는 고대 지명. 기원전 15세기~기원전 12세기에 히타이트의 중심지였고, 6세기~13세기에 지어진 수많은 동굴 수도원이 남아 있다. 실크로드가 통과하는 지역이기도 했다.
**　Hurrian. 기원전 2000년 무렵 고대 오리엔트에서 활약한 민족. 원래는 아르메니아에 살았지만 기원전 3000년 무렵부터 메소포타미아 북부로 진출했다.

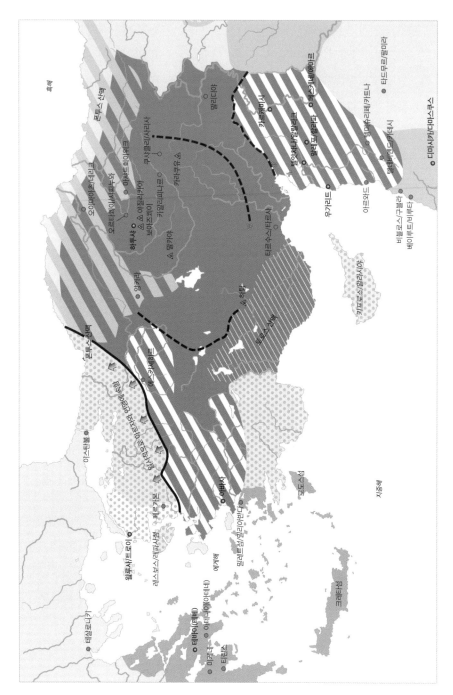

히타이트 제국과 서아시아 문화권의 교류

되었다. 그의 통치 아래 히타이트 제국의 영토는 서쪽과 남서쪽을 포함해 동쪽으로도 확장되었다. 히타이트의 영향권이 남서쪽으로 확대되면서 루비아는 히타이트의 통치권으로 들어왔다.

현재의 시리아 지역은 히타이트 제국의 정치적 영향권에 속했고, 이곳에서 북쪽으로 세력 확장을 꾀하던 강대국 이집트와 충돌이 빚어진다. 기원전 1274년 두 나라 군대가 카데시에서 격돌했다. 양측이 전차 5000~6000대를 동원한 것으로 추산되는데, 이는 전쟁사에서 기록적인 숫자다. 고대의 군사적 충돌 중에서는 이 전투에 대한 자료가 가장 잘 보존돼 있다. 그럼에도 당시의 역사 문헌에서는 전쟁의 결말을 기록한 신뢰할 만한 내용이 발견되지 않는다. 이집트 건축물에서 이집트군의 승리를 찬양하는 내용이 담긴 프리즈* 장식은 카데시 전투를 상기시킨다. 그런데 이러한 이집트인의 자기 찬양은 이집트가 히타이트를 몰아낸 것이 아니고, 반대로 히타이트가 북쪽으로 진출하려던 이집트의 식민지 확장을 멈춰 세웠다는 사실을 은폐한다.

이 전투 이후 오랜 시간이 지난 기원전 1259년이나 기원전 1258년, 히타이트의 하투실리 3세(기원전 1270년~기원전 1250년 재위)와 이집트의 람세스 2세(기원전 1279년~기원전 1213년 재위)는 비로소 두 나라의 정치적 영향권을 궁극적으로 구분하는 데 합의했다. 그 결과 두 나라 사이에 조약이 체결되었고, 이는 세계 역사상 최초의 평화 조약이었다. 조약은 당시 국제 외교의 공용어이던 아카드어로 작성되고 쐐기문자로 기록

■   frieze. 서양 고전 건축물에서 기둥머리와 지붕 사이의 구조물. 그림이나 조각으로 장식한다.

되었다. 오늘날 뉴욕에 있는 유엔 본부 건물의 입구 홀에는 이 조약의 복사본이 전시돼 있다.

그러다가 기원전 제2천년기 말에 다시 분쟁이 일어났고 이번에는 경제 문제가 원인이었다. 그 무렵 기후가 악화되었고 흉년도 잦았다. 제국의 힘이 전반적으로 약해지면서 군사적 위기가 뒤따랐고, 기원전 1200년 무렵 히타이트 제국을 계속 압박해온 해양 민족 연맹과의 충돌이 일어났다. 이 전투에서 히타이트는 패배했고, 제국은 무너졌다.

히타이트 사회는 글자 그대로의 의미에서 모자이크 문화였고, 이들의 다문화적, 다언어적 특징은 일상생활권에서 최고 정치 영역에 이르기까지 뚜렷하게 표현된다.(Bryce 2002) 히타이트 사회에서는 루비아인이 특별한 역할을 했다. 정치적으로는 비록 예속된 상태였지만 히타이트인의 문화 생활 전반에 영향을 미쳤고, 하티인처럼 인도유럽인 이전 주민이던 후르리인의 문화 전통을 매개한 중개자였기 때문이다.

히타이트에서 섬기던 가장 중요한 신들과 숭배 의식은 루비아인과 후르리인의 영향에서 비롯되었다. 고왕국 시대에는 하티의 신들이 히타이트인의 제식에서 중심적인 역할을 했다. 기후의 신 타루와 그의 아내인 태양의 여신 우루세무가 대표적이다. 이 신들의 신전이 있던 곳은 아리나였고, 히타이트의 왕은 매년 태양의 여신을 기리기 위해서 그곳으로 순례를 떠났다. 종교 생활의 발전은 신왕국에도 변화를 불러왔다. 그 시기에는 최고신 부부가 후르리인의 신인 테슈브와 헤바트로 바뀌었기 때문이다. 메소포타미아 문화, 특히 바빌로니아 문화의 영향으로 아나톨리아 지역에 이슈타르 여신 숭배가 전파되었고, 이 여신은 곧 민간에서 많은 사랑을 받았다. 이슈타르 여신은 야질리카야 신전에 새겨진 신들의

문명은 왜 사라지는가

행렬에서 샤우슈카의 모습으로 묘사되었다.

강력한 제국의 이미지에는 강력한 수도도 포함된다. 그 수도가 바로 하투샤로, 히타이트 제국에 의해 정치적으로 무력화된 하티인이 세운 도시다. 원래 이름은 하투스였다. 하티인이 자신들의 정치적 중심지를 구축한 곳은 오래된 문명의 땅이었고, 가장 오래된 취락지의 흔적은 기원전 제6천년기로 거슬러 올라간다.

기원전 1700년 무렵 하투샤는 쿠사라의 왕 아니타에 의해 정복되어 파괴되었다. 아니타는 이 도시를 재건하려는 모든 사람을 향해 다음과 같은 저주가 담긴 비문을 남겼다. "누구든 나 이후에 왕이 되어 하투샤에 다시 정주하려는 자는 폭풍의 신에 의해 몰살당할 것이다."(Neu 1974) 아니타는 히타이트의 한 지역 왕국을 통치했고 경쟁자인 하티 왕을 격퇴하고 하투샤를 정복한 것으로 추정된다. 그러나 고왕국의 설립자로 '하투샤의 남자'라는 이름을 가진 하투실리는 이 저주를 전혀 두려워하지 않았던 것으로 보인다.

히타이트의 지배층이 하투샤에서 권력을 넘겨받았지만 그것이 하티인의 추방을 뜻하지는 않았다. 하티인은 오히려 새로운 통치 영역으로 융합되었다. 다만 히타이트의 건축가들은 하투샤에 남아 있던 히타이트 이전 건축물을 완전히 부수고 그 위에 새로운 건축물을 지었다. 수도 하투샤의 철거와 건립은 그야말로 웅장한 성격을 띠었다. 안쪽의 중심지(위쪽 도시)와 외곽 지역(아래쪽 도시)으로 구분된 도시 취락지는 눈에 띄게 확장되었다. 위쪽 도시나 아래쪽 도시나 각각 막강한 성벽으로 둘러싸였다. 당시 다른 도시 시설 중에서 하투샤만큼 빈틈없이 견고한 방어 시설이 갖춰진 곳은 없었다.

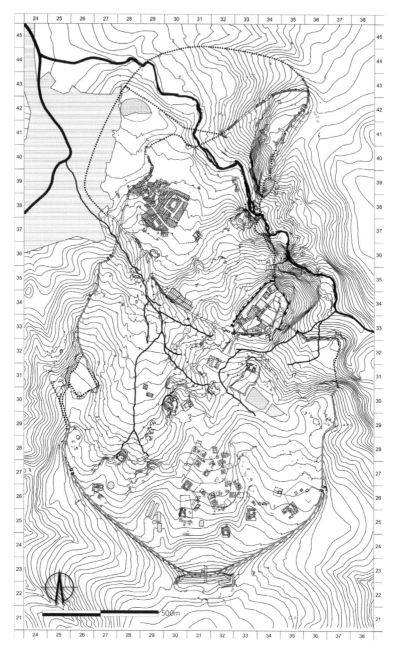

성벽으로 둘러싸인 하투샤. 히타이트 대제국 시대의 하투샤 지도
(기원전 1350년경~기원전 1180년경)

하투샤의 전성기는 기원전 14세기 후반이었다. 도시 중심에는 성채가 우뚝 솟아 있었고, 이곳에 거대한 관청 건물과 신전도 있었다. 높은 산비탈에는 '거대한 성'이라는 뜻의 뷔이위칼레 왕궁이 있었다. 아래쪽 지역이 위쪽 도시를 방어하는 형태로 앞에 위치했다. 주요 통로는 동물(사자), 상상의 존재(스핑크스), 전사를 새긴 부조로 장식돼 있었다.

하투샤 거리에 있던 두 개의 스핑크스는 정치적 파급력을 가진 이야기를 간직하고 있다. 이 조각들은 복원 작업을 위해서 1917년에 독일로 옮겨졌다. 제1차 세계대전이 끝난 1924년 스핑크스 중 하나는 터키로 보내졌지만 다른 하나는 독일에 남겨졌고 1934년부터 베를린 페르가몬 박물관에 전시되었다. 터키는 이 스핑크스도 자국으로 가져가려고 시도했지만 수십 년 동안 별다른 성과를 거두지 못했다. 그래서 2011년 나머지 스핑크스를 계속 돌려주지 않으면 독일 고고학자에게는 장차 그 어떤 발굴 허가도 내주지 않겠다는 최후통첩을 보냈다. 그러자 프로이센 문화유산재단 이사회가 입장을 바꿨고, 스핑크스는 결국 터키로 보내졌다. 원래는 더 일찍 반환되었어야 할 이 스핑크스는 잠시 이스탄불 고고학 박물관에 보관되었다가 두 개의 스핑크스가 원래 세워져 있던 보아즈쾨이*로 옮겨졌다.

아래쪽 도시가 있는 외곽 지역에는 안뜰에 열주 회랑이 있는 네 개의 큰 신전이 있었다. 이 신전들은 관저에 속하는 건물이나 요새 시설과 마찬가지로 단단한 돌로 지어진 반면, 일반 집은 나무와 점토 벽돌로 지

▪ Boğazköy. 터키 중북부의 소도시. 고대에는 히타이트 제국의 수도 하투샤가 이곳에 있었다. 지금은 보아즈칼레Boğazkale라고 불린다.

어졌다. 전성기에 하투샤 인구는 약 4만에서 5만 명이었고, 그중 3분의 1이 위쪽 도시에 살았다. 공동묘지는 성벽 바깥쪽에 조성되었다. 장례식은 화장이 선호되었다.

하투샤의 강력한 요새는 외부 세력의 공격으로 정복된 것이 아니고 그냥 포기해서 버려졌다. 도시를 둘러싼 거대한 성벽도 무너지지 않은 채 그대로 있었지만 방어 역할을 소리 없이 잃고 말았다. 승리를 거둔 해양 민족은 도시에는 관심이 없었다. 기원전 1200년 직후 제국이 몰락하면서 하투샤는 빠른 속도로 쇠퇴하기 시작했다. 기원전 12세기 초에도 이방인들이 도시를 침입했지만 더 이상 가져갈 것도 없었다. 이전 거주자들이 값어치가 있는 것은 모두 도시 밖으로 내갔기 때문이다.(Seeher 2001)

히타이트의 마지막 왕으로 알려진 인물은 기원전 1207년부터 통치한 수필룰리우마 2세였다. 그가 얼마나 오래 통치했고 언제 죽었는지는 아직 모른다. 그의 통치 기간에 나온 문헌은 소수만 남아 있고, 언제부터인가 전해지던 것들이 갑자기 뚝 끊긴다.(Bryce 2005) 고고학자들은 일찍이 하투샤에 있던 많은 건물이 화재로 파괴되었다고 단언했고, 오랫동안 흑해 북쪽의 초원 지대에서 온 카스칸 유목민이 도시를 정복했다고 믿었다. 그러나 최근 연구들은 카스칸 유목민이 하투샤에 침입했을 당시 그곳은 이미 버려진 도시였다는 사실을 보여준다. 일부 학자는 히타이트 제국의 수도 주변 지역에서 지진이 반복적으로 일어났을 것이라고 추정하기도 한다.(Bryce 2005) 그러나 여러 가지 정황으로 볼 때 제국의 몰락이 분명해지자 수필룰리우마 2세가 자신의 가족과 궁정의 모든 수행원을 데리고 이곳을 떠난 것으로 보인다. 정치 지도층, 행정 관리, 방위군, 주민의 철수는 단계적으로 서서히 이루어졌고, 분명 지극히 평범하게 진행되었다.(Beckman 2007) 그로부터 수십 년 뒤 히타이트 제국의 과거 중심지는 유령 도시가 되었다.

그런데 그들은 어디로 이주한 것일까? 철수하는 히타이트인의 정치적 망명지가 되었을 가능성이 있는 곳은 한 군데다. 수필룰리우마 2세는 유프라테스강 연안에 위치한 카르케미시에 정착했을 것으로 보인다. 기원전 14세기부터 히타이트의 총독이 거주하던 곳이었다. 전해지는 내용에 따르면 히타이트 왕가의 일파는 하투샤를 포기하고 난 뒤에도 수백 년을 더 살아남았다. 기원전 제1천년기 초에는 이들에 의해서 시리아 북부에 이른바 '네오 히타이트' 소왕국들이 조직되었다.(Bryce 2012) 수필룰리우마 2세가 마지막으로 정착한 장소는 아직 완전히 발견되지 않았을 것이다. 지난 수년 동안 초기 히타이트 제국의 전체 영토에 흩어져 있던 수많은 히타이트어 쐐기문자 문헌이 발견되었고, 이 문헌들은 지금까지 해독되기만을 기다리고 있다. 어쩌면 히타이트 제국 후기에 나온 이 문헌들에서 수필룰리우마 2세가 하투샤 철수를 계획한 이유가 정확히 무엇이고, 어디로 이동했는지 밝힐 단서가 발견될 수도 있다.

기원전 1200년 이후 야질리카야에서는 더 이상 어떤 활동도 이루어지지 않았다. 하투샤는 수백 년 동안 버려진 상태였다. 그러다가 기원전 800년 무렵 프리기아인이 이곳에 소규모 취락지를 세웠다. 그러나 마지막 주민들이 언제 도시를 영원히 떠났는지는 알려지지 않았다. 히타이트인의 다양한 풍습과 문화 양식은 후속 문화 속에 녹아 들어갔다.

10

누란의 금발 미녀 미라

중국 신장 지구의 인도유럽인

기원전 제2천년기 ~ 기원전 제1천년기

　　　　　　　　　고고학자들은 보존 상태가 아주 좋은 미라에 개인적인 이름을 부여하는 습성이 있다. 1980년 중국 최서단에서 발견된 한 여인의 미라도 그와 같이 '누란樓蘭의 미녀'로 명명되었다. 섬세하고 균형이 잘 잡힌 얼굴에 어깨까지 내려오는 밝은 갈색 머리를 한 여인은 죽는 순간에도 미소를 지은 것처럼 보인다. 죽었을 때의 나이는 마흔다섯 살로 추정되었다. 누란의 미녀는 이 지역에서 발견된 가장 오래된 미라에 속하며, 매장 시기는 기원전 2000년에서 기원전 1800년 사이로 확인되었다.

구세계의 잘 알려진 문명의 중심지와는 동떨어진 곳에서 1970년대 말부터 깜짝 놀랄 만한 미라 발굴이 이루어졌고, 그 비밀은 서서히 드러났다. 그곳은 우루무치가 중심지인 중국의 신장웨이우얼 자치구다. 신장은 초기 중세에 이주해온 투르크 일족인 위구르인의 고향이다. 신장의 드넓은 땅은 황폐하고, 타림 분지 또는 타클라마칸 사막으로 알려진 저지대 분지에 속하며, 고비 사막의 남서쪽 말단부에 놓여 있다.

타림 분지 지역은 이미 오래전부터 옛 문명지로 알려져 있었고, 백수십 년 전부터 고대의 유물을 찾으려는 탐험가들을 끌어들였다. 스벤 헤딘, 아우렐 스타인, 알베르트 폰 르코크의 탐험 일지에는 그곳 어딘가 모래 속에 묻혀 있는 완전히 마른 시신에 대한 이야기가 나온다.(Mallory/ Mair 2000: 10) 그러나 그 지역에 대한 체계적인 탐구가 이루어지기까지는 아직 수십 년이 더 지나야 했다.

1970년대 말 중국의 고고학자들은 타림 분지 북쪽에서 그때까지 알려지지 않은 문화에 속하는 무덤 들판을 발견했다. 그 지역의 기후는 몹시 건조해서 죽은 사람의 몸이 미라로 만든 것처럼 보존되었고, 입은 옷과 천으로 된 부장품도 썩지 않았다. 심지어 시신의 머리털도 고스란히 보존된 상태여서 그 색깔까지 알 수 있을 정도였다.

발굴 작업이 시작된 직후부터 무덤 속 시신들이 중국인이나 위구르인 또는 몽골인이 아니라는 사실이 분명히 드러났다. 해골의 크기가 위구르인이나 중국인보다 컸고, 많은 시신의 머리털이 금발이거나 붉은색이었다. 얼굴 모습도 아주 잘 알아볼 수 있어서 이들이 동아시아인이 아니라는 사실도 쉽게 확인되었다. 고고학자들은 커다란 퍼즐로 완성해야 할 조각을 아직 조금밖에 찾지 못했다. 또한 당시만 해도 그 오랜 옛날에 어쩌면 유럽인일지도 모르는 서쪽 사람들이 그렇게 머나먼 신장 지구까지 왔으리라고는 생각하지 못한 것 같았다.

그러나 1980년대와 1990년대에 또 다른 무덤들이 발굴되면서 죽은 사람들의 이국적인 모습과 그들의 문화적 환경에 대한 연구가 집중적으로 이루어졌다. 유물은 신장 지구의 중심 도시인 우루무치의 박물관으로 옮겨졌고, 처음에는 분류되지 않은 채 한 창고에 보관되었다. 그러다가 1990년대 초에 처음으로 DNA 검사가 이루어졌고, 중국의 인류학자에게는 충격적인 결과가 드러났다. 대략 4000년 전으로 밝혀진 가장 오래된 유골의 유전자는 유럽 인종(코카서스 인종)의 특징을 가진 사람들, 그러니까 유럽인의 선조를 가리켰다. 신장에서 발견된 선사 시대 사람들이 유럽 인종의 유전자풀을 가졌다는 소식은 1994년 런던의 『메일 온 선데이』 신문에 처음 대서특필되었다. 그때부터 신장에서 발견된 시신들은 '우루무치의 미라', '신장의 미라' 또는 '타림 미라' 등으로 알려졌다.

타클라마칸 사막 언저리에 자리 잡은 선사 시대 사람들의 역사는 아직 중국인이 살지 않았던 시기로 거슬러 올라간다. 중국인은 훨씬 이후에 그곳으로 왔다. 우루무치인의 선조는 가축을 키우는 유목민이었고, 기원전 제4천년기에 시베리아 남쪽 알타이 산맥의 앞쪽 땅에 정착해 아파나시에보 문화*라는 지역 문화를 세웠다. 기원전 제3천년기 중반 아파나시에보 문화권의 일부 집단이 남쪽으로 이주해 타림 분지 가장자

---

* Afanas'evo culture. 기원전 4000년~기원전 2000년 무렵 시베리아 알타이 지역에 분포한 동석銅石 병용 문화. 목축업이 주요 생업이었으며, 모권제에서 부권제로 이행하는 과도기였던 것으로 보인다. 미누신스크 부근의 아파나시에보에서 처음 유적이 발견되었다.

'누란의 미녀'(기원전 1800년 무렵) 미라. 원형과 재구성한 얼굴

리 지역까지 진출했다. 이는 인도유럽의 스텝 지대 유목민이 여러 단계
에 걸쳐 카스피 스텝 지역에서 중앙아시아와 시베리아 남부까지 광활한
지역으로 이주한 마지막 단계였다. 이 인도유럽인 중에서 동쪽으로 가장
멀리까지 이주한 이들이 바로 우루무치의 인도유럽인이었다.

　그사이 수백 구의 미라가 더 발굴되었다. 발굴지는 타림 분지 주변
으로 분포되어 있다. 여기서 한 가지 눈에 띄는 점은 타림 분지의 북쪽
가장자리에 있는 발굴지는 실크로드의 북쪽 루트 구간에 있고, 남쪽에
있는 발굴지는 실크로드 남쪽 루트에 놓여 있다는 사실이다. 실크로드
는 둔황에서 북쪽과 남쪽 길로 갈라져 카슈가르 지역에서 다시 만난다.
우루무치 사람들의 취락지는 훗날 실크로드에 의해 겹쳐지는 무역망에

연결되어 있었을까?

오늘날 신장 지구에 사는 주민들과 선사 시대 사람들의 인종적 특징에서 나타나는 놀랍고도 두드러진 차이 때문에 그 발굴에 대한 감정적 반응도 없지 않았다. 발굴 작업에 참가한 중국의 고고학자 중에는 객관적인 입장을 취하지 못한 사람도 있었고, 일부는 상당히 경멸적으로 발언하기도 했다. 중국 당국의 관리들도 '이방의 악마'에 대한 불쾌감을 여러 번 표출했다. 발굴된 미라들이 우루무치 박물관의 전시품으로 제대로 된 진열관에 놓이기까지는 수년이 걸렸는데, 무엇보다 낯선 이방인을 혐오하는 태도에서 비롯된 반대 때문이었던 것으로 보인다. 중국인의 이러한 감정적 거리 두기와는 대조적으로 위구르 민족주의자들은 그 미라들을 위구르인이 아주 오래전부터 지속적으로 신장에 거주했음을 보여주는 증거라며 이데올로기적으로 이용한다.

신장 지역의 역사는 머나먼 과거에 시작되었다. 어쨌든 기원후 9세기 중반부터 그곳에 정착한 위구르인이 볼 때는 상당히 오래전이다. 신장에서 발견된 가장 오래된 미라는 기원전 2000년 무렵으로 확인된다. 따라서 우루무치 사람들은 역사 시대에 신장에 거주한 모든 집단보다 훨씬 오래전부터 거기서 살았다. 기원후 4세기 중반 무렵 이들의 흔적이 사라질 때까지 무려 2000년 이상을 그 지역에서 살았던 것이다.

신장의 초기 주민은 인도유럽인 집단으로서 고립된 채 살아갔고, 이들의 문화와 언어도 비슷한 언어를 사용하는 다른 집단과의 교류 없이 발전했다. 그러나 우루무치 사람들은 이방인과의 교류에 나섰다. 특히 기원전 1000년부터 동쪽에서 타림 분지 지역으로 이동한 초기 중국계 집단과 교류했다. 이들이 타림 분지 지역을 탐색하게 된 동기는 당시

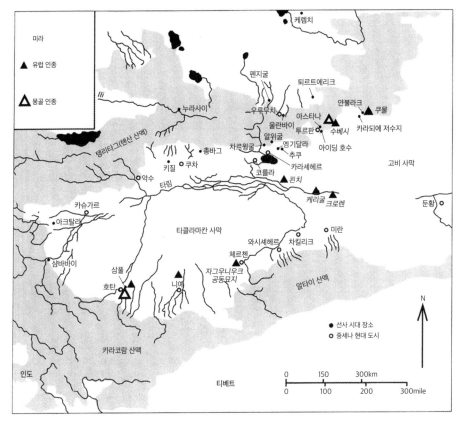

미라

▲ 유럽 인종

△ 몽골 인종

케렘치

펜지굴

퇴르트에리크

안불라크

쿠물

카라되에 저수지

아스타나

투르판

수베시

우루무치

울란바이

알위굴

엥기달라

추쿠

카라세헤르

아이딩 호수

고비 사막

둔황

lli

누라사이

탱리타그(톈산 산맥)

총바그

차르윙굴

키질   쿠차

악수

타림

코를라

퀸치

케리굴   크로렌

카슈가르

아크탈라

삼바바이

타클라마칸 사막

와시셰헤르

체르첸

차킬리크

미란

자그우니우크 공동묘지

삼풀

니예

알타이 산맥

호탄

N

● 선사 시대 장소

○ 중세나 현대 도시

카라코람 산맥

인도

티베트

0   150   300km

0   100   200   300mile

기원전 제2천년기~기원전 제1천년기 유럽 혈통의 미라들이 발견된 타클라마칸 사막 가장자리 지역들

인기 상품이던 비취를 얻기 위해서였을 것이다. 중국 상나라*의 기원전 제2천년기 무렵 무덤들에서는 비취로 만든 수많은 장식품이 발견되었고, 그 원료는 타림 분지 서쪽 가장자리에 위치한 호탄(허톈)에서 유래했다. 타림 분지의 인도유럽인 유목민과 동쪽에서 온 아시아인 사이에는 일찍부터 사회적 교류가 형성되었을 것이다. 샤오허 무덤에서 발굴된 미라 상당수의 유전자(Y-DNA와 mtDNA)를 분석한 결과, 부계는 전적으로 서쪽의 유라시아 계열인 반면에 모계의 유전자풀은 서양인과 동양인의 특징을 나타냈다.(Li et al. 2010, 2015) 다시 말해서 인도유럽인 남성과 아시아 여성 사이에서 자손이 태어났다는 뜻이다.

우루무치 사람들 이후 약 1000년 뒤 같은 인도유럽어를 사용하는 토하라인**이 타림 분지로 왔다. 이들의 문화도 이전 주민의 문화와 마찬가지로 아파나시에보 문화에 뿌리를 두고 있다. 토하라인은 시대 전환기 직전에 문화적, 언어적으로 독자적인 특징을 얻었다. 이들의 언어는 새김글로 전해졌다. 가장 최근의 새김글은 기원후 8세기의 것이다. 불교 사원의 벽화에서는 10세기에 이르기까지 토하라인이 남긴 글과 그림이 발견된다. 우루무치 사람들과 새로 정착한 토하라인은 사회적으로 교류하면서 지냈고, 이들의 관계는 가족 관계로까지 심화되었다. 토하라인과 나중에 이주해온 위구르인의 관계도 마찬가지였다. 이 모든 집단은 유전적으로 연관되어 있거나 조금 과장하면 다음과 같이 표현할 수도 있다. "신장

▪ 商. 기원전 1600년 무렵부터 기원전 1046년경까지 실재한 것으로 여겨지는 중국 최초의 왕조. 후에 수도를 은허로 옮겼기 때문에 '은'殷이라고도 부른다.
▪▪ Tocharians. 오늘날의 타림 분지에 살던 고대 인도유럽인의 일파로, 나중에 위구르족에 흡수되었다.

미라의 피는 오늘날 그 지역 주민의 혈관 속에 흐른다."(Mallory / Mair 2000: 251)

　미라화된 시신과 부장품의 이례적으로 뛰어난 보존 상태는 우리에게 당시 문화의 세세한 부분들을 보여준다. 남성과 여성, 심지어 아이가 입었던 옷까지 고스란히 드러난다. 여름옷과 겨울옷의 차이는 물론이고 축제에 어울리는 성대한 치장과 일상복의 차이도 눈에 띈다. 남녀 모두 손과 얼굴, 팔에는 문신이 새겨져 있다. 당시의 공동체는 전반적으로 평등 사회였던 것으로 보이는데, 여성의 무덤도 남성의 무덤과 마찬가지로 화려하게 장식돼 있었다. 심지어 몇몇 여성의 무덤은 옷과 장신구, 머리 모양과 모자 그리고 다수의 부장품으로 구성된 다채로운 장식품 때문에 더욱 눈에 띈다.

　수베시의 무덤 들판에서는 이처럼 이례적인 여성 무덤 3기가 발견되었다.(Barber 1999: 197 ff.) 무덤의 주인공은 종교적으로 높은 위치에 있었거나 명망가 출신으로 추정된다. 우루무치 사람들의 세계 질서는 애니미즘이었고, 거기서는 샤먼이 제례 의식의 수행을 책임진다. 빙하기의 사냥꾼 문화(2장 참조)로까지 거슬러 올라가는 유라시아 샤머니즘 전통에서는 남녀 모두 애니미즘적 의식을 관장하는 명망 높은 역할을 수행한다. 시베리아 북동쪽의 고아시아족 문화에서는 오늘날까지도 샤먼이 활동하고 있다.(Haarmann / Marler 2008: 67 ff.) 제례용품을 포함해 고급스러운 장식품으로 치장된 수베시 무덤의 세 여인을 샤먼으로 보는 건 크게 빗나간 해석은 아닐 것이다.

　우리가 이 장의 서두에서 기술한 '누란의 미녀'는 모포로 감싸여 있었고, 가죽 장화를 신고 양털로 만든 모자를 쓰고 있었다. 그녀의 옆에는 풀과 태머리스크 가지로 엮은 바구니가 놓여 있고, 그 안에는 곡식알

신장웨이우얼 자치구 수베시에서 발굴된 미라와 장식품의 재구성. 샤먼이었을 가능성이 있다.

이 가득 들어 있었다.(Wang et al. 2001: 42 ff.)

남성 미라 중 가장 인상적인 것은 몸을 쭉 뻗은 채 누워 있던 '체르첸 남자'다. 그의 머리는 하얀 베개 위에 놓여 있었다. 이 남자는 양모로 만든 자주색 셔츠와 바지를 입고 무릎까지 오는 하얀 가죽 장화를 신었

문명은 왜 사라지는가

으며, 무지개 색으로 짠 털양말을 신고 있었다. 기원전 800년 전의 미라로 확인된 이 남자는 기마병이었다. 가장 중요한 부장품인 안장이 그 점을 시사한다.(Mallory / Mair 2000: 16 ff.)

사막 가장자리의 생활 조건은 혹독했고, 어린이 무덤의 수많은 유물은 아이의 사망률이 매우 높았다는 것을 암시한다. 직물의 보존 상태가 매우 좋아서 특히 눈에 띄는 한 아이의 무덤도 기원전 제2천년기 무렵 형성된 케리굴 무덤 들판에서 가장 오래된 무덤 중 하나에 속한다. 아이의 시신은 깊은 배려의 손길이 느껴지게 담요로 감싸여 있었다. 이 담요를 짠 엄마나 할머니가 "공을 들여 다양한 직조 기술을 선보인 것처럼"(Mallory / Mair 2000: 213) 보였다.

이후에도 미라 발굴 작업은 계속 이어졌다. 2009년에야 타림 분지 안쪽에서 새로운 무덤 들판이 비로소 발견되었다. '여자들의 묘지'라는 뜻의 아얄라 마자르였다. 40구가 넘는 미라 가운데 3분의 2가 여성이었다. 이곳에서 발견된 미라의 연대는 기원전 1800년에서 기원전 1700년 사이로 확인되었다. 그런데 매장 방식이 진기한 느낌을 준다. 이불로 감싼 시신은 적어도 2층으로 포개진 배처럼 생긴 관에 놓여 있었다. 사막에는 나무로 된 조각상 여덟 개가 세워져 있었는데, 무덤을 지키는 형상이거나 죽은 후손의 안녕을 돌보는 인격화된 선조의 형상으로 추정된다.(Baumer 2012: 129 ff.)

잘 보존된 직물은 높은 수준의 수공업 기술을 보여준다. 옛 신장 사람들은 직조 기술을 잘 다루고 양모와 다른 재료를 가공했으며, 옷과 각종 장신구를 만들었다. 그중에서도 켈트족 직조 전통의 체크무늬를 연상시키는 이불 무늬가 눈에 띈다. 그러나 이 특수한 유사성을 근거로 켈트족이 서유럽에서 타림 분지까지 이동했다고 가정한다면 잘못된 길로 빠지는 것이다. 이는 토하라어와 인도유럽어 사이의 언어적 유사성에도 비슷하게 적용된다. 여기서도 인구 이동과의 상호 관계를 가정하는 것은 불합리하다.

우루무치 사람들이 어떤 언어를 사용했는지는 알려지지 않았다. 그 시기에 유래한 문자 증거물이 전혀 없기 때문이다. 그러나 그들의 언어가 유라시아 서쪽에서 유래하였다는 점은 분명하고, 인종적으로는 아파나시에보 문화와 안드로노보 문화*를 이룬 이란계 스텝 유목민과 유사하다는 점도 확실하다고 여겨진다. 따라서 옛 신장 사람은 인도유럽어에서 파생된 이란어의 원시 형태를 사용하였을 것이라는 가정이 가능하다. 나중에 나온 토하라어 문헌을 통해서는 이 언어가 분명하게 인도유럽어라는 사실이 밝혀진다. 심지어 토하라어 어휘에는 서양 언어와 비슷한 단어도 보인다. 가령 '바람'을 뜻하는 토하라어 완트want는 독일어로는 빈트Wind이고, 신체 기관인 '눈'을 뜻하는 에크ek는 스웨덴어로는 외가öga다. 따라서 옛 신장 사람과 토하라인은 비슷한 언어를 사용하였고, 어쩌면 토하라어가 그 지역의 옛 언어보다 더 발전된 형태일 수 있다.

옛 신장 사람의 역사는 금발 미라가 없었어도 흥미로웠을 것이다. 이 지역 문화는 아주 먼 지역까지 확장된 문화 복합체인 인도유럽 문화의 동쪽 전초지였기 때문이다. 그뿐만 아니라 이들의 문화 발전은 대륙

▪ Andronovo culture. 기원전 2000년 무렵 서시베리아, 카자흐스탄, 중앙아시아 북부의 광범한 지역에 분포했던 청동기 문화. 소규모 농경과 목축 생활을 한 부계 사회였다. 명칭은 안드로노보 마을에서 발굴된 고분 유적에서 유래한다.

과 대륙을 잇는 의미가 있다. 이 지역으로 전해진 문화적 혁신은 이웃 중국 문화권에도 영향을 주었으니 말이다.^(Baumer 2012: 133 ff.) 중국 영토에서 발굴된 가장 오래된 청동기 그릇은 신장 지역에서 유래했고, 시기는 기원전 제2천년기 무렵으로 확인된다. 바퀴가 달린 수레 유물도 같은 시기의 것이고, 발굴지는 타림 분지 동쪽(우푸)에 있었다. 중국인이 신장 사람과 교류하면서 그 기술을 배웠을 것으로 추정된다. 그 밖에도 신장 사람은 말을 기르고 탈 수 있었다. 중국에서는 말과 승마술이 기원전 제2천년기 중반부터 전파되었다. 이러한 사실 또한 중국과 타림 분지 사람과의 이른 접촉을 암시한다.

기원전 제2천년기 무렵 중국인에 의해 수용된 문화적 혁신은 빈번하게 나타난다. 이는 기원전 제1천년기부터 실크로드를 통해 이루어졌다고 알려진 중국과 중앙아시아 사이의 접촉(신장은 중개자 위치)이 실은 그보다 훨씬 오래전부터 있었을 가능성을 말해준다. 다만 처음에는 서쪽에서 동쪽으로의 일방적인 방향이었다.^(Kuzmina 2008: 88 ff.)

11

전설적인 황금의 땅 푼트

이집트 여왕 핫셉수트의 사절단

기원전 15세기

핫셉수트 여왕의 재위 9년째 되던 해 여왕의 명령을 받은 평화 사절단이 머나먼 푼트Punt 왕국으로 떠났다. 바닷길로 남쪽으로 향한 선단은 적어도 다섯 척의 배로 꾸려졌다. 각 배의 길이는 21미터에 노 젓는 사람이 30명이었고 갑판에서 일하는 선원은 총 180명이었다. 배는 여러 개의 돛을 올릴 수 있었다. 그리고 갖가지 물품을 잔뜩 싣고 고국으로 돌아와야 했다.

전설에 둘러싸인 황금의 땅 푼트와 핫셉수트 여왕의 명으로 그곳으로 파견된 외교 사절단 이야기는 모든 점에서 이례적이다. 푼트가 정확히 어디에 있는 나라였는지는 오늘날까지 밝혀지지 않았다. 이집트인은 푼트 왕국을 프웨네트 또는 프웨네로 불렀다.^(Shaw / Nicholson 1995: 231) 타 네티 에르('신의 땅')라는 이름도 나오는데, 이집트인의 생각에는 그 지역이 태양신 아문 라의 땅에 속했기 때문이다. 어쩌면 그리스 문헌에서 오포네로 불린 나라가 푼트일 수도 있다.^(Wood 2005: 155)

이집트처럼 강력한 나라의 통치자가 자신들보다 힘도 약하고 중요성도 떨어지는 나라로 사절단을 보냈다는 것은 상당히 예외적인 일이다. 이집트의 다른 통치자가 무역 관계를 강화하기 위해서 외국으로 평화 사절단을 보낸 사례는 없었다. 어떤 파라오가 개인적으로 다른 나라와의 관계를 위해서 심혈을 기울였다면 그것은 대부분 군사적 이유였다.

핫셉수트 여왕의 존재 자체도 이례적이었다.^(Tyldesley 1996, Roehrig et al. 2005, Nadig 2014) 파라오의 자리에 오른 여성은 극소수였고, 역사적으로 확인해 봐도 핫셉수트 여왕 이전에 이집트를 통치한 여성은 제12왕조의 마지막 통치자였던 소백네페루(기원전 1806년~기원전 1802년 재위) 한 명뿐이었다. 핫셉수트 이후로 다시 여성 파라오가 이집트를 통치하기까지는 1400년이 넘는 시간이 흘러야 했다. 바로 세계적으로 유명한 클레오파트라 7세(기원전 69년~기원전 30년)다. 클레오파트라는 프톨레마이오스 왕조의 마지막 둘째 통치자로서 카이사르와의 사이에서 아들 하나를 두었고 자살로 생을 마감했다.

핫셉수트라는 이름은 '가장 고귀한 여인'이라는 뜻이다. 핫셉수트는 기원전 1507년 당시 파라오였던 투트모세 1세의 딸로 태어났고, 기원전 1478년 29세의 나이에 제18왕조의 5대 파라오가 되어 21년 동안 이집트를 통치했다. 핫셉수트의 남편은 이복동생인 투트모세 2세였고, 둘 사이에는 딸만 하나 있었다. 핫셉수트는 공식적으로는 투트모세 2세와 후궁 사이에서 태어난 투트모세 3세와 공동 통치자였다. 그러나 투트모세 3세는 왕위에 올랐을 때 나이가 겨우 두 살이었다. 나중에 투트모세 3세가 성인이 되었을 때도 핫셉수트는 통치자로서 방향을 제시하고 결정하는 역할을 계속했다. 그녀는 이집트의 다른 여성 파라오보다 오랜 기간 이집트를 통치했다. 이집트학 연구자들은 그녀를 "우리가 알고 있는 역사상 최초의 위대한 여인"(Ph. True, Queen Hatshepsut [1500 B. C.], nbufront.org)으로 여긴다.

핫셉수트는 지극히 평화로운 통치자의 면모를 보였다. 그래서 선견지명으로 정치적 안정을 꾀하고 외교 사절단을 통해 이웃 나라와의 무역 관계를 구축하고 강화한 역사상 최초의 여성 통치자라는 점을 강조할 수 있다. 다만 푼트로의 사절단 파견 이후에는 시나이와 가나안으로 토벌대를 보냈다는 단서도 있다.

핫셉수트는 남쪽 지역의 쿠시* 사람들과 평화 관계를 맺어 군사적 혼란기를 끝냈고, 덕분에 쿠시와 이집트 사이에 무역 관계가 활기를 띠었다.(Lobban 2010: 236) 그녀의 아버지 투트모세 1세는 누비아를 정복하기 위해서 여러 번 군사 원정을 시도했고, 핫셉수트가 죽은 뒤에는 투트모세 3세가 군사적 대결을 이어나갔다.

핫셉수트는 동아프리카 해안을 따라 남쪽으로도 여러 사절단을 보냈다. 그중에서도 가장 많은 비용을 들인 경우는 잘 알려지지 않은 인

---

* Kush. 오늘날의 수단 공화국에 해당하는 나일강 상류 누비아 지역에 세워졌던 고대 흑인 왕국. 이집트 문명과 더불어 고도로 발달한 아프리카 토착 문명의 한 갈래를 이룬다.

푼트로 향하는 핫셉수트 여왕의 사절단을 실은 선단. 데이르엘바흐리에 있는
여왕의 신전 건물에 새겨진 부조다.

도 왕국으로 보낸 사절단이었다. 그러나 거리상으로 가장 멀리까지 보낸
경우가 푼트 사절단이었다. 과거에도 이미 푼트 왕국과의 교류는 있었
고, 시기는 구왕국(기원전 제3천년기 중반)의 제5왕조 통치 기간이었다. 당
시에는 당나귀를 이끌고 육로로 이동하는 대상에 의해 교역이 이루어졌
다. 낙타는 기원전 제2천년기에 이르러야 전파된다.

　　중왕국(기원전 제2천년기부터) 때부터는 교역이 더 활발해졌고, 물품
운반은 해상을 이용했다. 그러나 기원전 1600년 무렵 이집트가 힉소스 **
민족의 지배를 받는 동안 양국의 무역 관계는 중단되고 말았다. 이런 상
황에서 핫셉수트의 사절단은 푼트 왕국과의 관계를 복원하는 상징적 역

할을 했다. 두 나라 사이의 교역이 현저하게 활기를 띤 것으로 보아 사절단의 역할은 분명 성공적이었다.

그러나 핫셉수트가 강력하게 추진한 외교적 교류와 무역 관계망은 지속적으로 유지되지 못했다. 핫셉수트의 후계자인 투트모세 3세가 그녀의 정치적 업적을 약화하고 그녀에 대한 기억을 지워버리기 위해서 전력을 다했기 때문이다. 두 공동 통치자 사이의 경쟁 관계가 그 원인이었을 것이다. 몇몇 역사학자는 기원전 1458년 핫셉수트의 갑작스러운 죽음도 증오하는 그녀를 제거하려던 투트모세 3세의 음모였을 것으로 추측한다. 투트모세 3세는 그녀의 입상과 부조를 파괴했고, 남쪽 국가와의 평화 교류도 단절했다.

그럼에도 핫셉수트 여왕은 문화적 기억 속에 살아남았다. 이유는 아직 밝혀지지 않았지만 왕들의 계곡***에 있는 핫셉수트 추모 신전은 투트모세 3세에 의해 파괴되지 않았다. 이 신전이 세워진 장소는 오늘날 데이르엘바흐리로 불린다. 핫셉수트 여왕은 자신이 묻힐 장소를 직접 골랐고, 여왕의 추모 신전은 왕들의 계곡에 세워진 첫째 건물이었다. 방대한 규모의 신전은 핫셉수트의 신하이자 왕실 건축가였던 세네무트의 작품이다. 신전 건물은 완벽한 좌우 대칭을 구현한 첫 이집트 건축물로서 건축 역사에서 독자적인 위치를 차지한다.^(Naville 1894~1908, Pirelli 1999) 약

** Hyksos. '이민족 통치자'를 뜻하는 말에서 유래한 동방의 유목 민족. 기원전 17세기 무렵부터 세력을 확장해 나일강 동부 델타 유역을 점령했다. 고대 이집트 중왕국의 제15, 16왕조에 걸쳐 108년 동안 이집트를 지배했다. 이집트에 새로운 활과 말이 끄는 전차와 철제 무기 등을 들여왔다.

*** Valley of the Kings. 이집트 테베 서쪽에 있는 골짜기. 제18, 19, 20왕조의 거의 모든 파라오가 묻혀 있다.

1000년이 지난 뒤에야 완벽한 좌우 대칭을 가진 또 다른 건물이 탄생하는데, 아테네 아크로폴리스 언덕에 세워진 파르테논 신전이 그것이다.

신전의 중심은 '가장 성스러운 곳'이라는 뜻을 가진 제세르-제세루다. 테라스 위에 기둥이 일렬로 늘어선 사각형의 회랑으로, 이 테라스 위에는 무성한 정원이 조성되어 있었다. 다행히 신전 건물의 벽면을 장식한 부조는 파괴되지 않고 보존되었다. 황금의 나라 푼트로 사절단을 보낸 일은 여왕이 가장 중요하게 여긴 기획이었던 것으로 보인다. 벽면에 이야기 식으로 묘사된 부조는 사절단과 푼트 왕국이 물물교환을 하는 장면을 담고 있다. 이 부조는 동시에 당시의 일을 알리는 유일한 보고서이기도 하다. 핫셉수트 여왕이 푼트 여행에 동행했는지는 알 수 없다. 나중에 전해진 문헌에도 그 부분에 대한 단서는 전혀 없다.

사절단의 푼트 여행은 세부적인 부분까지 자세하게 묘사한 수많은 부조 속에서 생생하게 재현된다. 꼼꼼한 세부 묘사는 아티(또는 이티)라는 이름으로 언급된 푼트 여왕의 외모를 매우 정밀하게 표현한 것에서도 고스란히 드러난다.(Tyldesley 1996: 137 ff.) 아티 여왕은 풍만한 가슴과 엉덩이에 척추가 눈에 띄게 앞으로 굽은 비대한 여성으로 묘사되어 있다. 어떤 학자들은 아티 여왕의 이러한 모습을 둔부 비대증의 전형적인 형태로 해석하려고 한다. 최근의 의학적 연구에서는 다른 병증들도 언급되고 있다.(Christenson 2006)

세부적인 사항까지 매우 자세하게 묘사했음에도 푼트가 정확히 어디에 있는지는 드러나지 않는다. 다른 문헌 자료에서도 그와 관련된 유익한 정보는 전혀 찾을 수가 없다. 푼트에 대한 기술은 단편적으로 흩어져 있을 뿐 아니라 매우 불분명하다. 따라서 지리적 위치에 대해서는 이

푼트 왕국의 아티 여왕. 데이르엘바흐리에 새겨진 부조 장식

런저런 추측만 가능하다. 그 후보지로는 수단 동부, 에리트레아,[*] 소말릴 란드(현재 소말리아의 북동부 지역)가 거론된다.[(Fattovich 1999: 637, Meeks 2003)] 이들 지역에서는 기원전 제2천년기의 이집트 유물이 발견되었다. 유물은 분

---

[*] Eritrea. 아프리카 동북부에 위치한 나라. 남쪽으로는 에티오피아, 북쪽과 서쪽으로는 수단, 동쪽으로는 홍해와 인접한다.

명 이집트와의 교역을 통해 그곳에 이르렀을 것이다.

우리는 이집트의 몇몇 문헌과 부조 장식을 통해서 푼트 왕국의 동식물계도 일부 알 수 있다. 예를 들어 그곳에는 야자수가 자라고 원숭이가 살았다. 따라서 그 지역은 열대 기후 지대에 속했을 것이다. 유전학자들은 당시 푼트에서 이집트로 들여온 비비원숭이의 미라에서 채취한 DNA 샘플을 현재 비비원숭이의 DNA와 비교했고, 이들이 에티오피아, 에리트레아, 소말리아, 예멘에 있는 원숭이와 유사하다는 점을 밝혀냈다. 이는 푼트의 지리적 위치가 페르시아만 양쪽 지역으로 확대된다는 것을 의미한다.(Dominy et al. 2016)

푼트 왕국은 실제로 더 큰 지역에 걸쳐 넓게 펼쳐져 있었을 것이고, 여러 행정 구역으로 나뉘어 있었을 것이다. 푼트 내륙에는 가축을 키우는 주민들이 살았다. 이들이 키운 가축은 짧은 뿔이 달린 소로 묘사되었다. 푼트 사람들은 금속을 가공할 줄 알았고 항해 경험도 있었다. 푼트의 배는 이집트로 물건을 실어왔고 홍해 연안에 정박했다.

푼트 왕국은 이집트인이 관심을 보인 다양한 물건을 제공했다. 예로부터 유향나무에서 추출한 수지인 유향(이집트어로는 세네티에르senetjer)과 몰약(이집트어로는 안튜antyu)도 거기에 속했다. 인기가 높은 귀금속인 금은 기원전 제3천년기부터 이미 이집트로 보내졌다. 그 때문에 푼트는 이집트인의 뇌리에 황금의 땅으로 새겨졌다.

핫셉수트 여왕 시대에는 물품 공급이 확대되었다. 흑단과 상아, 표범 가죽, 원숭이, 개를 비롯해서 어쩌면 노예도 추가되었다. 핫셉수트 신전 벽면의 수많은 부조는 사절단이 푼트로 출발하는 장면뿐 아니라 물건을 가득 싣고 남쪽에서 돌아오는 배의 모습도 묘사했다. 그중에는 살아 있는 몰약나무를 묘사한 것도 있는데, 푼트에서 이집트까지 운반하기 위해서 나무뿌리를 세심하게 포장한 모습이다. 총 서른한 그루가 여왕의 신전으로 옮겨져 앞뜰에 심겼다. 이는 이집트로 반입된 외래 수종에 대해 알려주는 최초의 역사 보고다. 핫셉수트 여왕은 유향 수지를 가루로 부순 뒤 눈썹을 강조하는 화장용 먹(이집트어로는 콜kohl)으로 사용했다. 여왕은 유행의 선도자가 되었고, 그때부터 콜은 이집트 귀족 여인 사이에서 애용되었다.

핫셉수트 여왕의 통치 기간에는 푼트와의 무역 관계만 활발했던 것이 아니고, 이집트 문화도 남쪽 지역에 영향을 미쳤다. 문헌에 따르면 푼트 사람들이 이집트의 사랑과 기쁨, 아름다움의 여신인 하토르의 신전을 세웠다고 한다. 푼트와의 무역 관계는 이집트 제20왕조가 통치하던 기원전 11세기 무렵 시들해졌다. 나중에 교역을 다시 활성화하려는 시도가 있었지만 성공하지 못했다. 그 뒤로 수백 년이 지나 프톨레마이오스 왕조의 통치기(기원전 332년~기원전 32년)나 로마 제국의 식민 통치 기간이 되면 황금의 나라 푼트는 전설 속에서만 살아 숨 쉬었다.

그런데 그 이름이 오늘날 소말리아에 있는 한 지역의 명칭으로 다시 사용되고 있다. 1998년 소말리아 반도(또는 아프리카의 뿔)에 있는 소말리아 북동부 지역 정치 지도자들이 푼틀란드주를 자치 국가로 선언한 것이다. 푼틀란드는 서쪽의 소말릴란드와 국경을 맞대고 있고, 가로웨가 새로운 푼틀란드의 행정 중심지다.

12

펠라스고이인의 수수께끼

그리스인에 의해 숨겨진
인도유럽인 이전 문화

기원전 제3천년기 ~ 기원전 제1천년기

그리스인의 조상은 발칸 지역 북쪽에서 남쪽으로 이동했다. 이들은 유라시아 스텝 지역에서 온 유목민이었다. 인도유럽어가 변형된 언어를 사용했으며, 이 언어는 계속해서 그리스어로 발전했다. 그리스어의 가장 오래된 문자 기록은 미케네 그리스어로, 선과 곡선으로 된 선문자 B(또는 선형문자 B)*로 쓰인 점토판 글자를 통

▪ 기원전 1500년경~기원전 1200년경에 크레타섬과 그리스 미케네 문화권에서 사용된 문자. 미케네 문자라고도 한다.

해 알려졌다. 이주민들은 헬라스라고 명명한 새로운 고향에서 자신들의 집단으로 조직된 그리스 문화를 형성했고, 이를 통해서 그리스인(헬라스 사람)이라는 민족적 정체성이 생겨났다.

물론 헬라스는 그리스인이 이주해오기 오래전부터 사람들이 살던 땅이었다. 헬라스의 선주민은 북쪽에서 온 새 이주민과 처음에는 소통하지 못했는데, 이들이 낯선 언어를 사용했기 때문이다. 이주 초기에는 두 집단 사이에 대립이 있었을 테지만 얼마 지나지 않아 평화로운 병존과 공존이 시작되었을 것이다. 무엇보다 명명에서 그런 사실을 알 수 있다. 그리스인은 선주민을 펠라스고이Pelasgoi라고 불렀는데, 그 말에는 '가깝게', '이웃 간에'라는 뜻의 부사 펠라스pelas가 포함되어 있다. 그러니까 펠라스고이인(라틴어로는 펠라스기족Pelasgi)은 '이웃에 사는 사람들'hoi pelas ontes이었다. 호메로스의 『일리아스』(16권 233)에서는 펠라스고이인이 헬라스의 원주민으로 언급되었다. 그리스인은 도도나*의 제우스 신탁소를 펠라스고이인이 세웠다고 알고 있었다.

펠라스고이 선주민 문화는 오랜 기간 이어진 연속성을 보이며, 이는 전통과 밀접하게 결합된 일반적인 생활 습관에서 뚜렷하게 표현된다. 고고학적 관점에서도 그리스 문화권에서는 신석기 시대의 오랜 전통이 확인된다. "농경과 가축 사육을 확고한 기반으로 한 경제 구조에서 소규모 마을 공동체가 밀집해서 살아가는 신석기 시대 생활 방식은 수천 년을 거쳐 오늘날에 이르기까지 그리스의 시골 생활에서도 비슷하게 나타난

▪   Dodona. 그리스 북서부 에페이로스 지방에 있는 고대의 성역으로, 제우스의 신탁소가 있던 곳으로 유명했다.

다."(Runnels / Murray 2001: 62) 그 밖에도 잊지 말아야 할 점은 고대 그리스의 찬란한 기념비적 건축물과 철학 및 문학 작품도 바로 그런 농경 문화권 사람들에 의해 완성되었다는 사실이다.

펠라스고이 선주민의 전통은 초기 그리스 문화에 지속적으로 강한 영향을 주었다. 그리스인에게는 처음에 많은 것이 낯설었다. 포도 재배와 올리브 재배, 의술, 뛰어난 도자기 제작, 금속 가공, 신탁, 음악과 연극 문화 등 많은 것이 생소했다. 그들은 서서히 정착 생활에 적응했고, 그 생활과 결합된 사회적 행동 방식과 지방 자치의 모든 관습을 터득했다. 또한 도시적 환경의 건축에도 적용했다. 펠라스고이인의 건축 활동을 보여주는 증거물이 있는데, 예를 들어 아크로폴리스에 성벽의 잔해가 남아 있다. 그리스인은 선주민 시기의 것인 이 잔해를 펠라스기콘pelasgikon('펠라스기족에 의해 세워진 것')이라고 불렀다.

그리스인의 조상이 처음 남쪽으로 왔을 때 그들의 언어에는 바다를 지칭하는 말도 없었다. 그래서 선주민의 단어를 그들의 언어로 받아들였다. 고대 그리스어에서는 바다를 탈라사thalassa라고 했고, 이 단어는 현재 그리스어에도 계속 살아 있다. 초기 그리스인은 항해할 수 있는 배를 어떻게 만드는지 전혀 몰랐다. 그래서 처음에는 바다로 나아갈 생각도 못했다.

그들은 그 모든 것을 선주민에게서 배웠다. 따라서 "그리스어에서 배의 각 부분을 이르는 표현들 중 어느 하나도 셈어*에서 파생된 것은 없다"(Hall 2014: 12)라는 사실이 놀라운 일은 아니다. 선박 건조가 선주민의 전통이라는 사실을 보여주는 증거로 고대 그리스의 선박 용어에서 나타나는 차용어를 꼽을 수 있다. 거기에는 다음과 같은 단어가 있다.

- 아키라 또는 앙키라agkyra, ankyra: 닻

- 에우네eune: 닻돌

- 아플라스톤aphlaston: 장식적으로 휜 고물(특히 키클라데스 배의 고물이 잘 보여준다.)^(Bintliff 2012: 105)

- 부타니boutani: 배에서 노가 고정되어 있는 부분

- 칼론kalon: 선박 건조용 목재

- 칸텔리아kanthelia: 고물 쪽에 장식적으로 휜 나무 부분

- 킨디노스kindynos: 배의 이물 부분에 있는 벤치

- 코림보스korymbos: 배에서 가장 높은 지점

- 키다로스kydaros: 작은 배

- 라이파laipha: 돛(동물 가죽으로 만든)

- 레노스lenos: 돛대를 끼워 넣는 고정 장치

- 말테malthe: 선체 나무판들 사이에 있는 틈을 물이 들어오지 않도록 메우는 데 사용하는 밀랍과 타르의 혼합물

- 파론paron: 가벼운 배

- 셀리스selis: 배의 십자형 기둥

- 팔케스phalkes: 선체의 늑골

- 스타미네스stamines: 측면 수직 받침대(선체 강화를 위한)

- 시파로스sipharos: 중간 돛

▪▪ Semitic languages. 북아프리카에서 서남아시아에 걸쳐 사용되는 셈족의 언어로, 대표적으로 아랍어가 있다. 셈족은 함족, 아리아족과 함께 유럽 3대 인종의 하나로, 셈어를 사용하는 민족의 총칭이다. '셈'이라는 말은 기독교의 『구약성경』에 나오는 노아의 장남 셈에서 따왔으며 아시리아인, 아라비아인, 바빌로니아인, 페니키아인, 유대인 등이 속한다.

항해의 중심 개념으로 '배를 조종하다', '항해하다'라는 뜻을 가진 키베르나오kybernao도 차용어에 속하는데, 항해술 역시 해안 지역 선주민으로부터 배웠기 때문이다. 키베르나오는 실제의 의미가 확대되어 '삶에서 올바른 방향으로 나아가다', 정치 지도자로서는 '국가라는 배의 키를 잡다'처럼 전용된 의미로도 사용되었다.

고대 그리스에서 이룩한 다른 많은 성취처럼 선박 건조와 결합된 수공업적 능력도 그리스 이전 시대 여신인 아테나를 연상시킨다. 그리스 신화에서는 다나오스가 아테나의 가르침에 따라 처음으로 배를 만든 인물로 언급된다(아폴로도로스의 신화집 『비블리오테케』 2.1. 4). 아테나 여신은 목수인 텍톤도 돕는다. 텍톤은 파리스가 헬레나를 트로이로 데려갈 배를 만든다(『일리아스』, 5권 59~60). 아테나는 펠리온산에서 배를 만들기에 적합한 나무를 직접 골라 아르고호를 만들게 하고, 아르고 원정대는 이 배를 타고 황금의 땅 콜키스로 떠난다(로도스의 아폴로니오스, 『아르고나우티카』, 2권 1187~1189). 호메로스는 자신의 영웅 서사시 『오디세이아』에서 아테나 여신의 뛰어난 선박 제작 솜씨를 찬양한다. 여신은 오디세우스에게 배 만드는 법을 가르쳐주어 그가 칼립소섬을 떠날 수 있게 해준다(『오디세이아』, 5권 234~274).

세월이 흐르는 동안 선주민과 그리스인 사이에는 집중적인 사회적 교류와 가족 관계가 형성되었고, 나중에는 다문화적, 다언어적 공동체들이 생겨났다. 이처럼 광범위한 문화적, 언어적 융합은 결국 우리가 고대 그리스 문화에서 만나는 모자이크식 문화의 특징을 탄생시켰다.(Haarmann 2014)

언어학자들은 펠라스고이어가 인도유럽어의 옛 형태라는 사실을 확인하기 위해서 오랫동안 애를 썼다. 그러나 펠라스고이어를 인도유럽어로 재구성하려는 시도는 어느 하나도 뚜렷한 결과를 내지 못했다. 그러는 사이 퓌르네(1972), 베케스(2004, 2010), 하르만(2013, 2014)의 연구로 마침내 펠라스고이어가 인도유럽어 계통이 아니라는 사실이 밝혀졌다. 펠라스고이인은 인도유럽인이 아니기 때문에 그들의 언어 역시 그리스어와 비슷하지 않았다.

고대 그리스어 어휘에는 펠라스고이어에서 차용한 단어가 넓게 흩어져 있고, 수많은 의미 영역에 걸쳐 있다. 그리스어는 단순히 차용어뿐 아니라 여러 가지 형태소도 받아들였다. 예를 들어 −ss−(미소년의 이름 나르키소스narkissos), −n−(평화를 의미하는 에이레네eirene), −nd−(조개를 뜻하는 스폰딜로스spondylos) 같은 일련의 접미사다. 이러한 형태소는 그리스어에서 폭넓게 사용되었고, 순수하게 그리스어에서 유래한 단어도 이 형태소를 이용하여 파생어가 만들어졌다.

서양 문명에서 이룬 다양한 문화에는 그리스어에서 유래한 수많은 표현이 들어 있다. 그러나 그런 문화 차용어 다수가 원래는 그리스에서 유래한 것이 아니라 펠라스고이어에서 차용한 그리스어라는 사실은 잘 모른다. 그리스어라는 경로를 통해서 계속 전달된 펠라스고이어 단어는 선박 건조 영역을 넘어 매우 다양한 분야로 뻗어나갔다. 가령 아로마, 시어터, 프시케라는 단어는 어디에나 퍼져 있다. 다음의 분야도 거기에 포함된다.(Haarmann 2017: 16 f.)

- 식물 이름(자연 식물과 유용 식물): 수선화narkissos, 히아신스 hyakinthos, 밤나무의 속명 카스타네아Castanea(그리스어 카스타나kastana에서 유래), 올리브olive(그리스어 엘라이아elaia에서 라틴어 올리바oliva를 거쳐)

- 수공업 분야: 도자기ceramic(그리스어로 '흙' 또는 '흙을 구워 만든 것'을 뜻하는 케라모스keramos에서 파생), 벽난로Kamin('도공의 가마'를 뜻하는 카미노스kaminos에서 의미 변화), 대리석marmaros, 금속metallon

- 특징과 성질을 나타내는 표현: 다이내믹dynamic('힘', '활력'을 뜻하는 디나미스dynamis에서 파생), 민족의ethnic('민족', '종족 집단'을 뜻하는 에트노스ethnos에서 파생), 하이브리드hybrid('불손', '오만', '침해', '전횡'을 뜻하는 히브리스hybris에서 의미 변화)

펠라스고이인의 문화를 열심히 배운 그리스인은 나중에 남동유럽의 패권을 장악하는 로마인과 똑같은 길을 걸었다. 그리스는 점차 펠라스고이인을 지배했지만 그들의 많은 문화를 받아들였고 다양한 차용어로 자신들의 언어를 풍성하게 만들었다. 나중에 그리스를 지배한 로마도 그리스인에게서 많은 것을 배웠고 수많은 차용어를 자신들의 라틴어 어휘로 받아들였다.

펠라스고이인 문화의 전성기는 청동기 시대(기원전 제3천년기~기원전 제2천년기)였다. 이들은 에게해의 다른 문명, 그러니까 키클라데스 제도 사람들과 크레타섬의 미노아인과 교역 활동을 했다. 그리스 남쪽(펠로폰네소스)의 펠라스고이인 취락지들은 고전기 이전(기원전 8세기~기원전 6세기)까지도 언급되었다. 그 후 펠라스고이인은 전체적으로 그리스 문화에 동화하고 그리스어를 받아들였다.

유전학자들은 1990년대에 '지중해형 특이 유전자' 특징을 확인했다. 그리스에서 그리스 선주민의 유전자풀에서 나타나는 특징은 유전자 지도로부터 뚜렷하게 알아볼 수 있다.(Cavalli-Sforza 1996: 63)

그리스인의 문화적 기억에서 펠라스고이인과 그들의 성취는 점차

유럽의 인간 유전자 지도에서 남동유럽의 지중해형 특이 유전자 지대(검은색으로 칠한 부분)

밀려났다. 나중에 로마인의 집단적 기억에서 에트루리아인이 전반적으로 지워진 것처럼 말이다. 그러나 고대의 문헌에서는 여전히 펠라스고이인이 자주 언급되었다. 가령 호메로스의 서사시(『일리아스』, 『오디세이아』)와 역사학자들의 저술(특히 헤로도토스의 『역사』), 그리고 문학가와 철학자의 작품에서다. 호메로스의 『일리아스』(2권 840, 5권 429)에 따르면 펠라스고이인은 트로이의 연맹이었고, 따라서 트로이 전쟁에서는 반反그리스 연맹에 속했다. 이것이 그들이 쫓겨나게 된 하나의 이유일 수 있다. 전래된 이야기에서는 민족적 반감도 표현된다. 그중 한 이야기에는 펠라스고이인이 아테네 처녀를 강간하고 여인을 납치했으며, 그 때문에 렘노스 섬으로 추방되었다는 내용이 나온다(헤로도토스의 『역사』, 6권 137~138).

그리스 문화에 끼친 펠라스고이 문화의 영향을 평가절하하려는 또 다른 동기는 점점 강해지는 그리스 지배층의 자기 찬양과 '야만인' 및 그들의 외래 문화에 대한 거리 두기였을 것이다. 그리스 문화권 밖에 있는 민족(가령 켈트인, 스키타이인, 일리리아인*)뿐만 아니라 헬라스 내에 있는 비그리스인도 야만인으로 간주되었다.

---

* Illyria. 고대의 발칸 반도 서부, 이탈리아 반도 연안 남동부에 거주하던 인도유럽인 민족. 이들이 거주하던 범위는 지금의 알바니아, 몬테네그로, 보스니아, 크로아티아, 슬로베니아 등이 포함된다.

13

투우와 나선형 문자

고대 크레타에서 번성한 미노아 문명의 비밀

기원전 제2천년기

크레타Creta섬의 미노아Minoa 문명을 언급하면 많은 사람이 학창 시절에 그리스 신화에서 배운 테세우스[*]의 이야기를 떠올린다. 테세우스는 황소 머리를 한 괴물 미노타우로스를 죽이고 크레타섬의 왕 미노스의 딸인 아리아드네의 도움으로 크노소스의 미궁迷宮 라비린토스에서 빠져나온다. 대부분은 미노아 문명에

[*] Theseus. 그리스 신화에 나오는 아테네의 영웅. 크레타섬의 미궁에 있는 괴물 미노타우로스를 물리쳤고, 아테네로 향하는 여행에서 온갖 위험을 극복하고 결국 아테네의 왕위에 올랐다.

대해 더 이상은 모르고, 기껏해야 크레타섬에서는 황소가 특별한 역할을 했다는 사실 정도만 안다.

19세기에 이르러도 크레타섬에 대해 알려진 내용은 많지 않았고, 그리스 신화는 현실과 관련 없는 그저 신화로만 보였다. 트로이(1871)와 미케네(1876) 유적 발굴로 떠들썩한 성공을 거둔 하인리히 슐리만은 당시 오스만 제국의 영토였던 크레타섬에서도 발굴에 나설 계획이었다. 그래서 크노소스 궁전 주변 지대인 케팔라 언덕을 사들이려고 했지만 매입 가격이 너무 높아서 계획을 더 이상 진행하지 못했다.

이때 슐리만의 경쟁자인 영국의 아서 에번스가 섬을 관할하는 터키 당국에 발굴 허가서를 제출했다. 에번스는 1900년부터 크노소스 지역에서 발굴 작업을 시작했다. 그리고 3년 동안의 집중적인 작업으로 거대한 크노소스 궁전의 토대가 드러났다. 제1차 세계대전으로 한동안 작업을 중단했던 에번스는 이후 1931년까지 수십 년 동안 발굴을 이어나갔다. 그런 다음 그 작업 결과를 네 권으로 된 저서로 발표했다 (1921~1935).

세상 사람들은 에번스 덕분에 오래전 크레타섬에서 번성한 미노아 문명을 알게 되었다. 그러나 당시에는 청동기 시대의 이 고도 문명도 그보다 더 오래된 도나우 문명(6장 참조)에 접목해 있을 거라고 추측한 사람은 아무도 없었다. 크레타섬의 문명 활동은 미노아 문명이 전성기를 이루기 오래전인 초기 신석기 시대부터 시작되었다. 기원전 제7천년기 무렵 농경 기술을 아는 사람들이 크레타섬에 정착했다. 이들은 초기 유용 식물의 씨앗도 가져왔지만 가축은 데려오지 않았다. 가축 사육은 크레타섬 전체에 퍼져 있던 야생 황소를 길들이면서 시작되었다. 그러니까 지역적 조건 아래서 발전한 것이다.

크레타섬의 신석기인이 자신들을 뭐라고 불렀는지는 아무도 모른다. 고대의 문헌에는 미노아인이라고 언급한 부분이 나오며, 현대 언어에서 미노아인은 보통 크레타섬의 그리스 이전 농경민을 일컫는 말이다. 이 이름은 크레타의 전설적인 입법자인 미노스왕과 관련이 있다. 이러한 연관성이 우연히 나온 것은 아니다. 고대 그리스의 가장 오래된 법률이 크레타에서, 정확하게는 드레로스섬에서 유래하기 때문이다(기원전 7세기). (Gagarin 2005)

미노아인의 언어는 인도유럽어가 아니었고, 인도유럽어 이전 언어 계통으로 분류된다. 미노아어는 그리스 이전의 펠라스고이어와 키클라데스 제도 문화의 언어와 비슷했을 가능성이 매우 높다. 미노아어의 문자 역사도 도나우 문명과 연관되어 있다. 기원전 2500년 무렵부터 새김 글로 기록된 미노아 선문자 A(또는 선형문자 A)*의 기호 중 약 절반(120개 중 60개)은 고유럽의 문자와 뚜렷한 유사성을 보인다. (Haarmann 1995: 49 ff.) 이 선문자는 미노아와 교역을 한 다른 민족, 즉 미케네 그리스인(선문자 B), 옛 키프로스 주민(키프로스-미노아 문자)의 문자 발전에도 영향을 주었다. (Haarmann 2011: 175 ff.)

실제로 다른 나라와의 해상 교역은 미노아 경제의 중추이자 크레타섬이 이룩한 부의 원천이었다. 지중해 동쪽 이웃 나라와의 무역은 미노아 해군력의 토대였으며, 아직 경쟁자가 없던 기원전 제3천년기 말경 그

---

* 기원전 1850년경~기원전 1450년경 크레타섬에서 사용된 문자. 영국 고고학자 아서 에번스가 1900년 크노소스 궁전을 발굴하다가 크레타 각지에서 발견했지만, 아직까지 해독하지 못했다.

들의 영향권을 확장했다. 당시 이집트의 활동은 대부분 나일강에서의 항해로 한정되었고, 지중해는 해안 근처만 오갔다. 해양 민족인 페니키아인은 아직 등장하기 전이었다. 그 무렵 미케네 그리스인은 헬라스의 선주민인 펠라스고이인과 미노아인으로부터 이제 막 항해와 항해술을 배웠다.

미노아의 무역선은 시리아 해안에서 활동했다. 우가리트**의 항구는 서남아시아에서 크레타로부터 온 물품을 옮겨 싣는 주요 환적장이 되었다. 키프로스와의 무역도 우가리트를 거쳐서 진행되었다. 미노아는 이 섬에서부터 더 남쪽으로도 영향을 미쳤다. 『구약성경』에서 알려진 팔레스타인 지역의 필리스티아인은 키프로스로부터 당시의 수출 히트 상품인 문자를 넘겨받았다. 그들은 필리스티아어를 쓰기 위해서 키프로스-미노아 문자에서 파생된 필리스티아-미노아 문자를 사용했다.

미노아의 해외 무역에서 에게해의 군도는 근거리 지역에 속했다. 미노아 상인은 키클라데스 제도의 테라섬(오늘날의 산토리니)에 무역 사무소를 열었고, 이곳은 곧 도시의 중심지로 발전했다. 섬 남쪽에 있던 아크로티리가 그곳이다.

크레타섬에서는 중앙 정부가 발전하지 못했다. 고고학자들이 궁전 건물 잔해를 발견한 장소들이 크레타 권력의 출발점이었고(더 오래된 시기는 기원전 2100년부터, 이후에는 기원전 1750년 무렵부터), 지배층은 그곳에서 통치했다. 그것이 왕국 체제였는지는 확실하지 않다. 궁전을 유지하기 위해서는 그에 맞는 기반 시설이 필요했고, 그곳에 도시적인 취락지가 집중적으로 생겨나기 시작했다. 지역의 권력 중심지 중 몇 곳은 인

▪▪   Ugarit. 시리아 북부 지중해 연안에 세워진 고대 오리엔트의 도시국가.

구가 약 3만 명에 달한 크노소스처럼 중요한 도시로 발전했다. 다른 도시의 인구는 말리아가 약 1만 5000명, 갈라타스가 7500명으로 추산된다.^(Bintliff 2012: 124, 131)

미노아는 수백 년이 넘게 무역을 독점하다가 대규모 자연 재해로 한순간에 완전히 무너졌다. 예전에는 테라섬에서 화산이 폭발한 시기를 기원전 1550년 무렵이라고 가정했다. 그러나 나중에 나온 연구에서는 기원전 약 1615년으로 본다. 화산 폭발은 해저 지진으로 야기되었을 것으로 보이며, 이 폭발은 에게해 지역의 지질학 역사상 가장 큰 재해로 여겨진다. 막대한 용암덩어리의 분출이 화산의 원뿔형 꼭대기를 무너뜨리면서 가라앉는 분화구로 바닷물이 흘러들어갔다. 뜨거운 용암과 바닷물의 접촉은 상상할 수 없을 정도의 대폭발을 일으켰고, 그 과정에서 섬은 그야말로 갈가리 찢어졌다. 미노아인이 세운 도시는 두껍게 쌓인 화산재층 아래 묻혀 세상에서 사라져버렸다.

해저 지진의 진동으로 거의 100미터 높이의 거대한 해일이 형성되어 남쪽의 크레타섬으로 밀려왔다. 해일은 섬의 북부 해안을 강타하면서 그곳에 정박해 있던 배를 부서뜨리고 모든 항구 시설을 파괴했다. 오늘날의 해안 테라스 지형에는 당시 일어난 지진 해일의 잔재물인 조개가 상당한 높이로 쌓여 있다. 무역 함대 대부분의 파괴는 미노아 해상 지배의 종말을 의미했다.

대재앙으로 야기된 정치적 공백 상태를 기회로 미케네인이 치고 들어오기까지는 그리 오래 걸리지 않았다. 그들은 병력을 모아 크레타섬으로 향한 뒤 미노아인을 공격했다. 얼마 지나지 않아 미케네인이 섬의 북쪽 지역을 장악했고, 새 지배자로서 궁전에 자리를 잡았다. 크레타의 남쪽 지역은 여전히 미노아인의 지배 아래 있었다. 이러한 상황에서 크레타섬에서는 문화적 공생 관계가 발전했다. 미케네 그리스인은 아마 이때 미노아인의 법률 제도를 넘겨받았을 것이다.

미케네인은 북쪽의 행정 중심지들에서 섬을 통치했다. 카니아에 있는 궁전들이었다. 하지만 권력 중심지로서 훨씬 더 중요한 곳은 크노소스였다. 궁전 문서실에서는 선문자 B로 쓰인 수천 개의 점토판이 발견되었는데, 후기 미케네 통치 시기인 기원전 13세기의 것이었다. 미노아가 무역 독점을 상실한 이후로는 미케네가 지중해 동부의 해상 루트를 장악했다. 미케네는 동시에 지중해 서쪽으로도 교역을 확장해나갔다. 이탈리아 남부 해안에는 미케네의 무역 사무소들이 개설되었다.

그러나 크레타 남부에서는 미케네의 개입 없이 미노아 문화가 지속적으로 발전할 수 있었다. 미노아 문자(선문자 A)로 된 문헌이 담긴 대부분의 점토판은 파이스토스*의 궁전 문서실에서 발견되었다. 이 문자는 아직까지 궁극적으로 해독되지 않았지만 한 음절이 한 글자로 된 음절문자라는 데는 대다수 학자의 의견이 일치한다.

궁전 문서실에는 글이 새겨진 또 하나의 점토판이 보관돼 있었다. 이미 1908년에 발견되었지만 지금까지도 그 비밀은 풀리지 않고 있다. 고대 크레타의 문자 기록 중 가장 유명한 파이스토스 원반이 그것이다. 파이스토스 원반은 양면에 상형문자 같은 기호를 나선형으로 새긴 점토

▪ Phaistos. 그리스 크레타섬에 있던 고대 도시로, 그리스 신화에 등장하는 인물인 파이스토스가 세웠다고 전해진다. 지진으로 파괴되어 오랜 기간 땅속에 묻혀 있던 이 고대 도시의 유적은 19세기 이후 발굴되었다. 궁전 유적과 문자가 새겨진 점토판인 파이스토스 원반이 유명하다.

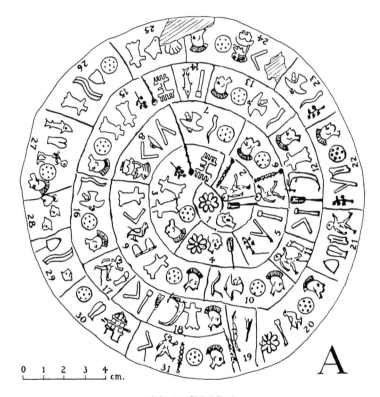

파이스토스 원반의 한 면

원반이다. 이는 세계 최초의 인쇄된 문헌이라고 할 수 있는데, 사물의 모양을 본뜬 기호를 도장에 먼저 새긴 다음 불에 굽기 전 상태인 부드러운 점토판에 눌러 찍는 방식으로 기록되었기 때문이다.

　지금까지 이 원반의 문자를 확실하게 해독한 사람은 아무도 없다. 그러니까 그 문자가 미노아어로, 또는 다른 언어로 작성된 것인지 알려지지 않았다. 개별적인 기호가 음절(선문자 A처럼)과 일치하는지 아니면 개별적인 음과 일치하는지도 분명하지 않다. 대부분의 해독 시도는 그 것이 음소문자(알파벳)가 아니라 음절문자라는 전제에서 출발한다.(Duhoux 1977) 또한 하나의 기호가 각각 하나의 말에 해당하는 단어문자식 철자 법으로 기호를 사용했다고 해석하는 경향도 있다.(Chadwick 1990: 194, Haarmann 1995: 97 ff.)

원반의 문자를 해독하려고 시도한 학자 대부분은 이것이 종교적 내 용일 것이라고 생각한다.(Timm 2004) 제식을 실행할 때 따라야 할 규정일 수 도 있고, 아니면 어떤 신을 숭배하기 위해 신전에 바치는 글일 수도 있다. 크레타섬에서 알려진 다른 나선형 문자들도 종교적 영역을 연상시킨다. 대부분 더 짧은 문자이며, 가령 반지와 봉헌물에 새겨져 있다.

미노아 문명이 후세에 남긴 불가사의한 유산 중에서 이 원반만이 비 밀에 싸여 있는 것은 아니다. 뛰어오르는 황소 한 마리와 세 명의 인물을 묘사한 크노소스 궁전의 벽화도 유명하다.

이 벽화는 경솔하게도 '투우'로 명명되었다. 그러나 벽화를 자세히 관찰하면 참가한 '투우사' 중 누구도 에스파냐 투우사의 검과 비교할 만 한 단도나 그 비슷한 무기를 들고 있지 않다는 사실을 확인할 수 있다. 그 밖에도 참가자 중 한 명이 황소의 등 위에서 행하는 역동적인 공중제 비도 투우 경기 모습과는 어울리지 않는다. 에스파냐의 현대 투우에서 황소의 뿔에 매달리는 투우사는 없다. 그렇다면 이 벽화의 의미는 무엇 일까?

크노소스 궁전을 발굴한 아서 에번스는 처음부터 잘못된 흔적을 쫓다가 한 에스파냐 투우사에게 조언을 구했다. 투우사는 뿔에 매달렸

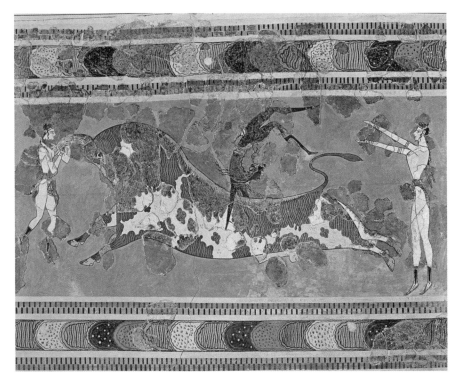

크노소스 궁전의 황소 벽화. 인물 A-B-C

다가 황소의 고갯짓으로 허공으로 들어올려진 다음 공중제비를 하며 황
소의 등에 착지하는 건 도저히 생각할 수 없는 일이라고 했다. 오히려 황
소가 투우사를 옆으로 내동댕이칠 가능성이 훨씬 크기 때문에 소의 등
위로는 뛰어오를 수 없다는 것이다. 그 때문에 역동적인 공중제비가 불
가능하다는 점은 은유적으로 새롭게 해석되었다. "물론 그런 도약은 그

림에 묘사된 방식으로는 현실적으로 불가능해 보인다. 그러나 어쩌면 그런 묘사를 통해서 황소의 억센 힘을 은유적으로 극복하는 것을 표현했을지 모른다."(Gallas 1986: 30)

여기서 미노아 지역의 현실과 잘 들어맞는 한 가지 연상이 개입된다. 바로 성스러운 동물로서의 황소의 역할이다. 고대 크레타의 종교적 도상학에 나타나는 전형적인 특징은 부크라니움이다. 즉 황소 숭배의 소도구로 해석되는 양식화된 황소의 이중 뿔 장식이다. 그런데 미노아의 황소 숭배와 연관해서 볼 때 뿔에 매달리는 건 무슨 의미를 가질까?

지레를 이용하듯 들어올린다는 생각은 지금까지도 포기되지 않았고, 이 벽화를 해석하려는 거의 모든 시도가 공중으로 뛰어오른 사람의 도약이 황소에 의해 들어올려졌을 거라고 전제한다. 그런데 벽화에 묘사된 인물들을 보면서 대부분의 관찰자가 분명 놓치는 점이 있다. 그것은 한 인물이 황소 위로 뛰어오르는 단계를 차례로 형상화한 것이 아니라 각기 다른 세 인물을 묘사했다는 것이며, 그러한 점은 서로 다른 피부색에서도 이미 드러난다. 세 인물 가운데 둘은 더 밝은 색조로 묘사되었다. 미노아 예술의 관습에 따라 이 두 인물은 분명 여성이다. 보통 남성은 더 어두운 색조로 묘사되었다.

세 인물이 황소와의 장면에 관여해 있다면 이는 일련의 움직임을 보여주는 일종의 안무라고 가정할 수 있다.(Haarmann 2017: 92 ff.) 뿔에 매달려 있는 여자 A는 들어올려지기 위해서가 아니라 자신의 체중으로 황소의 뿔을 아래로 누르기 위해서 그렇게 하고 있는 것이다. 뿔을 아래로 누르는 데는 충분히 납득할 만한 이유가 있다. 뛰어오르는 남자 B의 도약 궤도에서 뿔의 뾰족한 끝을 없애기 위해서다. 남자가 황소의 머리 위쪽으로 뛰어올랐다가 공중제비를 하며 반대편에 당도하면, 여기서는 셋째 인물 C가 그가 안전하게 착지할 수 있도록 도와준다.

따라서 벽화의 제목으로 붙여진 이른바 투우는 황소의 죽음으로 끝나는 싸움이 아니다. 그보다는 곡예사가 자신의 능란한 솜씨를 성스러운 동물의 억센 힘과 겨루는 종교 의식적 황소 놀이였다. 미노아 사회의 온유함을 보여주는 많은 단서를 생각한다면 그런 평화로운 놀이가 싸움보다는 더 타당해 보인다. 미노아의 이미지는 미케네 공동체의 호전적인 성격과는 뚜렷하게 차이를 보이기 때문이다.

문명은 왜 사라지는가

14

닻에서 물탱크에 이르기까지

그리스와 로마 세계의 중개자 에트루리아인

기원전 9세기 ~ 기원전 3세기

닻Anker, 4월April, 아트리움Atrium,·
창문Fenster, 사슬Kette, 치즈Käse, 인물Person, 선술집Taverne, 의식
Zeremonie, 물탱크Zisterne 등은 독일어의 어휘를 이루는 확고한 요소다.
이 단어들은 라틴어에서 유래해 로마를 거쳐 서양 문명의 일부가 되었
다. 하지만 처음으로 아트리움이 있는 집을 짓고 물탱크를 만든 사람은

·   원래는 고대 로마 시대 건축에 설치된 넓은 안마당이나 중앙 정원을 이르는 말이었다
가 뒤에는 초기 기독교 건축물에 딸린 회랑으로 둘러싸인 개방된 앞마당을 뜻하는 말이 되
었다.

로마인이 아니었다. 그들은 많은 점에서 로마인의 스승이었던 에트루리아Etruria인이었다.

보통 서양의 고대라고 하면 현대 세계에 이르기까지 결정적으로 영향을 준 그리스와 로마 문명을 떠올린다. 역사책에서는 이 두 고도 문명을 대표적으로 부각하고, 그들의 업적을 이상화된 중점에 따라서 조명한다. 과학과 철학, 예술은 그리스 문명의 성취로 찬양하고, 기술 분야나 제국 차원의 엄청난 건축 활동, 행정과 국가 업무에서의 탁월한 조직력은 로마 문명의 핵심으로 이상화한다. 고대에 관한 일반적인 기술에서 에트루리아인은 거의 다루어지지 않거나 개별적으로만 언급되는데, 이로써 고대 역사의 이해도 불완전하게 남는다. 그러나 고대 역사는 '그리스-에트루리아-로마'라는 삼각관계의 관점에서 보아야만 감춰져 있던 중요한 상호 의존성이 비로소 드러난다.

에트루리아인은 경험이 풍부하고 숙련된 항해자로 알려져 있으며, 선사 시대에 이탈리아 반도에 거주한 모든 민족 중에서는 처음으로 육지를 둘러싼 해상 루트를 탐험했다. "에트루리아인의 항해에 관한 최근 연구들은 기원전 8세기 전부터 이미 이탈리아 건너편 바다를 항해했던 고도로 숙련된 기술을 가진 사람들을 보여준다."(Turfa 2007: 165) 그런데 이탈리아 반도의 다른 모든 민족은 바다와 별 관계가 없는 뭍사람인데, 특정한 한 민족만 그처럼 집중적으로 바다를 항해했다는 사실을 어떻게 설명할 수 있을까?

그것은 에트루리아인의 유래와 어떤 관계가 있을 가능성이 높고, 그와 관련해 연구자들은 오랫동안 의견이 분분했다. 한쪽에서는 에트루리아인이 원래는 에게해 동부 해안 지역에 살았다는 고대 문헌들의 단서를 근거로 삼는다. 반면에 다른 학자들은 에트루리아인도 이탈리아의 수많은 토착민 집단 중 하나로 본다. 그런데 고대 이탈리아 민족 중에서 에트루리아인은 문화적으로나 언어적으로 다른 모든 민족과 구별된다. 에트루리아어는 잘 알려진 어족 중 어느 것과도 연관되지 않는다.(Facchetti 2000, 2008) 이러한 특수한 지위는 어떻게 설명할까?

인간유전학자들은 1990년대에 이 논쟁에 신선한 바람을 불어넣어 줄 뜻밖의 사실을 발견했다. 에트루리아인의 유전자 특징이 다른 집단들의 윤곽과 뚜렷한 대조를 보인 것이다.(Cavalli-Sforza et al. 1994: 278 f.) 현대의 유전자 연구에서는 이탈리아 외부 지역과의 유사성도 보여주었고, 그 흔적은 에게해 북쪽 소아시아 북서쪽을 가리킨다.(Achilli et al. 2007) 예전에도 에트루리아인의 조상은 아나톨리아 북서쪽 출신일 것이라는 가설이 제기된 적 있었다.(예를 들어 Beekes 2003: 6) 이러한 가설은 에트루리아어가 고대에 에게해 북쪽 렘노스섬에서 사용된 언어와 매우 흡사하다는 관찰을 통해서도 뒷받침된다. 렘노스의 새김글 언어는 에트루리아어와 상당히 비슷하다.(Beekes 2003, Cultraro 2012) 게다가 사용된 알파벳 문자는 초기의 특수성을 보여준다.(Agostiniani 2012) 또한 도자기 조각에서 발견된 또 다른 새김글의 단편도 렘노스섬에서는 기원전 5세기 아테네에 정복되기 전까지 에트루리아와 매우 비슷한 문화가 발전했다는 것을 시사한다.

이제 에트루리아인이 아나톨리아 북서쪽 출신일 것이라는 가정을 그들의 항해 역사와 관련해보면 앞뒤가 딱 들어맞는다. 에트루리아인의 선조는 선박 건조와 항해의 노하우를 오랜 항해 전통을 가진 그들의 원래 고향에서 배운 것이다. 도나우 문명을 일군 고유럽인(6장 참조)도 이미 바다를 항해했고, 그때부터 선박 건조와 항해술은 이후의 모든 시기에 전해졌다. 예를 들어 에트루리아인과 크레타섬의 미노아인(13장 참조)에 의해서 말이다. 에트루리아어가 라틴어에 중개한 항해와 선박 건조 용어에는 앙코라anc(h)ora='닻', 카리나carina='용골', 프로라prora='이물', 트란스트룸transtrum='노 젓는 사람이 앉는 대' 등이 있다. 이 중에는 현대의 문화어에 계속 살아 있는 표현도 있다. 예를 들어 에트루리아어에서 라틴어로 차용된 안템나antemna(또는 안테나antenna)는 원래 돛을 매다는 활대를 지칭했다.

이탈리아 반도의 서쪽에 위치한 티레니아해는 에트루리아어로 이름이 붙여졌는데, 그리스 역사학자들이 에트루리아어에서 유래한 티레노이Tyrrhenoi 또는 티르세노이Tyrsenoi로 부른 것에 따라 명명했기 때문이다(헤로도토스 『역사』, 1권 94). 그 이름의 유래가 밝혀지지는 않았지만, 에트루리아어 단어 두 개의 조합이 그리스식으로 바뀐 것으로 보인다. 에트루리아어 투르thur(또는 tur)는 '추종자'를 의미하고, 라세나Rasenna는 에트루리아 신화에 나오는 시조의 이름이다. 아마도 투르-세나thur-senna의 결합에서 그리스식 이름 형태가 나왔을 것이다. 로마인은 에트루리아인을 투스키Tusci로 불렀고 그들의 핵심 지역을 투스키아Tuscia라고 불렀다. 나중에 붙여진 지명 토스카나는 여기서 유래했다.

에트루리아인은 이탈리아에서 광대한 무역 관계망을 구축했고, 이 관계망을 거쳐서 남쪽의 그리스 식민지에 대한 소식도 로마인에게 전해졌다. 에트루리아의 중개자 역할은 로마인이 그리스인을 부르는 그라이키Graeci라는 이름에서도 이미 나타난다. 그리스인은 자신들을 헬레네스라고 칭했다. 그렇다면 그런 라틴어식 이름은 어디서 유래했을까? 바로 여기에 에트루리아인이 개입된다. 에트루리아인은 그리스인을 크레이케

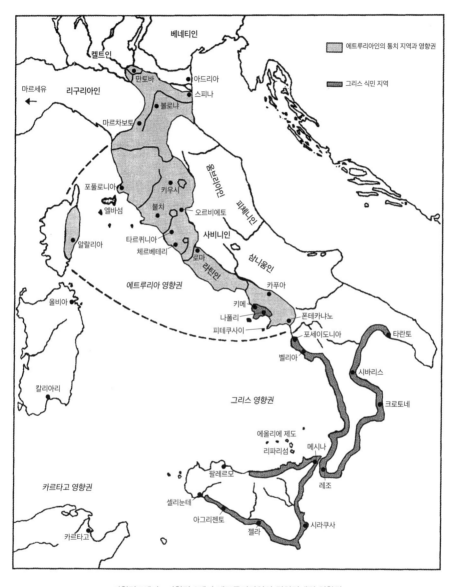

기원전 7세기~기원전 6세기 에트루리아인의 정치경제적 영향권

Kreike로 불렀고, 이 이름 형태가 라틴어 그라이키의 기원이다.

그리스의 식민지 이주민은 기원전 8세기부터 이탈리아 남부에 등장했다. 가장 오래된 식민지는 나폴리만의 피테쿠사이(이스키아섬, 기원전 750년 무렵)와 시라쿠사(시칠리아섬, 기원전 750년 직후)였다. 초기 개척자들은 주로 잘 알려지지 않은 크라이코이/그라이코이족으로 구성되었는데, 이들은 그리스 중심지에서 새로 설립된 식민지로 이주한 사람들이었다. 에트루리아 상인은 이 개척자들을 크레이케로 불렀고, 이 이름 형태가 모든 그리스인을 일컫는 말이 된 것이다.(de Simone 2015)

에게해에서 서쪽으로 향한 항해는 신화적으로 각색되었다. 에트루리아인은 자신들을 두 번째 고향 이탈리아로 인도한 전설적인 시조를 창조했다. 트로이의 마지막 왕 프리아모스의 친척인 아이네이아스였다. 에트루리아뿐만 아니라 그리스 예술에도 아이네이아스가 늙은 아버지를 업고 불타는 도시를 빠져나오는 장면을 묘사한 작품들이 있다. 아이네이아스는 그저 그런 전설적 영웅이 아니었다. 그의 몸속에는 신의 피가 흘렀다. 미의 여신 아프로디테와 다르다니아의 왕자 앙키세스 사이에서 태어난 것이다. 아이네이아스 신화의 소재는 그리스인에 의해 이미 다루어졌는데, 기원전 6세기에는 스테시코로스가, 기원전 1세기에는 할리카르나소스의 디오니소스가 아이네이아스 이야기를 묘사했다.

운명은 아이네이아스에게 트로이에서 지중해를 지나 카르타고까지 이끄는 오랜 방황의 여정을 안긴다. 디도 여왕과 사랑에 빠진 아이네이아스는 떠나지 말라는 여왕의 간청에 따라 한동안 카르타고에 머문다. 그러다가 자신의 사명을 떠올리고는 여왕과 카르타고를 등지고 다시 항해에 나선다. 디도 여왕은 이별의 슬픔을 견디지 못하고 자살한다.(Lancel

1995: 23 f.) 하지만 아이네이아스는 계속해서 자신의 운명을 향해 나아가다가 마침내 라티움˙ 해안에 당도한다. 그는 여기서 라비니아를 아내로 맞이해 그녀와 함께 에트루리아인의 혈통을 세운다.

로마인은 나중에 이 아이네이아스 신화를 받아들여 그를 로마인으로 왜곡해서 해석했다. 그에 따르면 아이네이아스와 라비니아의 후손이 바로 알바롱가의 설립자이자 왕인 누미토르였다. 그의 딸 레아 실비아는 베스타 여신을 섬기는 처녀 사제가 된다. 그러나 레아 실비아는 처녀 사제의 길을 걷지 못하고 전쟁의 신 마르스와 관계를 맺는다. 이 둘 사이에서 로마 신화 가운데 가장 유명한 로물루스와 레무스 형제가 태어난다. 누미토르는 쌍둥이 형제를 죽이라고 명령한다. 하지만 그 임무를 맡은 하인은 명령을 이행하지 않고 아기들을 테베레강가에 있는 올리브나무 아래에 놓아둔다. 여기에 이 쌍둥이 형제에게 젖을 먹여 키운 카피톨리노의 늑대˙˙ 신화가 접목된다. 나중에 한 양치기가 이 늑대를 몰아내고 아기들을 데려가 키운다.

신의 피를 물려받은 아이네이아스의 항해와 또 다른 신 마르스의 개입을 로마식으로 해석한 신화는 에트루리아인의 이야기보다 오래 살아남았고 세계적으로 유명해졌다. 로마에서 아이네이아스 신화를 가장 섬세한 감각으로 다룬 문학 작품은 단연 『아이네이스』로, 베르길리우스

▪ Latium. 이탈리아 반도 중부, 테베레강 동남부에 있던 옛 왕국. 기원전 1000년 무렵 이탈리아 반도에 침입한 라틴인이 정주한 지역이며, 초기 로마가 이곳을 중심으로 성장했다. 기원전 5세기부터 로마에 흡수되었다.

▪▪ Lupa Capitolina. 로마의 카피톨리노 박물관에 세워져 있는 청동 조각상. 로마의 건국자인 로물루스와 레무스 쌍둥이에게 젖을 먹이는 암컷 늑대의 모습을 형상화했다.

가 기원전 29년에서 기원전 19년 사이에 완성한 장편 서사시다. 이 작품에서는 율리아(또는 이울리아) 가문을 아이네이아스의 후손으로 찬양한다. 카이사르와 아우구스투스 황제가 자신들을 자랑스럽게 아이네이아스의 후손으로 여기는 것은 제국 이데올로기에 의한 것이다.(Tanner 1993: 19)

이탈리아 땅으로 간 이주자들은 '소아시아와 에게해 지역에서 온 티레노이 그룹'이었다. 이들은 '기원전 제2천년기 인도유럽인 이전의 고도 문명을 토대로 매우 발전한 도시 문화를 이룬 사람들'(Pfiffig 1989: 8)이었다. 기원전 9세기 무렵 에트루리아의 보호 아래 이탈리아 철기 시대의 가장 오래된 발전 단계인 토착 빌라노바 문화는 급속도로 에트루리아 문화의 초기 단계로 발전했다. 에트루리아인은 나중에 도시국가로 발전하는 도시들을 건설했다.(Pallottino 2016: 249) 그 열두 개 도시는 하나의 연맹으로 결합되었다. 대부분의 에트루리아 도시 이름은 지금까지도 계속 살아 있다. 가령 에트루리아어에서 라틴어를 거쳐 이탈리아어로 이어진 과정을 보면 다음과 같다. 카이르Chair → 카이레Caere → 체르베테리Cerveteri, 벨스나Velsna → 볼시니Volsinii → 볼세나Bolsena, 쿠르툰Curtun → 코르토나Cortona → 코르토나Cortona, u. a.

에트루리아인은 도시 계획 분야의 노하우를 에게해 북쪽 지역에서 들여왔다. 그들이 이탈리아 반도에 세운 도시들은 그리스 식민지 이주민이 시칠리아섬으로 오기 전부터 발전한 초기의 도시 집적체였다. 에트루리아인이 세운 그런 도시 중 하나가 에트루리아 핵심 지역의 남쪽 변두리에 위치한 로마였고, 에트루리아와 라티움이 서로 경계를 이루는 곳이었다. 로마는 에트루리아인이 도시를 건설하기 전에는 시골의 목가적인 풍경을 지닌 지역이었다. 사람들은 일곱 개의 언덕 위에 형성된 잠든 듯

조용한 몇 개의 마을에서 살고 있었다. 로마의 건설을 이야기한 신화는 로마식 변형만 전해졌는데, 기원전 1세기에 로마 역사가 리비우스가 집필한 방대한 저서 『로마사』를 통해서다.

모든 초기 도시의 건설은 에트루리아 의식에 따라 시작되었다. 그것은 도시의 구역을 나타내는 기준 척도로서 쟁기로 고랑을 파는 행위였다. 이 고랑의 선은 도시의 외벽이 세워질 지역을 표시했다. 그 벽을 나타내는 라틴어 명칭(무루스murus)도 에트루리아어에서 차용했다. 건국 신화에 따르면 로마를 세우기 위해 고랑을 파는 의식을 행한 사람은 로물루스였다. 그런데 쌍둥이 동생 레무스가 그 고랑을 뛰어넘으며 이깟 고랑으로 어떻게 적을 물리칠 수 있느냐며 비웃었고, 이에 분개한 로물루스는 그 자리에서 동생을 죽여버렸다.

일반적으로 로마의 명칭은 로물루스가 자신의 이름을 따서 붙였다고 전해진다. 그러나 현대의 연구는 다르게 본다. 로마는 에트루리아의 귀족 일가인 루마Ruma에서 유래하며, 이 이름은 강을 뜻하는 루몬rumon과 연결된다.(Baldi 2002: 106 f.) 그러니까 루마는 '(테베레)강의 사람들'이었다. 로물루스는 도시를 건설하기 위해서 주변 지역으로 새로 이주한 많은 사람을 로마로 불러들였고, 그중에는 에트루리아 남쪽에서 온 에트루리아인 이주자도 많았다. 식민지 이주민의 기본 개념은 그 라틴어 명칭(콜로누스colonus)과 마찬가지로 에트루리아어에서 유래한다. 따라서 로마의 언덕 위에 자리 잡은 주민들은 동일한 민족이 아니었다. 로물루스는 새 도시의 주거 구역을 서로 다른 문화와 언어를 가진 개별 종족에 따라 나누었다. 즉 이탈리아 종족 집단인 람네스(라틴인)와 티티엔세스(사비니인) 종족 그리고 루케레스족이었는데, 이 루케레스족이 바로 에

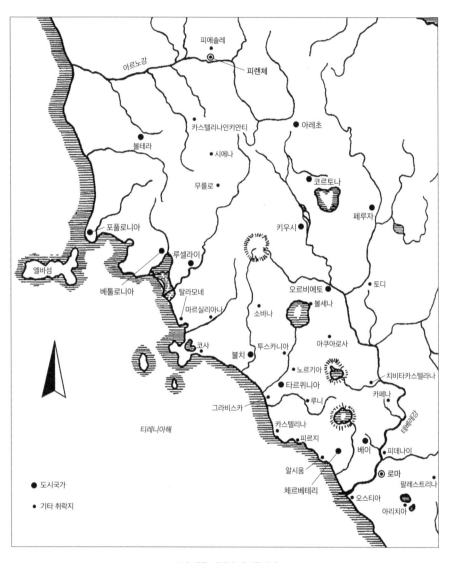

로마 제국 이전의 에트루리아

트루리아인이었다. 이 세 종족으로 왕의 친위대가 편성되었고, 이들은 '민첩한 병력'을 뜻하는 켈레레스celeres로 불렸다. 이 역시 에트루리아어였다.

　로마가 도시 환경에서의 삶을 에트루리아인으로부터 배웠다는 사실은 무엇보다 도시와 관련된 용어 체계가 에트루리아어에서 비롯되었다는 점에서 알 수 있다. 그것은 도시를 의미하는 우릅스urbs라는 표현에서부터 시작된다. 로마인은 에트루리아의 수공업자로부터 궁륭형 천장(카무루스camurus)과 원형 건물(포르닉스fornix) 기술, 하수관 시설, 지붕 시공을 위한 특수한 들보 기술 등 많은 것을 현장에서 배웠다. 도시에서 가장 오래된 신전들도 에트루리아 건축 기술자의 손에서 탄생했다.(Camporeale / Morolli 1990: 369)

　도시 공동체의 계획과 건설만 에트루리아에서 영감을 받은 것이 아니고, 도시 중심지의 행정 구조도 에트루리아의 모범에 따라 조직되었다. 도시의 전설적인 초대 왕 로물루스는 로마 역사의 관점에서 라틴인 왕의 계통을 세웠다. 나중에는 사비니인 출신의 지배자도 권좌에 올랐다. 그러다가 라틴인-사비니인 왕 계통이 에트루리아 계통으로 바뀌었다. 에트루리아 계통의 첫 왕인 타르퀴니우스 프리스쿠스(기원전 616년~기원전 579년 재위)는 타르퀴니아의 귀족 가문 출신이었다. 로마 왕정의 마지막 통치자도 에트루리아 계통의 타르퀴니우스 수페르부스였다. 그가 추방된 기원전 509년은 왕정의 종말이자 로마 공화정 시대가 시작된 해였다.

　그러나 에트루리아 구역에 살았던 에트루리아인은 그러한 권력 교체의 영향을 받지 않았으며, 그들이 하는 일은 계속 로마인의 높은 평가를 받았다. 행정과 정치의 핵심 개념을 나타내는 라틴어 용어는 에트루리아어에서 차용해 만들어졌다. 예를 들어 로마의 고위 행정관을 이르는 마기스테르 포풀리magister populi는 에트루리아어 막스타르나macstarna에서 유래한다. 원래 뜻이 '공적인 일'을 뜻하는 로마 공화국의 이름 레스 푸블리카res publica도 에트루리아어로 '시민 공동체'를 뜻하는 메크 라스날mekh rasnal에서 차용한 것으로 추정된다.(Rix 1984: 466)

에트루리아 이주민은 이탈리아 반도로 오면서 그들의 다양한 문화와 함께 문자도 가져왔다. 이탈리아에서 가장 오래된 문자 기록은 한 에트루리아 여인의 이름으로, 오스테리아델로사(고대 라틴 도시 가비)에서 부장품으로 발견된 도자기 그릇에 새겨져 있었다.(Bietti Sestieri / De Santis 2000: 53) 그것은 기원전 8세기 초의 것이며, 그리스 식민지 피테쿠사이(이스키아섬)에서 발견되어 그전까지 가장 오래된 새김글로 알려진 이른바 '네스토르의 잔' 새김글보다 수십 년 전에 만들어졌다. 에트루리아 문자 자체는 에게해 북쪽 에비아섬에서 사용되던 그리스 문자의 변형에서 파생되었다. 에트루리아인은 원래의 고향에서 살 때부터 이미 에비아와 교역을 해왔다.

에트루리아어로 쓰인 문헌은 풍부하게 생성되었다. 예를 들어 토지 분할에 관한 계약을 담은 법적 자료, 종교적 내용의 헌정 기록, 종교 의식 수행에 관한 규정을 기록한 경전 같은 실용적인 문헌과 대중 문학 작품도 있었다. 기원전 1세기에 활약한 로마 시인 테렌티우스 바로에 따르면 볼니우스라는 에트루리아 시인이 에트루리아 비극을 썼다.

실용적인 문헌 중에서는 돌이나 청동판에 새겨 넣은 형태의 몇몇 기록이 전해졌지만 대중적인 작품은 남아 있는 것이 전혀 없다. 경전도 라틴어로 번역된 것이 있었지만 모두 없어졌다. 로마의 지식인 사회가 에트루리아 문화를 그리워하던 초기 황제 시대에는 에트루리아 역사를 기록한 역사서도 탄생했다. 그중 가장 유명한 것은 클라우디우스 1세(기원후 1세기)가 그리스어로 쓴 『에트루리아 역사』다. 그러나 방대한 분량의 이 역사서는 다른 저술가들이 자신들의 저서에 인용한 부분을 통해서만 단편으로 전해진다.

지금까지 전해지는 가장 긴 에트루리아어 문헌은 종교 규정을 기록한 미라용 붕대로, "원래는 서른네 줄 열두 단락을 손풍금처럼 접은 아마포"(Facchetti 2000: 222)에 기록한 것이다. 이 아마포는 이집트의 미라를 감쌌던 것처럼 띠 모양의 조각으로 잘린 상태였고, 덕분에 기록이 보존될 수 있었다.

에트루리아인의 문화 생활은 로마에 지속적으로 영향을 미쳤다. 로마인은 새를 이용하여 점을 치고 예언하는 방식이나 그와 결합된 용어도 받아들였다. 성스러운 독수리 아퀼라의 이름이나 점쟁이를 일컫는 하루스펙스˙라는 표현 자체도 에트루리아어에서 유래한다. 에트루리아에서 행해지던 의식('전례, 의식'을 이르는 라틴어 카이리모니아caerimonia)은 로마인의 종교 규범으로 받아들여진다.

로마 귀족은 에트루리아인 사이에서 통용되던 도시 생활의 관습을 따랐고 자식을 에트루리아로 보내 교육했다. 특히 카이레 지방이 인기가 높았다. 로마인은 에트루리아 교사들로부터 읽기와 쓰기를 배웠다. 현전하는 가장 오래된 라틴어 기록은 기원전 600년 무렵의 것으로, 포룸로

˙ haruspex. 고대 로마에서 제물로 바친 짐승의 창자를 보고 점을 치는 점쟁이.

마눔(또는 포로로마노)*에서 발견된 '검은 돌'lapis niger이라는 석비다.

사회 질서의 한 토대는 법률 제도였다. 우리는 유럽 법률 전통의 시작을 흔히 로마법과 연결하곤 한다. 실제로 기원후 6세기에 유스티니아누스 황제의 명으로 편찬된 기념비적인 『로마법 대전』은 서유럽의 법 역사에 지속적으로 영향을 미쳤다. 그러나 여기에도 선구자는 있었다. 공법이나 민법이나 로마법에 끼친 에트루리아의 영향은 광범위하다. 라틴어 법률 용어에 포함된 수많은 에트루리아 차용어가 그 점을 증명하며, 그러한 차용어는 현대 유럽의 법률 용어로까지 이어지고 있다. 예를 들어 '소송'을 뜻하는 카우사causa나 '분쟁에서의 판결'을 뜻하는 티툴루스titulus 등이 있다.

에트루리아인은 무덤방의 벽을 프레스코로 화려하게 장식했는데, 특히 연회를 베풀거나 갖가지 여가를 즐기는 장면을 묘사했다. 에트루리아의 극장은 그리스의 극장과 달랐다. 또한 나중에 로마인과는 달리 원형 극장은 짓지 않았다. 공연을 할 때는 나무로 된 무대만 세웠는데, 이를 에트루리아어에서 차용된 라틴어로 스카이나scaena라고 했다. 이 무대 위에서 무희가 춤을 추고 배우는 가면을 썼다. 가면을 쓴 연기자를 페르수phersu라고 했고, 여기서 라틴어 페르소나persona가 파생했다. 따라서 현대 유럽의 문화어, 즉 독일어 페르존Person, 프랑스어 페르손personne, 이탈리아어와 에스파냐어 페르소나persona는 원래 에트루리아 연극계에서 유래한 것이다.

■   Forum Romanum. '로마인의 광장'이라는 뜻으로, 고대 로마인이 시민 생활의 중심지로 여기던 신전과 공회당, 기념비 등이 있던 곳이다. 나중에는 정치, 경제, 종교의 중심지로 발전했다.

에트루리아인은 로마인보다 오래전에 검투사 경기를 개최했고, 로마인은 이 전통을 포함해서 전술의 기초를 받아들였다. 우리가 역사를 통해 아는 것처럼 로마인은 에트루리아인의 가르침을 철저하게 배웠고 다양한 전술의 노하우를 계속 발전시켜 완성했다. 에트루리아의 군사 제도 중에서 대중적으로 가장 많이 알려진 것 중 하나가 개선식을 이르는 트리움푸스triumphus('군사적 승리'를 뜻하는 에트루리아어에서 유래)였다. 이는 전투를 승리로 이끈 지휘관에게 부여되는 최고의 영예였다. 로마인은 뛰어난 군사적 능력 덕분에 기원전 3세기경에 에트루리아의 도시국가를 차례로 정복했다. 베이가 기원전 396년에 처음으로 정복되었고, 기원전 241년에는 마지막으로 팔레리가 넘어갔다. 로마의 역사가는 당시를 회고하며 에트루리아 패권의 몰락을 사회 질서의 허약함으로 해석했다. 그들은 에트루리아 사회의 '데카당스'를 다른 무엇보다 연회나 스포츠 경기와 같은 공적인 행사에 여성을 참가하게 한 것에서 알 수 있다고 했다. 리비우스와 플루타르코스, 그 밖에 다른 고대 저술가의 작품에는 그 점을 비꼬는 내용이 드러난다.

에트루리아인은 시대에 동화했고 세대의 변화 속에서 자신들의 언어를 포기하고 라틴어를 받아들였다. 라틴어 이름은 에트루리아 출신의 로마 주민 사이에서도 점점 보편화되었다.(Hadas-Lebel 2004: 360 ff.) 그러나 에트루리아 출신의 한 저명한 남자의 이름만은 잊히지 않았는데, 서양 세계의 예술 창작에 영원한 기준을 세웠기 때문이다. 그는 아우구스투스 황제의 측근이자 최고 관료였던 가이우스 마이케나스Gaius Maecenas다.

에트루리아의 부유한 귀족 가문 출신인 마이케나스는 재능 있는 로마의 젊은이를 주위로 불러들여 그들을 재정적으로 후원했다. 세계 문학의 고전을 남긴 호라티우스나 오비디우스도 그의 후원을 받았다. 문화 의식이 높았던 에트루리아인 마이케나스는 그런 방식으로 불멸이 되었는데, 아우구스투스 시대나 지금이나 한 사회의 문화적 삶은 이상적인 생각을 가진 부유한 후원자가 필요하기 때문이다. 이런 후원 활동을 이르는 메세나mécénat라는 말이 바로 그의 이름 마이케나스에서 유래했다.

15

스키타이 기마 유목민

유라시아 대초원의 강대국

기원전 10세기 ~ 기원전 2세기

우랄 산맥의 남쪽 지류는 카스피해 연안과 맞닿아 있는 평지로 뻗어 있다. 지리적으로 이 평야는 유럽 서쪽과 아시아 동쪽의 두 대륙을 연결하는 유라시아의 전이 지역이다. 여기서 자유로운 왕래를 가로막는 유일한 천연 장애물은 우랄강이며, 이 강은 기원전 제4천년기까지는 두 지역의 문화 발전을 분리하는 경계이기도 했다. 약 1만 년 전 빙하기가 끝난 뒤에도 아시아 지역은 태곳적의 사냥과 채집 문화가 보존되었고 전통적인 경제 형태는 이후로도 수천 년 동안 이어졌다.

유럽 지역에서는 빙하기 이후 나타난 기후 변화로 얼음이 녹고 물이 점점 빠지는 과정이 진행되었다. 그 결과 역사 시대에 들어서면서는 전형적인 스텝 지대가 형성되었고, 인류는 그곳에서 사냥과 채집으로부터 가축을 키우며 이동하는 유목 생활로 넘어갔다. 유목민은 염소와 양과 말을 길들였다. 말은 처음에는 짐 운반용으로, 기원전 제6천년기부터는 기마용으로도 유목 생활에서 없어서는 안 될 동물이 되었다. 나아가서는 유라시아의 모든 유목 문화와 경제, 일상생활, 신화에서 중심적인 역할을 하게 되었다.

초원의 이 유목민은 인도유럽인이었으며, 이들의 언어와 문화는 당시에는 아직 통일적이었다. 이들은 기원전 제5천년기 무렵부터 이동을 시작해 처음에는 서쪽으로, 얼마 뒤에는 동쪽으로도 나아갔다. 그로써 우랄 산맥 남쪽의 평지는 유목민의 통과 지역, 19세기의 표현으로 말하자면 '민족의 관문'이 되었다. 이러한 방식으로 유목 생활은 중앙아시아로, 나중에는 시베리아 남부로도 전해졌다. 유라시아 초원은 유럽 지역이든 아시아 지역이든 수천 년 동안 기마 유목민이 지배했다. 뛰어난 기동성 덕분에 모든 정착민보다 우세했기 때문이다.(Haarmann 2016: 139)

기원전 제1천년기 초 여러 유목민 종족의 느슨한 연합 집단인 스키타이가 중앙아시아에 등장했고, 민족의 관문을 통해 서쪽으로 밀고 들어갔다. 스키타이인은 말하자면 유럽으로 역이주한 최초의 유목민이었다. 이들은 곧 유라시아 초원의 광활한 지역을 통제했다. 기원전 5세기에는 유럽 내 영향력이 서쪽의 도나우(또는 이스트로스)강에서 동쪽의 돈(또는 타나이스)강까지, 북쪽으로는 키예프 지역까지 미쳤다. 스키타이인은 중앙아시아와 시베리아 남부로 향하는 연결로를 항상 열어두었다.

그리스인은 흑해 북쪽 해안에 식민지를 건설할 때 유라시아 초원의 이 유목민과 마주쳤다. 그리스인은 이들을 스키타이Skythai라고 불렀고, 여기서 파생된 라틴어가 스키타이Scythae다. 스키타이를 묘사한 가장 상세한 기록은 헤로도토스의 『역사』(기원전 5세기) 제4권에 나온다. 헤로도토스에 따르면 스키타이인은 자신들을 '스콜로텐'Skoloten이라고 불렀다. 그리스어로는 스콜로토이Skolotoi다.

그리스인이 보기에 스키타이인은 야만인이었다. 그러나 스키타이 전사들의 강한 투쟁욕은 높이 평가했다. 아티카* 화병에는 자신들의 용병술을 완벽하게 통제하는 스키타이 궁수들의 모습이 그려져 있다. 스키타이인은 적으로는 두려움의 대상이었고 동맹으로는 존중의 대상이었다. 그에 따라서 그리스와 스키타이의 관계는 자주 바뀌었지만 대체로 평화적이었다. 다만 그리스인에게는 이 유목민의 '야만적' 특징을 강조하는 것이 항상 중요했다. 아나크레온(기원전 485년 무렵 사망)은 자신의 서정시와 비가 모음집에서 포도주를 마시는 각 민족의 서로 다른 풍습을 묘사했다. 스키타이인의 풍습이 포도주를 그대로 마시는 것이었다면(356. 6~11행), 그리스인의 풍습은 포도주에 물을 섞어 마시는 것이 일반적이었다. 헤로도토스의 『역사』(4권 74~75)에 따르면 스파르타인은 "스키타이 방식으로" 포도주를 마시곤 했다.

스키타이인의 생활 습관은 헤로도토스에 의해 매우 다채롭게 묘사되었다. 물론 일방적인 그리스의 관점에서였다. 그러나 특히 그들의 물질

▪ Attica. 그리스 중부에 위치한 반도로 아테네를 중심으로 발달했다. 기하학 양식의 도기를 만들었고 기원전 5세기 말에 이르기까지 그리스 도기 제작의 중심지였다.

적 유산과 관련된 많은 것은 고고학 연구를 통해 사실로 확인되었다. 일반적인 상황에서, 다시 말해 초원 지대의 기후 조건에서 유기 물질은 시간이 지나면서 썩거나 부서져 없어졌을 것이다. 스키타이인은 다른 유목민과 마찬가지로 온갖 정성을 들여 장식한 무덤방에 죽은 사람을 매장하는 풍습이 있었고, 그 위로 흙더미를 높이 쌓아 올렸다. 타타르어로 쿠르간kurgan이라고 하는 구릉 무덤(고분)은 우크라이나에서 시베리아 남부에 이르는 유라시아 초원 지대 곳곳에 퍼져 있다. 알타이 산맥 기슭, 유기 물질도 냉장고에 있는 것처럼 보존되는 영구동토대에는 그런 구릉 무덤이 아주 많다. 그리고 그곳에서는 깜짝 놀랄 만한 발굴이 연구자들을 기다리고 있었다. 우코크 고원의 파지리크강 계곡에 있는 쿠르간들은 세계적으로 유명해졌다.

발굴 작업을 하던 사람들이 파지리크의 구릉 무덤을 열었을 때(첫 쿠르간은 1929년, 또 다른 쿠르간들은 1940년대와 1990년대), 그들 앞에는 모두를 놀라게 한 광경이 펼쳐졌다. "우선 재갈이 물린 채로 쌓여 있는 말들과 사람의 몸은 미라로 만들어져 있었고, 그다음에는 얼음이 더해져 그들의 살과 몸에 새긴 문신, 개별적인 얼굴 모습까지 보존되어 있었기 때문이다."(Schiltz 1994: 261) 파지리크의 구릉 무덤은 기원전 5세기의 것이며, 그 안의 부장품은 스키타이가 유럽 및 중앙아시아, 인도, 중국 등과 다방면으로 교류했다는 증거를 보여준다. 파지리크 계곡은 중국에서 중앙아시아와 인도로 향하는 통상로에 놓여 있었다. 그곳 쿠르간에는 스키타이 귀족이 묻혀 있었는데, 그중에서도 한 남자의 무덤과 고고학자들이 '알타이 레이디'라고 부르는 여인의 무덤은 특히 풍부하게 장식되어 있었다. 두 시신의 피부에는 동물 모티프가 들어간 정교한 문신이 새겨져 있었다. 스키타이 귀족이 문신을 하는 풍습은 헤로도토스도 이미 보고한 적이 있다.

부장품 중에는 벽걸이 천과 아플리케*로 장식된 직물이 있었다. 또한 그런 형태로는 전 세계적으로 현전하는 가장 오래된 것으로 여겨지는 양탄자도 있었다. 동물을 매우 기교적으로 묘사한 나무 조각과 안장을 꾸민 가죽 장식도 발견되었다. 그중에서도 인상적인 것은 스키타이의 금 장신구였다. 이것들은 개별적인 보석의 형태로 만들어졌을 뿐만 아니라, 프리즈나 말과 무기의 장식용으로도 쓰였다. 주요 모티프는 동물이었다. 스키타이의 동물 양식은 기원전 7세기에 완성되었다. 묘사된 동물은 대부분 눈표범, 사슴, 엘크, 수컷 산양, 독수리 같은 야생 동물이었다. 그러나 상상의 동물(예를 들어 머리, 앞발, 날개는 독수리이고 뒷발과 몸통은 사자인 그리핀)과 길들인 동물(주로 말이고 양이나 염소는 드물었다)도 있었다.

스키타이는 기마 전사를 토대로 초원에서 패권을 차지했다. 이들은 기마병으로 구성된 완전한 기동 병력을 보유한 최초의 유목민이었고, 기마병은 다른 병사와 연합해서 싸우거나 개별적으로 활동하는 방식으로 양성되었다. 심각한 상황이 발생했을 때는 상당히 먼 거리에 있는 전사들이 짧은 시간 내에 전장으로 소환될 수 있었다. 그런 특별한 위기 상황이 기원전 514년에 발생했다. 페르시아의 다리우스 1세가 자신들의 제국을 자주 침범하는 스키타이인을 몰아내기 위해서 대규모 토벌 원정에 나선 것이다. 스키타이인은 그 위험을 잘 알았고 전사들을 그에 맞게

▪ 천 위에 작은 조각의 레이스·가죽·천 등을 다양한 모양으로 오려 붙이고 가장자리를 실로 꿰매는 자수법.

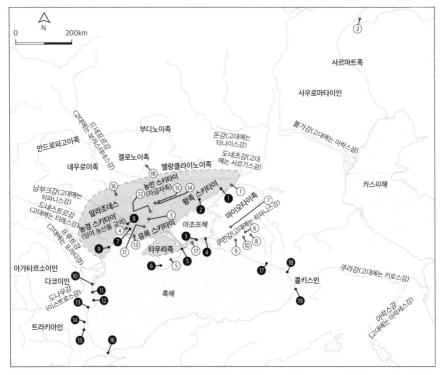

스키타이의 대략적인 확장
예: 마이오타이족 = 고대 종족

- **중요한 발굴 장소**
① 노보체르카스크 ② 필리포브카 ③ 카멘스코예고로디시체 ④ 시로카야발카 ⑤ 네아폴리스 ⑥ 켈레르메스 ⑦ 엘리자베틴스카야스타니카 ⑧ 코스트롬스카야 ⑨ 마이코프 ⑩ 울 ⑪ 솔로카 ⑫ 체르톰리크 ⑬ 멜리토폴 ⑭ 톨스타야모길라 ⑮ 알렉산드로폴 ⑯ 멜구노프 ⑰ 쿨오바 ⑱ 벨스크

- **흑해 북쪽과 서쪽, 동쪽의 그리스 식민지와 무역 거점**
❶ 타나이스 ❷ 크레모이(타간로크) ❸ 판티카파이온(케르치) ❹ 파나고레이아 ❺ 테오도시아 ❻ 케르소네소스 ❼ 베레잔 ❽ 올비아 ❾ 티라스 ❿ 이스트로스 ⓫ 토미스(콘스탄차) ⓬ 칼라티스 ⓭ 오데소스(바르나) ⓮ 메셈브리아 ⓯ 아폴로니아 ⓰ 비잔티온 ⓱ 피티우스 ⓲ 디오스쿠로스 ⓳ 파시스

스키타이의 세력권과 흑해 지역에 있던 스키타이와 그리스의 취락지

조직했다. 전해지는 바로는 화친을 맺은 아테네에 주둔하고 있던 스키타이 기마대가 초원의 병력과 합류하기 위해서 철수했다고 한다. 다리우스 1세의 군사 행동은 실패했고, 스키타이는 그 공격을 막아냈다.

스키타이의 생활 방식은 적응력이 뛰어나고 유연했다. 이들은 초원의 유목민으로만 살아가지 않았다. 스키타이의 특정 집단은 그리스 이주민과의 교류를 통해 정착해서 농사를 짓는 생활에 적응했다. 또 다른 집단은 그리스인이 크림 반도에 세운 도시들에도 정착했다. 이곳에는 스키타이가 건설한 그들만의 도시인 네아폴리스스키티카도 있었다(지금의 심페로폴 지역).

스키타이인과 그리스인이 결혼하는 일도 많았고, 그런 가정에서 태어난 자손은 그리스계 스키타이인을 뜻하는 헬레네스 스키타이로 불렸다. 그리스계 스키타이인은 두 문화 속에서 성장했고 양쪽의 언어를 사용했다. 크림 반도의 도시적 환경만큼 그리스인과 다른 민족, 즉 야만인과의 대립이 사라진 곳은 없었다.

많은 고고학자들이 전형적인 스키타이 금 장신구의 정교한 세공 솜씨를 보며 놀라워했다. 그래서 스키타이가 그리스의 금세공사에게 그런 장신구를 주문한 것이 아닐까 추측하는 학자도 있었다. 아마도 처음에는 그랬을 가능성이 있다. 그러나 나중에는 그리스계 스키타이인 스스로 금세공사가 되어 스키타이인을 위한 보석과 아플리케로 장식된 직물을 만들어냈다.

이중 문화와 이중 언어는 크림 반도에만 퍼져 있지 않았다. 흑해 연안 그리스 도시들의 배후 지역에도 그리스계 스키타이인이 정착하여 농사를 짓고 가축을 키우며 살아가는 취락지가 있었다. 헤로도토스는

스키타이의 금세공 기술. 한 쿠르
간에서 출토된 가슴받이

『역사』(4권 17)에서 칼리피다이(올비아 북쪽)와 겔로노이족에 대해 기술
하면서 그 두 집단을 '그리스 – 스키타이 주민'이라고 칭했다. 고고학자들
은 오랫동안 이들의 중심 취락지인 겔로노스를 찾으려 했고, 그 흔적은
삼림스텝 지대의 외곽에 위치한 먼 내륙(올비아에서 400킬로미터 떨어진)
으로, 드네프르강의 한 지류인 보르스클라강변의 벨스크 지역으로 이
어졌다.(Moreno 2007: 149 f.) 겔로노스는 기원전 6세기에서 기원전 3세기 사이
에 이주민이 들어와 정착해 살았고 스키타이와 그리스 상인이 물품을
옮겨 싣던 곳으로 여겨진다. "길이 33킬로미터에 높이가 10미터에 이르
는 방벽이 세 곳의 요새 시설을 연결했고, 많은 작업장과 신전도 보호했
다."(Baumer 2012: 234)

그리스계 스키타이 농경민은 흑해의 식민지와 그리스 본토 사이의
경제 관계에서 중요한 연결 고리 역할을 했다. 아테네에서 필요한 곡물의
상당 부분은 아티카가 아닌 흑해의 해안 지역에서 생산되었고 거기서

배에 실려 남쪽으로 옮겨졌다.

크림 반도 동쪽에서는 아테네로서는 포기할 수 없는 곡물 거래를 관리한 그리스-스키타이 귀족 사회가 확립되었다. 기원전 5세기 중반 이후에는 킴메르보스포루스(지금의 케르치 해협) 주변으로 판티카파이온을 수도로 한 보스포루스 왕국이 탄생했다.(Vinogradov 1997) 후기 헬레니즘 시기의 지리학자이자 역사학자인 스트라본은 자신의 저서 『지리지』에서 두 바다를 연결하는 해협에 위치한 이 왕국에 대해 기술했다.

초원의 유목 스키타이는 계속해서 막강한 영향력을 발휘했다. 이들도 국가를 조직했을까? 유라시아의 대초원에서는 특정 루트를 자유롭게 이동하는 것 이외에 다른 질서는 존재할 수 없었다. 그런 루트를 왕래하는 일이 특정 집단에 의해 군사적으로 통제되었다면 그 지역은 당연히 그들의 세력권에 포함되었다. 다만 영토를 표시하는 경계는 따로 없었다. 기원전 3세기 무렵 언제부터인가 사르마티아*가 초원의 패권을 둘러싸고 스키타이와 경쟁하기 시작했다. 결국에는 사르마티아가 우위를 차지했고, 기원전 2세기에는 초원에서 살아가던 스키타이 유목민도 크림 반도로 물러났다. 그들은 이곳에서 네아폴리스스키티카를 중심지로 하여 마지막 왕국을 세웠다. 이 왕국은 수백 년 동안 존립하다가 기원후 3세기에 고트족**의 쇄도 아래 스러져갔다.

■　Sarmatia. 기원전 4세기에 이란족 계열의 유목민인 사르마트족이 고유한 문화를 형성하여 기원후 4세기까지 번성한 지역이다.
■■　Goth. 기원전 1세기 무렵 게르만족의 원래 거주지였던 스칸디나비아에서 남하하여 폴란드의 비스와강 하류에 정주한 동게르만계의 한 부족이다. 동남쪽으로 이동해 3세기 무렵에는 흑해 서북쪽 해안에 정착한 동고트족과 도나우강 하류에 정착한 서고트족으로 나뉘었다.

스키타이와 그리스는 중요한 여신들의 숭배에서 비슷한 면을 보였다.(Ustinova 1999: 69 ff.) 스키타이에서는 타비티Tabiti 여신이 높이 숭배되었는데, 그 이름은 '가열하다, 불을 일으키다'를 뜻하는 인도유럽어 어간 타프tap-에서 파생했다. 자신의 저서 『역사』(4권 59)에서 스키타이와 그리스의 신을 비교한 헤로도토스는 타비티를 그리스의 헤스티아와 연관시켰는데, 두 여신이 화로와 집안의 수호신으로 숭배받았기 때문이다. 스키타이의 여신 아피는 올림포스 12신 이전 만물의 어머니이자 신들의 어머니인 게(또는 가이아), 스키타이의 아르김파사는 아프로디테 우라니아*와 비교되었다. 흑해 연안의 그리스 식민지에서는 대지의 어머니이자 곡물의 여신인 데메테르 숭배도 있었다. 데메테르 그리고 저승의 왕 하데스의 아내가 된 그녀의 딸 페르세포네는 스키타이-그리스인에 의해서도 숭배되었다.(Baumer 2012: 235 f.)

스키타이는 인도유럽 어족의 주요 집단을 형성하는 이란계 유럽 인종에 속한다. 가장 유사한 언어를 사용한 민족은 사르마트족이었다. 스키타이어는 문자로 전해지지 않았다. 스키타이 귀족이나 그리스계 스키타이인은 문자 언어로 그리스어를 사용했는데, 흑해 지역에서는 그리스어가 교양어이자 통용어였기 때문이다. 고대 저술가의 저서에서는 스키타이 일파의 이름과 스키타이 지명 및 인명이 수없이 발견되지만 지금까

▪ Aphrodite Urania. 미와 사랑의 여신 아프로디테의 탄생에는 두 가지 설이 있다. 하나는 하늘의 신 우라노스의 거세된 생식기가 바다 거품과 섞여 태어났다는 설이고, 다른 하나는 제우스와 바다의 정령 디오네 사이에서 태어났다는 설이다. 플라톤은 사랑의 속성을 이 두 가지 설과 관련해 설명했다. 즉 아프로디테 우라니아는 나이가 많고 영혼의 사랑을 주관하는 여신이며, 아프로디테 판데모스Aphrodite Pandemos는 나이가 어린 여신으로 육체적이고 쾌락적인 사랑에 관심을 둔다.

지 전해진 스키타이 단어는 200여 개에 불과하다. 그럼에도 스키타이어는 여러 언어에 차용어의 형태로 흔적을 남겼다. 예를 들어 러시아어와 우크라이나어의 사포그sapog(장화)와 토포르topor(도끼) 등의 표현은 스키타이어에서 유래한다.

16

신비에 싸인 아마조네스

흑해의 여전사 공동체

기원전 제1천년기

유럽인은 오랫동안 여전사 부족 아마조네스가 고대 그리스의 신화 속에만 존재한다고 믿었다. 고대인은 거칠고 난폭한 여전사에 대한 이야기를 사실로 여겼지만, 현대인은 당연히 그 이야기의 소재가 문화사적으로 어떻게 확인되는지 묻는다. 여전사로 이루어진 민족이 역사 속에 실제로 존재했을까? 그들에게 여왕이 있고 그 여왕이 지배하는 왕국이 있었을까? 첫눈에는 허공을 잡는 것처럼 보인다. 일반적인 역사책에는 그에 대한 단서가 전혀 없으니 말이다.

그러나 그들의 흔적을 쫓는 일이 헛수고는 아니다. 흑해 주변의 유목민 문화에서는 찾을 수 있기 때문이다. 이 방향의 단서 역시 헤로도토스의 『역사』가 제공한다. 수많은 곳을 여행한 이 역사가는 흑해 북쪽 해안에 있는 그리스 식민지 중 한 곳인 올비아도 방문했다(15장 참조). 그가 스키타이와 다른 기마 유목민에 대해 전한 내용은 분명 그곳 주민에게서 들었을 것이다. 그는 『역사』(4권 110~117)에서 그리스와 아마조네스 간 전투에서 있었던 일화를 기술한다. 그에 따르면 여전사 중 일부가 메오티드해(아조프해)에서 포로로 잡힌다. 그러나 탈출에 성공한 뒤 이번에는 스키타이와의 전쟁을 조직한다. 스키타이인은 경외심을 드러내며 아마조네스를 오이오르파타('남자를 죽이는 자'라는 뜻)라고 불렀다. 이 말은 오이오르oior(남자)와 파타pata(죽이다)가 결합된 것이다. 평화가 찾아오자 아마조네스와 스키타이는 전우가 되었다. 그리스 화병에는 이 여전사족이 전형적인 스키타이 옷을 입은 모습으로 묘사되어 있다.

아마조네스 여전사와 스키타이 남성은 서로 좋은 관계를 맺은 것으로 보인다. 이들의 결합에서 태어난 후손이 사우로마타이인이었고, 그중 한 종족이 사르마트였다. 사르마트족은 타나이스강˙ 북쪽 지역에 정착했다. 사우로마타이에서는 남자아이나 여자아이나 무기 다루는 법을 배웠다고 한다.

후대 사람들은 아마조네스와 관련된 부분을 지방색이 강한 이야기로 유명한 헤로도토스가 꾸며낸 것으로 여겼다. 그러나 다른 한편으로는 헤로도토스가 토착민에게서 들은 많은 내용을 그대로 전달했다는 것도 사실이다. 어쨌든 헤로도토스 스스로는 자신이 전하는 이야기가

▪   Tanais River. 고대 그리스 사람들이 동부 유럽의 러시아를 흐르는 돈강을 이르는 말.

"나 자신의 지각(고대 그리스어로는 오프시스opsis)과 생각(그노메gnome), 그리고 탐색(히스토리에historie)에 근거한 것"이라고 말했다(『역사』, 2권 99).

그런데 최근의 역사 연구에 따르면 놀랍게도 헤로도토스가 그의 동시대인에게 이야기하듯 전달한 수많은 일화 속에 역사적 실체가 담겨 있었다. 근래의 무덤 발굴에서 헤로도토스가 기술한 사우로마타이인에 관한 이야기가 사실임이 증명된 것이다. 그러니까 부장품으로 무기가 들어간 여인들의 무덤이 발견된 것이다. 그런 무덤에는 여전사가 묻힌 게 분명했다. 이들이 전사였을 것이라는 점은 치는 무기와 찌르는 무기로 야기된 뼈 손상 및 머리뼈 손상이 있는 유골에서 드러난다. 이처럼 무기 부장품이 있는 여인들의 무덤은 흑해 연안 초원에서 살아가던 유목민의 쿠르간 매장 풍습에 포함된다.(Davis-Kimball et al. 1995: 99)

무덤 발굴은 스키타이와 사우로마타이(사르마티아)에 실제로 여전사가 존재했고, 이들이 죽은 뒤에는 이른바 '군인의 예우'를 갖춰 매장했음을 뚜렷하게 보여준다. 다만 전적으로 여성으로만 편성된 기마대가 과연 존재했는지의 여부는 확실하게 대답하기 어렵다. 고대의 문헌에 관련 정보가 전혀 없을 뿐 아니라 무덤 역시 개별적인 발굴물만 보여주기 때문이다. 그런 기마대가 존재했을 가능성은 물론 있다. 그러나 그런 군사 조직체가 있었다고 해서 '아마조네스 왕국'이라고 할 수 있을지는 여전히 의문이다.

아마조네스가 전문적으로 사용한 무기는 신체 능력 면에서 남녀의 차이가 중요하지 않았다. 활과 화살은 가장 효과적인 원거리 무기였고, 표적을 정확하게 맞히는 일은 단순한 힘이 아닌 기술적 능력이 좌우했다. 그래서 잘 훈련된 여전사는 상당히 먼 거리에서도 화살을 쏘아 훨씬

전형적인 스키타이 레깅스를 입은 여전사. 기원전 4세기 아티카 지방에서 제작된 화병 그림

힘이 센 남성을 쓰러뜨릴 수 있었다.

　예로부터 여전사와 관련된 이야기는 캅카스*에서 남아메리카의 아마존강에 이르기까지 다른 문화권에도 존재했다. 유럽인은 아마조네스 신화를 그리스에서 받아들여 입으로 전하거나 글로 전했다. 아마조네스를 조형 예술로 표현해 불멸의 존재로 만든 것도 고대 그리스인이었다. 아티카 지방에서 나온 화병 그림과 신전을 장식한 프리즈 그림 및 벽의

　　■　현재 러시아 남부, 카스피해와 흑해 사이의 산계 및 지역을 칭한다.

무기를 지닌 한 여전사의 무덤.
철제 검과 활과 화살. 쿠르간 1호,
무덤 6호. 기원전 4세기~기원전
3세기

부조가 대표적이다. 오늘날 사람들은 아마조네스를 많은 박물관에 전시된 실물 크기의 조각상으로 만날 수 있다.

가장 유명하고 신비에 싸인 아마조네스 상은 기원전 5세기에 그리스 고전 시대 조형 예술을 대표하는 조각가 폴리클레이토스*의 손에서 탄생했다. 원형은 전해지지 않지만 로마 시대에 만들어진 수많은 복제품

---

* Polycleitos. 고대 그리스의 고전 전기(기원전 5세기)를 대표하는 조각가로, 인체 각 부분과 전신의 균형을 산출하여 이상적인 남성 조각상을 만들었다. 인체의 아름다움에 관한 이론서 『카논』Canon을 저술했다.

과 변형품이 있다.

기원전 440년 무렵 에페소스**에 있는 아르테미스 신전(아르테미시온)의 봉헌식을 계기로 경연 대회가 개최되었다. 이 대회에는 당대 조형 예술계의 대가인 폴리클레이토스, 페이디아스, 크레실라스, 프라드몬이 참가했다. 대회의 주제는 아마조네스였는데, 신화에 따르면 이 거대한 아르테미스 신전을 세운 것이 아마조네스였기 때문이다(칼리마코스, 『아르테미스 찬가』, 3권 233). 또 다른 신화는 아마조네스가 디오니소스 신과의 싸움에서 부상을 입거나 죽었다고 이야기한다. 경연에 참가한 네 명의 대가는 여전사를 묘사한 조각상 하나씩을 만들었고, 이는 곧 청동으로 완성되었다. 아르테미스 신전이 개방되었을 때 신전 입구에는 네 개의 청동상이 세워져 있었다. 안타깝게도 이 청동상들은 고대에 이미 분실되었다. 에페소스 주민들은 경연 참가자들에게 청동상 중에서 가장 영향력이 큰 작품을 그들 스스로 결정하라고 요구했다. 그러자 참가자들은 만장일치로 폴리클레이토스의 조각을 가장 완전한 작품으로 뽑았다.

그리스인은 고대의 전 기간에 아마조네스를 둘러싼 주제를 다루었고, 그들의 이름과 관련해서도 매우 기괴한 이야기가 만들어졌다. 잘 알려진 민간 어원적 해석에서는 아마존***이라는 이름이 '없다'라는 뜻을 가진 접두사 아a-와 가슴을 뜻하는 마스토스mastos의 결합에서 만들어

** Ephesos. 터키 이즈미르주에 있는 고대 그리스의 식민 도시. 초기 그리스 문화가 발달했고 기원전 6세기 이후 페르시아의 지배를 받기도 했다. 헬레니즘 문화와 로마 문화가 차례로 번영했으며, 기원전 4세기에는 여신 아르테미스를 모신 대신전이 완성되었지만 기독교 시대가 되면서 완전히 사라졌다.
*** Amazon. 아마존은 아마조네스의 단수형이다.

폴리클레이토스의 〈상처 입은 아마존〉. 덴마크 코펜하겐 글립토테크 미술관에 있는 복제품

진 것으로 본다. 여전사의 오른쪽 가슴을 제거하거나 가슴의 성장을 멈추기 위해서 오른쪽 젖꼭지를 자르는 풍습과 관계가 있다는 것이다. 그래야 활시위를 당길 때 가슴이 방해가 되지 않기 때문이라는 말이다. 그러나 이미 고대에도 디오도로스 시켈로스, 아폴로도로스, 스트라본 등의 역사가들은 이러한 해석에 의구심을 드러냈다.

실제로 '가슴이 없는 여자'라는 해석은 현실적 관련성이 없다. 활쏘기는 이미 오래전부터 여성이 여가 활동으로 즐기는 대중적인 스포츠였고, 활시위는 가슴 부위를 벗어난 곳에서 당겨진다. 현대의 다큐멘터리 영화 등에서 보여주듯이 말을 타면서 화살을 쏘는 여성조차 가슴이 방해가 되는 일은 전혀 없다.(Mayor 2014: 128 ff.) 가슴이 없는 여전사라는 생각은 고대의 조형 예술에 묘사된 모습과도 맞지 않는다.

아마존(아마조네스)이라는 이름은 그리스어가 아닌 다른 민족의 이름 형태를 통해서 아주 잘 설명할 수 있다. 고대 여전사에 대한 문화적 기억을 가진 민족은 그리스인만이 아니었다. 캅카스 지역의 체르케스인 사이에는 지금도 아마조네스 여왕 아메잔Amezan에 대한 이야기가 전해온다. 이 이름의 형태는 그리스어의 형태와 가장 가깝고, 그 어원이었을 가능성이 매우 높다.(Mayor 2014: 359) 캅카스는 그리스인에게도 알려진 지역이었기 때문이다.

그리스 신화에 나오는 아르고호 이야기에서 영웅 이아손이 황금 양털을 찾기 위해 결성한 원정대의 목표는 머나먼 콜키스였다. 고고학자들이 오늘날의 조지아 서쪽 지역으로 확인한 곳이다. 미케네 문명 시기에 그리스는 이미 흑해 동쪽에 인접한 나라들과 교류했을 가능성이 매우 높고, 그 시기는 기원전 제2천년기 중반부터였을 것으로 보인다.(Lordkipanidze 2008: 26) 여전사(아마존이라는 이름과 함께)에 대한 이야기는 이러한 초기 접촉을 통해서 그리스인의 신화 속으로 흘러들어갔고 빠르게 인기를 얻었을 것이다.

그리스인과 싸우는 여전사 아마조네스에 대한 첫 언급은 서사 문학에 등장한다. 호메로스의 『일리아스』에서는 트로이와 미케네 간 전쟁에서 트로이의 동맹군으로 싸운 아마조네스의 숙명적인 전투가 묘사된다. 아마조네스에겐 용기와 "남자 같은 힘"(3권 189)이 있었고, 그들은 그리스와의 전투에서 남성과 동등하게 싸웠다. 그러나 아킬레우스가 워낙 막강해서 "남자와 비슷한 아마조네스 무리"(6권 186)를 격파했다. 양측의 싸움은 아마조네스의 펜테실레이아 여왕과 그리스군의 영웅 아킬레우스의 일대일 대결에서 절정을 이룬다. 두 사람의 대결은 아마조네스의 역할을 그리스의 대항군으로 묘사한 서사적 공식에 들어맞는다.(Blok 1995: 242 ff.)

이 극적인 사건은 호메로스 이후에 나온 한 작품에서 상세하게 묘사된다. 밀레투스의 아르크티노스가 쓴 다섯 권 분량의 서사시 『아이티오피스』에서다. 두 사람의 대결은 아킬레우스가 여왕을 죽이는 것으로 끝난다. 죽어가는 펜테실레이아를 붙잡은 아킬레우스는 여신처럼 아름다운 그녀의 모습에 반했고, 펜테실레이아의 장례가 정중하게 치러질 수 있도록 그녀의 시신을 트로이인에게 돌려준다. 그리스 예술에서는 두 사람의 대결 장면이 반복적으로 묘사되었다.

그리스의 이야기 전통에서 아마조네스는 항상 그리스의 적군이지 동맹이 아니었다. 헤로도토스의 『역사』(9권 27)에서는 아마조네스의 그리스 공격이 역사적 사건으로 묘사되었다. 테세우스가 아마조네스의 안티오페 여왕을 납치한 것이 이 전쟁의 원인이었다.

아마조네스는 그들의 핵심 지역인 흑해 남동쪽에서 출정해 아티카를 황폐화하고는 아테네로 돌격한다. 그런 다음 아레오파고스 언덕에 진을 치고 아크로폴리스를 점령할 태세를 갖춘다. 테세우스가 이끄는 그리스 병력이 이들과 대치한다.

아마조네스는 말하자면 그리스 공동체를 위협하는 외부 위험의 집단적 의인화였고, 그리스인은 그들의 영웅들 덕분에 그 위험을 막아낸다.(Mayor 2014: 271 ff.) 테세우스와 아마조네스의 운명적 전투는 아크로폴리스 언덕 위 파르테논 신전의 서쪽 박공 프리즈에 재현되었다. 이야기를 풀어놓듯 이어지는 장면들은 "문명화된 그리스인이 낯선 '타자', 이 경우에는 동쪽에서 온 난폭한 여전사족을 물리치는 이야기"를 극적으로 표현했다.(Connelly 2014: 103)

지성계를 대표하는 시인과 학자도 이 호전적인 여인족을 다루었다. 아이스킬로스가 쓴 두 편의 희곡(기원전 470년 무렵)에서는 아마조네스에 대한 언급이 산발적으로 발견된다. 심지어 플라톤까지도 자신의 정치 이론에 아마조네스를 연관하여 남녀가 평등한 이상적 사회의 유토피아 개념을 발전시킨다.

플라톤은 페미니스트가 아니었다. 남녀평등에 대한 그의 생각은 오히려 법 이해와 직접적인 관계가 있었다. 그리스 문명이 이룬 모든 중요한 성취와 마찬가지로 법도 신적인 형상으로 의인화된다. 두 눈을 가린 채로 묘사되는 테미스 여신*이 그것이다. 로마법의 전통을 통해서 유럽인에게 전해진 법의 원칙, 다시 말해서 눈먼 정의의 여신 유스티티아**가 상징하는 신분이나 성별에 상관없는 만인 평등의 법 원칙은 플라톤 철학의 한 혁신이었다.

플라톤은 만년의 저서 『법률』 7권(804d~805a)에서 군 복무에서도 여성을 동등하게 대해야 한다고 말한다. 그는 흑해의 사르마트족과 비교하면서 그곳 여성은 남성과 똑같이 무기를 잘 다루고 말도 잘 탄다고 강조했다. 그러면서 그리스 여성에게도 적이 도시를 공격했을 때 신전으로 달려가 기도하지 말고 자식을 보호하고 나라를 지키기 위해 무기를 들고 싸우라고 요구했다.

그리스인이 생각하는 아마조네스의 이미지는 대부분 부정적이었다. 아마조네스는 단지 국가(특히 아테네 도시국가)와 사회의 결속을 위협하는 존재로만 여겨지지 않았고, 이들이 여성인 까닭에 경쟁자를 제압하려는 그리스 남성의 권력욕도 불러일으켰다. 이런 형태의 제노포비아(외국인 혐오)와 극단적인 성 대립은 고대의 다른 문화에서는 발견되지 않는다. 캅카스와 이란 민족의 이야기 전통에서는 여전사족과 생사를 건 전투를 벌이기보다는 화친을 도모하는 내용이 다루어지며,(Mayor 2014: 31) 남성은 "아마조네스를 죽이는 대신 그들을 애인으로, 전우로, 동맹으로 얻으려고 열심히 노력한다".

호전적인 여성에 대한 이런 입장은 아마조네스를 소재로 한 현대의 영화에서도 드러난다. 예를 들어 1995년부터 2001년까지 제작되고 뉴

■　Themis. 그리스 신화에 나오는 율법의 여신. 하늘의 신 우라노스와 땅의 여신 가이아 사이에서 태어난 열두 명의 티탄 가운데 하나로, 앞날을 예견하는 능력과 지혜를 지녔다. 두 눈을 가리고 양손에 저울과 칼을 든 모습으로 묘사된다. 제우스와의 사이에서 정의의 여신 디케를 낳았다.

■■　Justitia. 로마 신화에 나오는 정의의 여신. 그리스 신화의 디케에 해당한다.

질랜드에서 촬영되어 전 세계적으로 인기를 끈 텔레비전 시리즈《제나: 전사 공주》도 그중 하나다. 제나는 자신의 행동으로 세상의 선과 악 사이의 영원한 싸움 의식을 수행한다. 활과 화살로 무장한 그녀는 악령과 압제자에 맞서 정의를 위해 싸운다. 처음에는 혼자였지만 곧 아마조네스 여전사 가브리엘레의 지원을 받는다. 제나의 전투력과 탁월한 전술은 남성들을 뛰어넘는다. 제나는 21세기 초에 전 세계적으로 컬트 현상을 일으켰다.

17

페루의 구름의 전사들

안데스 산맥 차차포야족을
유럽인과 연결하는 것

8세기 ~ 15세기

남아메리카에서는 식민지 시대부터 거기 살았던 유럽인의 후손을 만나는 것이 그다지 특별한 일은 아니다. 예를 들어 칠레에는 유럽 출신의 귀족 가문이 있는데, 이들은 어느 시기에도 원주민과 관계를 맺지 않고 지금까지 유럽인의 순수 혈통을 지켜오고 있다는 사실을 긍지로 여긴다. 피의 순수성은 에스파냐에서 레콩키스타*의 마지막 시기 동안 국가 이데올로기로 발전했고, 그 결과로 무어인과 유대인이 이베리아 반도에서 쫓겨났다. 식민지 건설의 일환으로 아메리카 대륙으로 이주한 에스파냐인은 이 이데올로기를 새로운 고향으로 가져왔다. 라틴아메리카에서는 '피의 순수성'이 엘리트적 특징이다. 그곳 주민의 다수는 유럽인과 아메리카 원주민의 혼혈 인종인 메스티소이기 때문이다.

그러나 페루에서는, 예를 들어 쿠스코의 거리에서는 금발이나 적갈색 머리의 유럽인 외모에 라틴아메리카식 에스파냐어로 말하는, 그러니까 에스파냐에서 건너왔다고 확언할 수 없는 사람들을 만날 수 있다. 이들과 대화를 나누게 되면 깜짝 놀랄 일이 생긴다. 이들은 페루의 열대우림에 전통적인 취락을 형성한 사람들의 후손이고, 이들의 조상은 콜럼버스 이전에 이미 아메리카 대륙에 이주한 사람들이기 때문이다.

이들 페루인이 바로 오래전부터 정주한 차차포야족Chachapoya이다. 15~17세기에 아메리카 대륙으로 진출한 에스파냐 콩키스타도르(정복자) 중 한 명이자 연대기를 기록한 페드로 시에사 데 레온은 16세기에 차차포야족에 대해 기록한 첫 유럽인이었다. 그는 한 탐험대와 함께 페루 북부로 들어갔다가 차차포야족이 있는 곳에도 이르렀다. 1553년에 출간된 『페루 연대기』에서는 차차포야족이 눈에 띄게 환한 피부에 얼굴이 잘생겼고, 금발의 외모로 보아 유럽인이라는 인상을 준다며 놀라움을 표현했다. 차차포야는 이 아메리카 원주민이 스스로를 부르는 이름이었고, 이들은 '구름의 숲' 사람들로도 알려져 있다. 구름의 숲이라는 이미지는 잉카 문명권에서 찾을 수 있으며 특정한 기상 현상을 연상시킨다. 깊은 계곡과 가파르게 솟은 산으로 이루어진 이 지역에서는 높은 숲 위로

■   Reconquista. 8세기부터 15세기까지 에스파냐와 포르투갈의 기독교도가 이슬람 세력에 점령된 이베리아 반도를 탈환하기 위해서 벌인 국토 회복 운동.

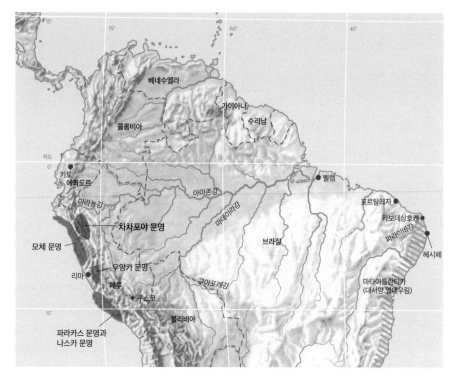

차차포야족의 역사적 핵심 지역

구름이 짙게 내려앉는다. 차차포야라는 이름은 잉카 문명권의 공용어인 케추아어에서 '나무'를 뜻하는 사차sach'a와 '구름'을 뜻하는 푸유phuyu에서 파생했다.

차차포야족의 핵심 지역은 페루 북쪽 바과 지방의 우트쿠밤바강 계곡이었다. 아마존강 상류에 위치한 이 지역은 열대림과 안데스 고원 사이에서 두 곳의 중간적 현상을 보이는 점이 지대이며 종종 '아마존안데스'로 불리기도 한다. 가장 오래된 문명 단계(약 800~1200)의 흔적은 쿠엘라프*에서 발견되고, 그보다 뒤에 이어진 단계는 치푸리크**(약 1200~1350)와 레바시***(약 1350~1450)에서 확인된다.(Nystrom 2006: 335) 그 이후에는 잉카 문명의 패권 시대가 시작된다. 차차포야스라는 도시나 같은 이름을 가진 주는 차차포야족이 역사적으로 존재했다는 사실을 드러낸다. 차차포야족은 아마존 분지와 안데스 고원 사이의 점이 지대인 이곳 아마존강 상류 지역에서 통상로를 지배하였으며, 그 시기는 잉카 제국이 통상로를 독점하기 전까지인 900년에서 1450년 사이였다.(Church / von Hagen 2008: 904)

16세기의 시인이자 연대기 저자로 에스파냐 정복자와 잉카 귀족 사이에서 태어난 가르실라소 데 라 베가가 전한 첫 보고에 따르면, 차차포야족이 퍼져 살던 지역은 왕국처럼 범위가 넓었다. 이들은 콜럼버스 이전 시기부터 이미 주목을 끌었다. 당시 절정의 세력을 누리던 잉카 제국은 아마존강 경계 지역까지 자신들의 통치권으로 합병하려 했고, 거기서 뜻밖에 완강하게 저항하는 용맹스러운 전사들과 마주쳤다. 그들은 수많은 전투에서 패배를 거듭하다가 1450년 무렵에야 마침내 차차포야족을 굴복시킬 수 있었다.

그러나 구름의 전사들은 계속해서 잉카의 지배에 반기를 들었다. 잉카 제국은 장기적인 동화 정책(케추아어로는 미트마mitma)을 추구했고, 차차포야족 마을 공동체의 모든 주민은 강제로 이주되었다. 잉카 제국 유

---

* Kuélap. 페루의 대표적 유적지로 돌로 지어진 고대 요새 도시다.
** Chipurik. 페루 북부에 위치한 차차포야 문명의 유적지.
*** Revash. 페루 북부에 위치한 차차포야 문명의 유적지.

판키 황제의 명으로 마추픽추 근처에 '황금의 요람'이라 불리는 초케키라오(케추아어로는 추키키라우) 요새를 건설하던 일꾼 중에는 차차포야족의 미트마쿠나(강제 이주자)도 포함돼 있었다.

잉카 지배에 대한 봉기는 1530년대에 에스파냐 정복자들이 들어왔을 때 비극적인 절정에 달했다. 차차포야족은 잉카인에 대한 적개심에서 프란시스코 피사로의 지휘 아래 페루와 잉카 제국을 정복하러 온 에스파냐 정복자의 편에 섰다. 그러면서 자신들 스스로가 잉카 제국이 행한 것과 똑같은 가혹한 억압 정책의 하수인이 된다는 사실을 깨닫지 못했다. 1547년 강력한 에스파냐 점령군이 차차포야족 지역으로 옮겨왔다.

차차포야족 문명에서 특별히 눈에 띄는 점은 독특한 건축술과 장례 풍습이다. 건축 기술에는 두 가지 유형이 나타난다. 하나는 돌로 만든 원형 건물이고 다른 하나는 산기슭에 높이 쌓은 테라스 시설이다. 원형 건물의 탁월한 본보기는 요새 도시인 쿠엘라프다. 400개가 넘는 건물이 있고, 그 주변으로는 높이가 20미터까지 이르고 길이는 약 600미터인 육중한 벽이 에워싸고 있다. 약 3000미터 고지에 위치한 이 웅장한 요새는 6세기에 건설되었고 약 3500명이 살 수 있는 공간을 제공했다. 차차포야족의 사라진 옛 도시들은 지금도 계속 발견되고 있으며, 2008년에도 아마존 열대림 지대(페루 하말카주)에서 요새 시설이 발견되었다.

차차포야족은 잉카 제국의 지배를 받는 동안 지배자의 생활 방식에 상당 부분 적응했고 말도 케추아어로 바꿨다. 시신을 미라로 처리하는 장례 풍습도 잉카인으로부터 받아들였다. 장례 풍습에서는 이승의 세계에 대한 강한 애착이 표현된다. "그들은 내부 장기를 꺼내고 피부를 식물의 진액으로 방부 처리했으며, 입 안에 솜을 채워 넣어 뺨이 볼록하도록

문명은 왜 사라지는가

했다. 얼굴을 더 생기 있게 보이도록 하려는 것이었다."(Giffhorn 2014: 27)

차차포야족 취락지에서는 수백 구의 미라가 발견되었다. 최근까지도 아직 알려지지 않은 미라 동굴이 발견되고 있다. 예를 들어 2006년에는 사람들이 이야셰쿠(마법의 물)라고 부르는 곳 근처에서 지하 매장지가 발견되었다.

죽은 사람을 석관에 넣은 뒤 수직으로 나란히 세우는 것도 눈에 띄는 풍습이다. 석관에는 얼굴 모양을 그려 넣은 머리 부분을 얹어 놓았다. 외벽에도 살아 있는 사람의 상징물인 목걸이나 옷 등이 그려져 있다. 이 석관은 비탈에 구덩이를 파내 만든 동굴에 안치되었다. 때로는 마우솔레움*과 비슷한 건물 안에 시신을 안치하는 경우도 있었다. 이는 소형 집으로, 마찬가지로 비탈진 곳의 동굴 안에 만들어졌다.

차차포야족이나 잉카인 사이에는 귀신에 대한 믿음이 널리 퍼져 있었다. 그 때문에 잉카인은 석관이 세워져 있거나 미라가 안식을 취하는 차차포야족의 성소는 파괴하지 않았다. 그렇게 하면 죽은 사람의 귀신이 노하여 안식을 파괴한 자를 찾아오리라는 두려움이 너무 컸기 때문이다. 죽은 사람의 영혼이 어디에나 있다는 생각은 페루 원주민뿐 아니라 다른 아메리카 원주민 사이에도 널리 퍼져 있었다. 역사 시대부터 오늘날에 이르기까지 샤머니즘은 차차포야 사회의 매우 중요한 요소다. 지금까지 알려지지 않은 묘지 중에는 초월적 환영을 보는 샤먼의 능력에 의지해 위치를 확인하는 경우도 있다.(Andresen / Forman 2000: 96)

▪ Mausoleum. 기원전 4세기경 그리스의 할리카르나소스에 세워진 페르시아 제국의 총독 마우솔로스의 대규모 무덤이다. 지금은 생전에 유명했던 사람의 장대한 규모의 무덤 건축물을 이르는 보통명사로 사용된다.

카라히아 근처 산기슭에 있는 차차포야 문명의 석관

차차포야족의 미라는 그들 사회의 특징에 대한 중요한 정보를 알려
준다. 차차포야족에서는 남성과 여성, 부자와 가난한 사람의 관을 장식
할 때 특별히 눈에 띄는 차이가 보이지 않는다. 이들의 문화유산에는 왕
의 무덤도 없다. 인류학자들은 차차포야족 공동체가 원칙적으로 평등 사

문명은 왜 사라지는가

회였다고 입을 모은다. 다만 여성에게는 중요한 역할이 부여되었을 것으로 보인다. 잉카 제국의 왕 카파크 황제와 평화 조약을 성공적으로 협상한 장본인이 카하마르킬라(볼리바르주)에서 온 여성 사절단이었다는 점이 그것을 말해준다. 평화 조약이 체결된 장소는 성지로 선포되었고 이후로는 더 이상 들어가지 못하는 곳이 되었다.

차차포야족이 정착한 지역은 오래된 문명지였다. 사람이 살았던 가장 오래된 흔적은 약 1만 년 전의 것이고, 도자기를 만들기 시작한 시기는 기원전 1400년 무렵으로 확인된다. 취락지가 계속 유지되었다는 사실은 기원후 200년 무렵까지 증명된다. 차차포야 문명의 전형적인 특징은 기원후 750년 무렵부터 등장하기 시작한다. 그리고 그 문명의 탄생은 이전의 지역 문명과 곧바로 연결되지는 않는다. 그렇다면 차차포야 문명의 고유한 특징은 어떻게 설명되고 어떤 조건 속에서 생겨난 것일까?

차차포야족의 기원에 대해서는 여러 가지 추측이 제기되었다. 한 이론에 따르면 그들의 선조는 다른 종족 집단과 함께 페루 북쪽에서 우트쿠밤바 계곡으로 이주했다. 선사 시대의 기후 변화로 북쪽 지역은 점점 메말라간 반면에 더 먼 남쪽에서는 아직 농경이 가능했기 때문이다. 그러나 안데스 지역 내에서 이주했다는 이 가설은 차차포야족의 인류학적 특수성을 설명하지 못한다. 페루인이 '작고 하얀 이방인'이라는 뜻의 그린구이토스gringuitos라고 부르는 그들은 왜 그렇게 유럽인처럼 보일까?

콜럼버스 이전 시대에 유럽에서 남아메리카로 이주한 집단이 있었을 가능성에 대해서는 이미 일찍부터 이런저런 추측이 제기되었다. 그러나 그와 관련된 구체적인 정보는 현대 유전학의 방법으로 차차포야족의 DNA를 분석하면서 비로소 얻을 수 있었다. 그에 따르면 이 집단의 구성원은 유럽인에서 유래한 것이 분명하고, 아메리카 대륙의 식민지화 이전 시대로 확인되는 유전자(하플로그룹 R1b)를 나타낸다. 차차포야족은 오랫동안 고립된 채 살았으며, 인접한 아메리카 원주민 집단의 유전자는 나중에 추가된 것으로 확인된다.(Guevara et al. 2016)

근래에 나온 가설은 차차포야족이 유럽인(켈트족) 부계와 아메리카 원주민 모계 사이에서 태어난 후손이라고 주장한다. 기프호른은 지중해 서쪽 연안 사람(켈트족, 어쩌면 카르타고인)이 해양 탐색에 나섰다고 가정한다.(Giffhorn 2014) 이들이 남아메리카에 당도해 아마존강으로 흘러들어갔다가 계속해서 내륙으로 진출했고, 아마존강과 안데스 사이의 경계 지대에 정착했다는 것이다.

이제 이런 의문이 든다. 차차포야족에게서 나타나는 빨간 머리나 유럽인의 얼굴 같은 특징이 어떻게 수 세대를 거치는 동안에도 그대로 유지되었을까? 페루 북동부 지역에 사는 주민 다수는 아메리카 원주민 집단에 속하는데 말이다. 기프호른은 이렇게 대답한다. "유럽 이주민의 직계 후손은 사회 내에서 항상 지도적인 위치를 차지했을 것이고, 파라오나 잉카 왕족의 경우처럼 토착민과 섞이는 일이 드물었을 것이다."(Giffhorn 2014: 248)

앞으로의 고고학적 발굴과 아메리카 원주민 집단에 대한 새로운 인류학적 연구가 아직 설명되지 않은 의문의 답을 찾아낼 때까지 이 모든 것은 그저 가설일 뿐이다.

18

테오티우아칸의 피라미드

중앙아메리카의 가장 오래된 중심지

1세기 ~ 8세기

멕시코시티에서 북동쪽으로 약 40킬로미터 떨어진 곳에 테오티우아칸Teotihuacán 유적지가 있다. 끝없이 이어질 것처럼 보이는 넓은 계단을 따라 태양의 피라미드 꼭대기까지 올라가면 웅장한 전경이 펼쳐진다. 이곳은 테오티우아칸의 많은 피라미드 중 가장 높은 피라미드인 동시에 멕시코 고원에서는 콜럼버스 이전에 지어진 가장 큰 건축물이다.

무성한 정글로 뒤덮인 마야 도시의 폐허와는 달리 테오티우아칸의 피라미드는 감춰져 있지 않았다. 약 1500년 전부터 멀리서도 훤히 보이고 주변 지역을 대표하는 상징물이었다. 83제곱킬로미터의 지형에 펼쳐져 있는 테오티우아칸 유적지는 1987년 유네스코 세계문화유산에 등재되었다.

제1천년기 전반에 전성기를 이룬 이 고대 도시의 중심지는 '죽은 자의 길'이라고 불리는 곳이다. 도시 전체를 관통하는 넓고 화려한 길은 갖가지 행렬을 위해 설계된 것이 분명하고, 상징적인 세계의 축으로 해석된다.(Headrick 2007: 168) 테오티우아칸은 멕시코 고원에 건설된 첫 도시였고 콜럼버스 이전 아메리카 대륙에서는 가장 큰 도시로 발전했다. 이곳에 거주했던 주민 수에 대해서는 연구자에 따라 5만 명에서 25만 명 사이로 상당한 편차를 보인다.(Malmström 1978, Coe et al. 1986, Millon 1993, Taube 2000) 아마 12만 5000명에서 15만 명 정도가 실제에 가까울 것이다.

테오티우아칸 폐허는 도시 이름과 주민의 인종적 분류에 이르기까지 여전히 많은 비밀을 간직하고 있다. 도시의 원래 이름은 알려지지 않았다. 테오티우아칸은 이미 버려진 채로 있던 이곳에 아즈텍* 사람들이 부여한 이름이다. 나우아틀어** 로 '신들이 태어난 곳'이나 '신들의 거리를 가진 사람들이 사는 곳' 등 여러 가지 의미를 가질 수 있다. 아즈텍 사람들은 테오티우아칸에서 신들이 세계를 창조했다고 생각했다. 고전 시기 마야*** 문헌에는 푸(골풀이 자라는 곳)나 더 큰 취락지를 나타내는 톨란

■　Aztec. 멕시코 북부 아스틀란 지방에 살던 수렵 부족으로 멕시카족이라고도 한다. 15세기부터 16세기 초까지 지금의 멕시코 중부와 남부 지역에 큰 제국을 세우고 아즈텍 문명이라는 독자적 문명을 발전시켰다.

■■　Nahuatl. 중앙아메리카의 토착어로 멕시코 중앙고원에 거주하는 나우아족이 사용한 언어다.

　문명은 왜 사라지는가

테오티우아칸 유적지의 '죽은 자의 길'. 사진 위쪽에 있는 것이 태양의 피라미드

(골풀 다발)과 같은 이름이 등장한다.(Headrick 2007: 25 f.)

　　테오티우아칸을 건설한 사람들이 누구였는지에 대해서는 많은 가

■■■　Maya. 현재 멕시코의 유카탄 반도를 중심으로 한 중앙아메리카에서 융성한 고대 문
명이자 이 문명을 이룩한 민족을 이르는 명칭이다.

설이 제기되었다. 하지만 지금까지도 그들이 어디서 왔고 어떤 언어를 사용했는지는 밝혀지지 않았다. 테오티우아칸이 자리 잡은 곳은 다양한 집단이 교류하는 지역이었고, 오토미족'과 토토낙족'' 그리고 나우아틀어를 사용하는 사람들이 거기에 속했다. 테오티우아칸에서는 여러 부족이 뒤섞여 살았을 것이고 여러 언어를 사용했을 것이다. 그중 어떤 집단이 지배층을 형성하고 문화적 삶을 주도했는지는 전혀 알려지지 않았다. 그러나 테오티우아칸의 건축술과 예술 양식이 이웃 문화에 영향을 주었다는 점은 분명하다.^(Berrin / Pasztory 1993) 그러한 영향은 토토낙족과 연결되는데, 이들이 테오티우아칸에 살았다는 사실은 언어 속 흔적으로도 확인된다.^(Kaufman 2001) 테오티우아칸의 건축가와 예술가뿐 아니라 도시에서 활동한 수공업자도 중앙아메리카의 다른 지역에서 명성을 얻었다. 기술적 완성도가 높은 흑요석 도구는 대부분 그곳에서 들여왔기 때문이다.

멕시코 중앙고원에는 기원전 3세기부터 규모가 큰 취락지가 형성되기 시작했고, 테오티우아칸도 마찬가지였다. 가장 잘 알려진 취락지는 텍스코코 호수 남쪽에 자리 잡은 쿠이쿠일코였다. 이곳 주민들은 시틀레 화산의 분출 때문에 테오티우아칸 계곡으로 도피했을 것으로 추정된다. 테오티우아칸의 가장 중요한 기념비적 건축물들은 기원후 250년까지 세워졌다. 주민들은 아파트나 콘도처럼 생긴 여러 층으로 된 건물에서 씨족 집단으로 생활했고,^(Manzanilla 1993) 종족이 다른 여러 집단이 각각

■　　Otomi. 멕시코 중앙고원에 사는 아메리카 원주민 부족.
■■　Totonac. 멕시코 동부 해안과 내륙 산간 지역에 퍼져 살았던 종족으로 멕시코의 고대 문명인 테오티우아칸과 엘타힌을 건설한 것으로 추정된다. 15세기 중반부터 아스테카 왕국에 정복되었고, 거기서 벗어나려고 에스파냐의 아즈텍족 정복을 지지했다.

구역을 나누어 살았다. 도시를 둘러싼 습지에는 운하를 건설했고, 주변 지역에서 들어오는 식량도 이 운하를 통해서 도시로 운반했다.

테오티우아칸에서 가장 큰 건축물인 태양의 피라미드는 기원후 200년 무렵에 완성되었다. 높이는 72미터이고 측면부의 경사각은 32도이며 세계에서 셋째로 큰 피라미드다. 이 계단식 피라미드는 한 변의 길이가 224미터이고, 총 1억 1840만 세제곱미터의 네모돌로 지어졌다. 피라미드 전체에 스투코***를 바르고 강렬한 색채로 그림을 그렸다. 그림은 단편적으로만 남아 있지만 그림의 모티프인 별, 재규어의 머리와 발톱, 방울뱀 등을 알아볼 수는 있다. 피라미드의 가장 높은 지점에는 제단이 설치돼 있다. 그러나 날씨의 영향과 파괴 행위로 심하게 부서진 상태라 이 피라미드가 어느 신에게 바쳐졌는지 알 만한 단서는 전혀 찾을 수 없다. 피라미드의 모퉁이에서는 어린아이의 무덤들이 발굴되었다. 따라서 이 건축물의 봉헌식에 아이를 제물로 바치는 의식도 포함되었을 것으로 본다.

피라미드는 빈 공간 위에 세워졌는데, 학자들은 그곳을 거대한 용암 바위 안에 있는 천연 동굴로 여겼다. 그러나 근래에는 무덤방으로 이용하기 위해서 사람들이 설치한 곳으로 가정한다. 그 안에 무엇이 있었는지는 모르지만 값비싼 물건은 약탈자의 손으로 넘어갔을 것이다. 이런 지하 동굴은 아즈텍족의 전통 신화에서 중요한 역할을 한다. 나우아족:::

*** stucco. 건축물의 벽면이나 기둥, 천장 등을 바르는 미장 재료.
::: Nahua. 멕시코 원주민 가운데 최대 부족으로, 멕시코 중앙고원을 중심으로 거주하며 나우아틀어를 사용한다. 과거에는 수렵 생활을 했지만 지금은 주로 옥수수 농사를 지으며 살아간다.

전설에서는 치코모스톡(사람들이 생겨난 곳)이라고 불린다. 피라미드 내부와 주변에서 발견된 유물은 매우 적다. 그중에는 흑요석으로 만든 화살촉과 인간을 묘사한 작은 조각상이 있다.

피라미드의 위치는 1년 중 두 날짜의 일몰 지점에 맞춰져 있다. 종교력에서 1년 주기의 시작과 끝을 나타내는 8월 12일과 4월 29일이다. 마야에는 260일과 365일, 5125년 주기로 시간을 나누는 여러 가지 달력이 있었다. 8월 12일은 순환 주기가 가장 긴 장주기력에서 첫째 날에 해당하며, 현재 우리가 사는 시대의 시작을 나타낸다. 피라미드의 위치에서는 농경 달력(파종일과 수확일) 및 종교적 축제일과 관련된 또 다른 천문학적 특징도 드러난다.(Sprajc 2000)

테오티우아칸 사회에서 숭배된 신 중에는 총 여덟 명이 확인되었으며, 그중 한 신에게 최고신의 역할이 부여되었다. 이는 1940년대에 발견된 벽화를 통해서 드러난 사실로, 벽화는 테오티우아칸에서 당시의 지배층이 살았던 구역인 테판티틀라에서 발견되었다. 학자들은 처음에 콜럼버스 이전 시대에 비와 전쟁의 신이었던 틀랄록을 최고신으로 보았다. 그러나 1970년대에 들면서 그 주장이 철회되었는데, 최고신을 나타내는 특수한 상징물이 여성 신을 가리켰기 때문이다. 그 뒤로는 '테오티우아칸의 위대한 여신'이 이 도시의 판테온에서 최고신으로 여겨진다.(Pasztory 1976, Miller 1973)

위대한 여신의 상징물은 코걸이, 녹색의 새(부엉이), 거미, 무성한 깃털로 장식된 왕관이다. 거미가 신의 상징으로 등장하는 경우는 콜럼버스 이전의 다른 문화에서도 발견된다. 예를 들어 북아메리카 모뉴먼트 밸리(애리조나주)에 거주하던 나바호족의 '거미 여신'은 '테오티우아칸의 거미 여인'과 상당히 비슷하다. 몇몇 그림에서는 여신이 나비가 날아드는 식물의 줄기를 손에 들고 있다. 깃털 장식 왕관에서는 '세계수'世界樹로 해석되는 나무 한 그루가 솟아 있다.(Headrick 2007) 전체적인 모습이 식물과 풍요의 여신을 나타내며 아즈텍 신화에 나오는 호치케찰 여신의 선구자로 해석된다. 이 여신의 모습은 벽화와 조각상으로도 수없이 묘사되었고,(Pasztory 1992) 달의 피라미드 발치에는 여신의 거대한 입상이 서 있었다. 위대한 여신은 테오티우아칸의 국가 제례에서 중심적인 역할을 했음이 분명하고, 그 밖에 다른 신들은 씨족 집단 내에서 수호신 역할을 했다.(Manzanilla 1993: 98)

테오티우아칸처럼 상당한 수준의 기술과 풍부한 종교적 상징을 가진 문명에서는 보통 특수한 기호 체계도 발전했다. 테오티우아칸에서는 숫자를 표시하기 위한 기호 체계가 사용되었고, 각 숫자의 가치는 선과 점으로 표시되었다. 그러나 숫자 기호는 상당히 제한적이었고 종교력에서 사용하는 날짜 표시하고만 연계되었을 가능성이 있다. 그 밖에도 표어문자(또는 단어문자)의 원칙에 따라 개별적인 기호가 전체 말뜻을 나타내는 문자 체계가 사용되었다.

이러한 기호문자는 모든 초기 문자 체계의 시작 단계를 특징적으로 나타낸다(도나우 문자, 올메카* 상형문자, 고대 중국의 갑골문자, 고대 수메르의 그림문자, 고대 이집트의 왕조 이전 시기 상형문자). 테오티우아칸에는 두 범주의 기호문자가 있었다. 하나는 지역 문화의 전형적인 특징을 보이고 그곳

■ Olmeca. 기원전 1200년경 멕시코만 연안 열대림 지역에서 발전한 중앙아메리카 최초의 문명으로, 이후 중앙아메리카 문명의 모태가 된다. 도시를 건설하고 종교 의식을 위한 피라미드형 사원을 세웠으며 달력과 문자를 사용했다.

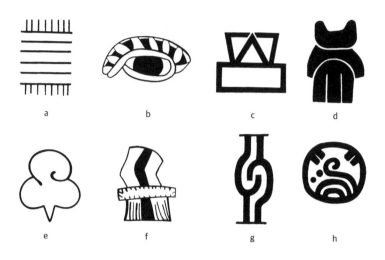

테오티우아칸에서만 사용된 문양

에서만 사용되는 기호이고, 다른 하나는 콜럼버스 이전 시기의 다른 문자 체계에서도 발견되는 기호다.

　테오티우아칸 문자는 일직선적으로 사용되지 않았다. 다시 말해서 개별적인 기호가 여러 문자의 선후 관계 속에서 나란히 배치되는 것이 아니라 자유롭게 놓였다. 벽화에서는 개별적인 기호 주변에 배치된 중심적인 그림 모티프가 자주 발견된다. 깃털 왕관을 쓴 위대한 여신 형상의 양면에는 자유롭게 배치된 문자가 모여 있다. 이러한 형태는 표어문자 원칙의 문자 체계가 있는 다른 문화에서도 알려져 있다. 예를 들면 고대 수메르의 표어문자나 이집트의 왕조 이전 시기에 만들어진 화병 새김글에서도 볼 수 있다.

테오티우아칸에서는 문자의 사회적 기능이 콜럼버스 이전 아메리카 대륙의 다른 문자 문명과는 달랐다. 테오티우아칸에는 마야 문명이나 아즈텍 문명과 달리 통치자에 대한 숭배가 없었던 것으로 보인다. 두 문명에서 기념비에 새겨진 글은 통치자 개인에게 집중돼 있었다. 테오티우아칸에도 왕을 나타내는 기호는 있었지만 그 의미가 마야 문헌에서처럼 중요하지는 않았다. 테오티우아칸 사회에는 개별 왕의 숭배 대신 일반적인 조상 숭배가 널리 퍼져 있었다. '죽은 자의 길'을 따라 들어선 태양의 피라미드, 달의 피라미드, 깃털 달린 뱀 신전과 제단이 있는 다른 건물들 모두 조상을 숭배하는 장소였을 것으로 보인다. 사람이 죽으면 집의 토대 아래쪽에 묻었다. "담장 아래 시신을 묻는다는 것은 뿌리 깊은 조상 숭배의 증거다."(Headrick 2007: 44)

테오티우아칸의 통치자는 영토 확장 정책을 펼쳤다. 그로 인해 이 도시국가는 멕시코 고원에서 부상하는 다른 지역 국가들과 끊임없는 군사적 갈등에 휘말렸다. 마야의 문헌에 언급된 내용에 따르면 테오티우아칸 군대는 티칼과 페텐 같은 마야의 도시를 정복했다. 때로는 테오티우아칸이 카카스틀라나 촐룰라 같은 고원 도시를 통제했고, 다른 도시들은 봉신으로서 테오티우아칸의 통치권 아래로 들어갔다(예를 들어 코판, 옥스킨톡스, 왁삭툰).

테오티우아칸은 6세기 중반 무렵에 강한 타격을 입었던 것으로 보인다. 아마 봉신 도시들이 테오티우아칸의 통치권에 반기를 들고 연대해 무장 투쟁을 벌였을 것이다. 테오티우아칸은 점령되었고 공공건물에 약탈과 방화가 자행되었다. 외부 세력의 침입은 배제되는데, 고고학적 조사 결과나 외부의 문자 기록에서도 그 점을 확인할 수 있는 증거가 전혀

태양의 피라미드의 한 부속 건물에서 나온 패널의 단면

없기 때문이다. 또 다른 가설에서는 특정 집단을 사회 지도층으로 선호하고 국정 운영에서 우대했기 때문에 각 종족 사이에 사회적 긴장 관계가 불거졌다고 본다. 그로 인한 사회적 봉기로 도시가 파괴되었을 수 있다는 것이다.

이후 무너진 건물은 복구되었고 도시의 삶은 다시 정상화된 것으로 보인다. 소규모 건축 활동과 제례 의식은 8세기까지도 이어졌다. 그 뒤로 테오티우아칸 주변은 아주 고요해졌다. 그러나 기호 체계(숫자 표시와 기호문자)의 전통만은 테오티우아칸 문화의 영향을 받은 카카스틀라와 소치칼코 같은 곳에서 계속 이어졌다. 그 영향은 거기서부터 톨텍 문명*과

▪   Toltec culture. 10~12세기에 톨텍인이 이룬 고대 멕시코 문명으로, 상형문자와 달력을 사용했고 석조 건축술이 뛰어났다. 13세기경 아스테카 왕국에 의해 정복되었다.

아즈텍 문명에도 간접적으로 흔적을 남겼다.^(Langley 1993: 137)

수백 년 뒤 아즈텍족이 황량한 유령 도시로 변한 테오티우아칸에 들어왔다. 아즈텍족의 기원 신화에서는 테오티우아칸이 특별한 지위를 차지하는데, 아즈텍족 스스로 테오티우아칸 사람들을 자신들의 선조로 여기기 때문이다. 그러나 문화사적으로나 민속학적으로나 그 점을 확인할 방법은 없다. 다만 아즈텍족의 신화와 예술 양식 속에 테오티우아칸의 몇몇 문화유산이 보존되어 있다는 사실만은 분명하다.^(Matos Moctezuma / López Luján 1993)

19

조인鳥人 숭배와 바닷가의 거석 증거물

이스터섬의 사라진 문화

800년 ~ 1500년

지구상에서 남태평양의 작은 이스터Easter섬처럼 외진 곳은 드물 것이다. 정치적으로나 영토상으로는 칠레에 속하지만 남아메리카 해안에서 3500킬로미터가량 떨어져 있다. 폴리네시아의 섬들 가운데 이스터섬과 가장 가까운 마르키즈 제도는 북서쪽으로 약 3200킬로미터 위치에 있다. 사람이 사는 가장 가까운 핏케언섬은 서쪽으로 약 2100킬로미터 지점이다.

그런데 이스터섬은 부활절과 무슨 관계가 있을까? 네덜란드의 탐험가 야코프 로헤베인 선장은 1722년 부활절 월요일에 이 섬을 발견했다.

그래서 네덜란드어로 부활절이라는 뜻을 지닌 파스섬Paasch Eiland이라고 명명했고, 이 네덜란드어 이름이 다른 언어로 번역된 것이다. 가령 독일어로는 오스터인젤Osterinsel, 에스파냐어로는 이슬라데파스쿠아Isla de Pascua, 영어로는 이스터아일랜드Easter Island, 핀란드어로는 패시애이사리Pääsiäissaari 등이다.

남아메리카의 에스파냐 식민지 관청은 수십 년 뒤에야 이스터섬 발견에 반응을 보였고, 이스터섬은 1770년 페루 총독의 대리인 돈 펠리페 곤살레스 선장에 의해 에스파냐 왕국의 소유가 되었다. 1774년에는 제임스 쿡이 게오르크 포르스터와 함께 이스터섬을 찾았다. 포르스터는 1778년 베를린에서 출간된 저서 『세계 여행기』 제1권에서 이스터섬 주민과의 만남에 대해 기술했다. 그의 저서에는 그곳 사람들의 세계에서 받은 인상도 발견된다. 포르스터는 당시 그곳 주민 수가 700명을 넘지 않을 것이라고 판단했다. 그런데 성 비율이 극단적인 불균형을 보여서 여성의 수가 약 30명뿐이라고 했다. 포르스터의 이러한 보고는 그보다 몇 년 전 그곳을 찾았던 곤살레스의 관찰과도 일치한다.

그런 불균형은 어떻게 설명될까? 그 섬에서는 무슨 일이 일어났고 섬 주민은 어떤 문제로 씨름해야 했을까? 오늘날까지도 이스터섬 이야기는 신비스러운 분위기에 싸여 있고 지난 수백 년 동안 외부인에게는 단편적으로만 알려졌다. 또한 분명하게 대답하기 어려운 의문도 여전히 많다. 그 이유 중 하나가 이스터섬에 살았던 지역 성직자들과 문자를 아는 사람들이 수집한 과거의 지식이 사라진 것인데, 그런 지식을 가진 사람들이 살해되었거나 노예로 팔려갔기 때문이다. 가능한 한에서 재구성된 이스터섬 이야기는 많은 점에서 상당히 이국적이라는 인상을 준다. 그러나 다른 한편으로는 고립된 상황 때문에, 고립되지 않은 다른 사회의 발전 과정에서 나타나는 많은 특징이 본보기적으로 발견되기도 한다. 예를 들어 공동체 생활에서의 대립과 사회적 조화, 호전적 대결에서의 무자비함을 엿볼 수 있다.

이스터섬에 첫 이주자가 들어간 시기에 대해서는 오랫동안 논란이 분분했다. 예전에는 서기 300년 무렵일 것이라고 가정했지만 그것을 뒷받침할 만한 고고학적 발굴은 이루어지지 않았다. 오늘날에는 첫 이주 시기를 700년에서 1100년 사이로 본다. 인간의 활동을 보여주는 가장 오래된 흔적은 섬의 남서쪽에 위치한 타하이와 비나푸에서 발견되었다. 의식이 거행되던 이들 중심지는 700년 무렵에 세워졌다. 노르웨이의 인류학자이자 탐험가인 토르 헤위에르달은 남아메리카 대륙 원주민이 이스터섬을 발견하고 이주했다고 주장했지만 그의 가설은 반박되기 쉽다. 이스터섬 주민은 유전학적, 문화적, 언어적으로 폴리네시아˙와 연결되어 있기 때문이다. 이스터섬은 북서쪽(아마도 마르키즈 제도 지역)에서 온 폴리네시아인의 마지막 이주로 사람이 사는 곳이 되었다. 당시 아우트리거 카누˙˙를 타고 섬에 도착한 이주자 수는 100~400명으로 추정된다.

폴리네시아의 새 이주민은 섬에 라파누이(평평한 고원)라는 이름을 붙였고, 그것은 섬의 자연 환경을 정확하게 표현한 이름이다. 섬의 북동

˙ Polynesia. '많은 섬'이라는 뜻으로 태평양 중동부의 넓은 삼각형 지대에 흩어져 있는 1000개 이상 섬의 집단을 총칭한다. 하와이 제도, 뉴질랜드, 이스터섬을 잇는 삼각형 안의 섬들이다.

˙˙ Outrigger Canoe. 선체 외부에 선체와 평행을 이루는 나무 구조물을 연결해 균형과 안정성을 높인 배.

쪽에는 507미터 높이의 사화산인 테레바카 분화구가 솟아 있고 나머지 지역은 평평하다. 섬에는 또 다른 이름도 있다. '배꼽, 세상의 중심'이라는 뜻의 테피토오테헤누아다. 이 이름은 폴리네시아인을 이끌고 이스터섬에 도착한 전설적인 왕 호투 마투아가 붙였다고 한다. 섬에 머물러 살면서 여기서부터는 더 이상 탐색을 나가지 않은 사람들의 방향 감각과 세계관으로 볼 때는 이곳이 그들 세상의 배꼽이었다.

다른 해안이나 섬과의 거리가 상당히 멀었기 때문에 이스터섬으로의 이주는 단 한 번뿐이었고, 그 뒤로 폴리네시아 제도의 다른 집단과의 접촉은 끊어졌다. 섬의 지리적 고립은 거기 사는 사람들의 문화적, 언어적 고립도 초래했다. 이스터섬 원주민이 사용하는 라파누이어는 폴리네시아어 계열로,(Du Feu 1996, Kieviet 2017) 타히티어, 하와이어 등과 함께 동부 폴리네시아어 계열로 분류된다. 오늘날의 이스터섬 주민은 두 언어를 사용하거나(라파누이어와 제2언어로 에스파냐어) 에스파냐어만 사용한다.(Makihara 2005)

이스터섬의 상징은 현무암으로 만든 거대한 석상이다. 사람과 비슷한 모습에 모자(푸카오) 형태의 커다란 돌이 얹혀져 있다. 섬 전체에 흩어져 있는 석상의 개수는 약 880개다. 이 석상은 모아이로 불리며, 구전에 따르면 조상의 정령을 상징적으로 나타낸다. 모아이가 세워져 있는 돌기단을 아후라고 하는데 제단이라는 뜻이다. 모아이는 마을 근처 해변에 바다를 등지고 얼굴은 마을을 향한 채로 줄지어 세워져 있다. 죽은 조상이 살아 있는 사람들의 세계에 영원히 함께한다는 표시로서 말이다.

대부분의 모아이는 서로 경쟁하던 씨족 간 다툼 속에서 이미 오래전에 파괴되었다. 나중에는 이교도의 우상 숭배를 근절하려던 칠레의

이스터섬 남동쪽 항가누이 해변 아후통가리키의 모아이 석상

사제도 석상 파괴에 참여했다. 섬의 몇 군데에 지역 문화유산의 기념물로서 모아이가 다시 세워졌다.

모아이는 거대한 규모를 자랑한다. 큰 석상은 높이 약 4미터에 지름이 1.5미터(밑면 쪽)이고 무게는 50톤에 달한다. 표현 양식은 폴리네시아 제도의 다른 지역 문화와 뚜렷한 유사성을 보이지만 이스터섬의 석상이 훨씬 크고 무겁다. 지금까지 세워졌던 모아이 중 가장 큰 것은 높이 10미터에 무게는 약 80톤이었다.^(Charola 1997) 모아이의 재료는 섬 동쪽의 화산 기슭에 있는 라노라라쿠 채석장에서 가져왔다. 여기서 모아이의 형태가 가공되었는데 지금도 완성이 덜 된 채 누워 있는 모아이가 있다. 그중 가장 큰 것은 길이가 22미터이며, 기슭에서 분리했다면 무게는 약 250톤에 달했을 것이다.

거대한 모아이를 섬 동쪽 채석장에서 현재 세워져 있는 곳까지 어떤 방법으로 운반했을지 수많은 논의가 벌어졌다. 어떤 곳은 겨우 수백 미터 정도 떨어져 있지만 다른 곳은 수 킬로미터 떨어져 있었다. 학자들은 오랫동안 모아이를 수평으로 눕혀 굴리는 방식으로 정해진 장소로 옮겼다고 보았다. 이를 위해서는 수많은 야자수를 벌채해야 했을 텐데, 이 섬에서 석상을 굴릴 수 있을 만큼 굵은 나무는 야자수가 유일했기 때문이다. 대안으로는 일종의 나무 썰매를 이용한 운반 방식도 논의되었다. 그런 썰매는 Y자 형태로 만들어졌을 것이고 석상을 그 위에 놓고 끌었을 것이다.

학자들은 모아이가 정해진 장소에 세워진 방법을 놓고도 오랫동안 해답을 찾지 못했다. 한 연구 팀과 함께 눕힌 상태의 현무암 덩어리를 세우기 위해 여러 기술적 방법을 실험한 토르 헤위에르달의 시도는 장관이었다. 먼저 십자형 기둥으로 받친 단순한 기중기를 이용해 모아이를 살짝 들어 올린 다음 그 아래쪽에 돌을 쌓았다. 같은 방법을 여러 번 반복하는 동안 모아이는 점점 더 비스듬한 위치로 세워지다가 결국에는 수직으로 세워졌다.

다만 여기서 논의되고 실험된 이 모든 가능성은 순전히 가설일 뿐이며, 섬 주민에게 전해지는 이야기에는 실제로 사용된 방법을 알아낼 만한 단서가 전혀 없다. 문화적 기억은 그에 대한 정보를 제공하고 있지만 모호하고 불분명해서 그 수수께끼부터 풀어야 한다. 모아이를 둘러싼 전설에는 영혼이 깃든 석상 스스로 똑바로 서서 정해진 장소로 움직였다는 내용이 나온다. 민족지학자와 고고학자들은 그것을 상상력으로 만들어낸 현실성 없는 묘사로 여겼다. 그러다가 몇 년 전 고고학자 테리 헌트와 칼 리포가 그 내용을 실제 기술로 재현하는 실험에 착수했다. 그리고 석상을 굴리거나 썰매를 이용하는 것과는 전혀 다른 방법을 보여주는 실험이 진행되었다.

실험에서는 우선 모조 석상 하나를 평평한 곳에 세웠다. 그러고는 잘 훈련된 운반 팀을 석상의 앞뒤와 양쪽에 배치했다. 석상의 머리에는 밧줄을 묶었고, 운반 팀이 그 밧줄을 단단히 붙잡았다. 그런 다음 양쪽에 배치된 사람들이 모아이를 교대로 끌어당김으로써 좌우로 흔들거리는 리듬을 만들어냈다. 이때 앞뒤에 배치된 사람들의 임무는 그때마다 모아이를 수직으로 지탱하며 균형을 잡는 것이었다. 모아이가 세워져 있는 받침대 밑은 예리하게 각이 져 있지 않고 둥그스름한 형태였다. 이렇게 밧줄을 끌면 모아이가 가볍게 흔들거리는 동작에 의해서 시각적으로 스스로 움직이는 것 같은 인상이 생긴다. 실험에서는 신격화된 조상aringa ora ata tepuna의 영혼으로 여겨지는 모아이가 이 기술에 의해 정말로 조금씩 앞으로 움직일 수 있다는 것을 증명했다.(Bloch 2012) 모아이는 이런 식으로 글자 그대로 '걸어 다니는 영혼'이 되었다.

모아이를 운반하고 정해진 자리에 세울 때 어쩌면 여기서 언급된 모든 방법이 동원되었을 수도 있다. 굴리거나 썰매를 이용해 채석장 기슭에서 평지로 운반한 다음 목표 지점까지는 '걸어 다니는 영혼'의 인상을 주는 방법으로 운반했을 것이고, 정해진 장소에 당도해서는 십자형 기둥으로 받친 기중기와 돌을 쌓아 받치는 방식으로 모아이를 세웠을 것이다. 기술적으로 보았을 때는 굴리거나 썰매를 이용한 운반이 더 쉬운 방법이었을 테지만 종교적인 이유에서 영혼 이동의 상징이 실행되었을 수도 있다. 다양한 기술적 도구의 사용과 막대한 노동력만 보아도 조상 숭배가 이스터섬 주민의 삶에서 매우 중요한 위치를 차지했다는 사실을 알 수 있다.

각 씨족은 조상의 영혼에 대해 서로 다른 생각을 갖고 있었다. 당시 이스터섬에는 지역 연합으로 조직된 열 개의 씨족이 있었을 것으로 보인다. 이들은 서쪽 씨족 연합(코 투Ko Tu'u)과 동쪽 씨족 연합(호투 이티Hotu Iti)이라는 두 개의 주요 집단을 형성했다. 섬 중심에 위치한 모투누이 산 기슭의 특정한 동굴 주변 지역이 두 집단의 경계 지대였다. 모아이 문화의 전성기에는 이스터섬 취락지에 7000명에서 1만 명이 살았다. 섬에서는 수백 년 동안 바위를 깎아서 모아이를 만들었고 '걸어 다니는 영혼'을 정해진 장소로 옮겼다. 이 전통은 17세기 초 최고조에 달했다가 곧바로 수그러들었다. 모아이 문화는 외부 집단의 영향 없이 섬 주민에 의해 포기되었다.

처음 이스터섬에 들어온 이주민은 고향 마르키즈 제도에서 중요한 식물 종도 함께 가져왔다. 폴리네시아 사람들이 오래전부터 익숙하고, 원예와 단순한 농경에 사용했던 다음의 식물이었다. 여러 가지 고구마 종(라파누이어 이름: 쿠마라kumara / 식물학 학명: 이포모이아 바타타스Ipomoea batatas), 토란(타로taro / 콜로카시아 에스쿨렌타Colocasia esculenta), 여러 가지 마 종류(우히uhi / 디오스코리아Dioscorea sp.), 조롱박(카하kaha / 라게나리아 시케라리아Lagenaria siceraria), 바나나(마이카maika / 무사 사피엔툼Musa sapientum), 사탕수수(토아toa / 사카룸 오피키나룸Saccarum officinarum), 강황(푸아pua / 쿠르쿠마 롱가Curcuma longa), 비누 같은 시럽을 만드는 열매가 달리는 나무(마리쿠루marikuru / 사핀두스 사포나리아Sapindus saponaria).

이주민들은 동물 중에서는 특히 폴리네시아 닭을 가져왔다. 그러나 화물 속에 몰래 숨어 있다가 아우트리거 카누에 실려 함께 들어온 불청객도 있었다. 바로 폴리네시아 쥐였다. 이스터섬에는 쥐의 천적이 없었다. 그래서 그 수가 폭발적으로 증가하면서 곧 섬의 심각한 골칫거리가 되었다. 쥐는 이주민이 심은 채소와 유용 식물의 열매를 갉아먹었을 뿐만 아니라 야자수의 씨앗까지 먹어치웠다. 이는 장기적으로는 나무 부족 상태를 야기했다.

유용한 나무가 부족해진 이유는 섬 주민의 생활과도 밀접한 관계가 있다. 모아이를 산기슭의 채석장에서 평지로 운반하기 위해서는 굴리는 방식이든 썰매를 이용하든 많은 나무가 필요했다. 또 다른 요인은 이들의 장례 풍습이었다. 보통은 화장이 행해졌으며, 거기에는 많은 땔감이 필요했다. "이스터섬의 화장터에는 불에 탄 시신 수천 구의 유골과 불에 탄 뼈의 재가 상당량 남아 있는데, 이는 화장 목적으로 상당한 에너지가

소모되었다는 점을 함축적으로 보여준다."(Diamond 2005: 106)

그러나 모아이 문화가 몰락한 결정적 이유는 1650년 무렵 시작된, 소빙하기로 불린 급격한 기후 변화였을 것이다. 그것은 전 지구적인 현상이었지만, 이스터섬은 지리적으로 고립된 상태와 대안 경제 형태의 부족 때문에 그 충격이 훨씬 더 강했을 것이다. 기후 변화는 라파누이 사회에도 심각한 파장을 불러왔을 것이다. 유용 식물 재배는 현저하게 줄어들었고 생필품 공급은 점점 빠듯해졌다. 각 씨족은 점점 더 날카롭게 서로 경쟁하기 시작했고, 족장은 상속된 권위를 잃었으며, 섬 주민의 언어로 마타토아matatoa로 불리는 군부 지도자가 등장했다. "마타토아의 지위는 사회적 신분이 높은 남성에 의해 독점되었고, 이들의 무자비함은 여러 이야기 속에 묘사되었다."(Lee 1992: 14)

씨족들은 패권과 농경지에 대한 통제권을 장악하기 위한 치명적인 전쟁으로 얽혀 들어갔고, 그 결과 전체 주민 집단 수가 감소했다. 언제부터인가 섬 주민은 이런 전쟁의 자멸적인 결과를 깨달았고, 새로운 질서를 도입했다. 매년 봄 평화로운 경쟁에 바탕을 둔 하나의 의식을 치렀다. 각 씨족은 대표 한 명씩을 시합에 내보냈다. 시합에서 승리한 씨족은 다음 시합이 열릴 때까지 나머지 씨족에 대한 정치적 지배권을 맡았다. 이러한 선택 방법과 거기서 파생된 권력 수행의 제도화는 일종의 '대통령제 원칙'이라고 할 수 있다. 18세기에 가톨릭 신부들이 이스터 섬에 처음 들어왔을 때 씨족들 사이에서는 이런 형태의 권력 분배가 일반적이었다.

의식에 따라 치러지는 경쟁에서 승리한 사람은 그해의 조인鳥人 탕가타 마누로 뽑혔고, 1년 동안 창조신 마케마케를 지상에서 대변하는 상징적 역할을 맡았다. 모든 후보자는 신체적으로 잘 단련된 상태여야

했고, 시합은 엄격한 규칙에 따라 거행되었다. 참가자들은 섬 남쪽에 있는 높은 낭떠러지에서 바다로 뛰어내려 강한 물살을 헤치고 상어와 싸우며 헤엄쳐 나아가 이스터섬 앞에 돌출해 있는 암초 섬으로 가야 했다. 그런 다음 그곳에 둥지를 튼 새의 알을 하나 찾아 안전하게 이스터섬 해변으로 가져와 거기서부터 다시 가파른 절벽을 기어 올라가야 했다. 온전한 새의 알을 들고 가장 먼저 도착하는 사람이 승리자였다.

섬의 남쪽 끝 라노카우 화산과 가까운 오롱고 주변에 바위가 많은 지역에서 조인과 다산의 상징(예를 들어 여성의 생식기)을 묘사한 그림이 다수 발견되었다. 19세기에 가톨릭 사제들은 조인 숭배를 철폐하려고 애를 썼다. 그 전통은 가톨릭교회의 가치관으로 볼 때 더 오래된 모아이 숭배와 마찬가지로 이교적이었기 때문이다. 그러나 섬 주민 사이에서는 독창적인 혼합주의가 발전했고, 원주민의 문화적 뿌리는 사라지지 않았다. 항가로아 교회에서도 그것을 관찰할 수 있다. 이 교회의 제단에는 폴리네시아인 외모의 성모 마리아와 고귀한 신분의 표시로서 폴리네시아 깃털 왕관을 쓴 아기 예수의 성상이 있다.

교회 입구 근처에는 지금까지 성인으로 추앙받고 있는 실물 크기의 조인 입상이 세워져 있다. 이스터섬에서는 1975년부터 타파티라고 불리는 축제가 매년 열린다. 주민들은 이 축제에서 자신들의 전통 문화를 마음껏 즐긴다.

이스터섬 주민은 자신들의 문화를 보존하기 위해서 매우 독자적인 길을 걸었다. 오래전에는 전통 사제들이 중요한 사건을 그 지역 문자로 기록했다. 롱고롱고라고 불리는 문자는 나무 판에 새겨졌다. 이스터섬 문자는 한 문자가 전체 단어를 나타내는 단어문자 원칙으로 이루어졌

항가로아 교회의 혼합주의적 성상 조각.
깃털 왕관을 쓴 아기 예수와 성모 마리아

다. 여기서는 하나의 기호가 하나의 단어에 해당하며, 이때 라파누이어의 단어는 소리가 아니라 그 의미에 따라서 기록되었다. 롱고롱고 목판은 조상의 영혼과 소통하기 위한 용도로 만들어진 것으로 보이며, 그 밖에 지역 씨족의 역사와 관련된 정보도 포함되어 있다. 가톨릭 신부들이 이교도의 유산을 파괴하기 시작하면서 롱고롱고 문헌도 다수 사라졌다. 섬 주민은 수많은 동굴에 이 목판들을 숨겨놓았다.

옛 문자를 아는 원주민 사제도 섬의 다른 주민과 똑같은 운명을 겪었다. 1862년 노동력이 있는 주민은 모두 페루로 끌려갔다. 당시 이스터섬에는 약 4500명이 살고 있었다. 국외로 끌려간 섬 주민은 그곳 광산에서 노예로 일하며 근근이 살았다. 그들 중 많은 사람이 영양실조와 질병으로 죽어갔다. 마지막 섬 주민은 1870년대에 섬으로 돌아올 수 있었지만 귀향한 많은 사람이 천연두 발병으로 목숨을 잃었다. 얼마 지나지 않아 문자를 아는 마지막 사람들마저 죽었고, 그로써 롱고롱고 문자를 아는 사람은 더 이상 아무도 남지 않았다. 현대에 이르러야 수수께끼 같은 그 문자를 해독하게 되었다.(Fischer 1997)

지역 노동력의 착취는 이스터섬 자체에서도 계속되었다. 1860년대 말에 프랑스인 뒤트루 보르니에가 양 목장을 지으면서였다. 섬 주민들의 상태가 너무나 암담해서 이스터섬에서 활동하던 몇몇 선교사가 1871년 많은 원주민을 데리고 타히티로 도주할 정도였다. 당시 섬에 남은 사람은 겨우 111명뿐이었다. 1880년부터는 섬의 사회적 조건이 다시 정상화되었고 그때부터 지역 주민 수도 증가하기 시작했다. 현재 이스터섬에는 3800명이 살고 있으며 약 60퍼센트가 원주민의 후손이다. 섬 주민의 약 300명은 타히티와 아메리카 대륙(칠레와 미국)에서 생활한다.

20

악숨과 사바의 여왕

사하라 사막 남쪽의 기독교인과 유대인

100년 ~ 940년

에리트레아와 마주하고 있는 에티오피아의 북쪽 국경 지역에는 이국적인 분위기의 화강암 기둥들이 서 있는 유적지가 있다. 온갖 전설에 둘러싸인 고대 도시 악숨Aksum이다. 이곳에는 오래된 문화의 말없는 증인들이 우뚝 솟아 있는데, 에티오피아어로는 하웰트 또는 하웰티라고 부르는 비석이다. 그중 가장 큰 비석은 33미터 높이에 무게는 520톤에 달한다. 이른바 '악숨의 오벨리스크'로 불리는 비석은 높이 25미터에 무게가 170톤이다. 악숨에는 원래 수많은 비석이 세워져 있었다. 그러나 대부분 무너지고 부서졌다. 지금 볼 수 있는 모습은 고대 악숨의 건축 유물 가운데 겨우 5퍼센트에 불과하다. 도시의 관할 구역에 있는 대부분의 폐허는 아직까지 연구되지 않은 상태이다.

악숨의 오벨리스크는 정치적 영향을 미친 고유한 이야기를 간직하고 있다. 이 거대한 비석은 1937년 이탈리아 군인에 의해 로마로 옮겨졌고, 이탈리아 군대의 승리를 보여주는 상징물로서 그곳에 세워졌다. 당시 에티오피아는 무솔리니의 파시즘이 지배하는 이탈리아에 점령된 상태였다. 유엔은 1947년 오벨리스크를 에티오피아에 되돌려주라고 결정했지만 이탈리아는 지난 수십 년 동안 반환을 계속 거부해왔다. 그러다가 2005년에야 오벨리스크를 에티오피아에 되돌려주라는 결정에 동의했다. 2008년 가을 악숨의 오벨리스크는 마침내 원래 있던 자리에 다시 세워졌다.

거대한 돌기둥은 악숨 왕국이 시작되기 수백 년 전부터 만들어졌다. 다만 기원전 제1천년기의 비석은 크기가 훨씬 작았다. 악숨의 비석에는 다채로운 그림 모티프가 풍부하게 새겨져 있다. 이 비석들의 역할은 그 웅장한 모습을 통해서 통치자나 지배 계층의 권위를 드러내는 것이었으며, 비석에 새겨진 특정한 모티프는 개별적인 인물이나 씨족을 가리켰다. 악숨은 나일강의 한 지류인 아트바라강 상류에 자리 잡았던 악숨 왕국의 옛 수도였다.

비석과 다른 폐허들은 오늘날 인구 5만 7000명이 살아가는 도시의 한 부분을 이루고 있다. 악숨의 북부 지역에 위치한 비석 공원은 1980년부터 유네스코 세계문화유산이 되었다.

부지런한 현지 가이드는 여행객을 유적지로 데려가 악숨 문화가 얼

문명은 왜 사라지는가

비석 공원에 우뚝 서 있는 악숨의 오벨리스크

마나 오래되었는지 알려주려고 애를 쓴다. 오래된 모든 것은 신화적으로 변용되었고 사바*의 여왕과 연관되었다. 여왕과 직접적으로 연결되지 않았다면 적어도 여왕의 시대와는 연관되었다. 또 여행객이 유럽에서 온 사람이면 가이드는 진기한 비교를 시작한다. 그런 식으로 들은 내용을 옮기자면, 유럽에는 아직 집이 없던 시대에 사바의 여왕은 악숨에 여러 건축물을 짓게 했다. 그중에는 여왕의 이름이 붙여진 목욕탕도 있었다. 또 유럽에는 아직 화폐가 없던 시대에 사바의 여왕은 화폐를 주조하게 했다. 여기서 언급된 내용은 구전에 토대를 둔 전통과도 들어맞는다. 사바 여왕의 이미지는 언제나 위엄과 결합된다. 이야기에서는 이 인물과 관련된 모든 것이 오래되고 존귀한 것으로 만들어진다. 오늘날의 에티오피아에서는 민족주의적인 역사 왜곡에 아무런 제한이 없는 것처럼 보인다.

물론 여왕과 관련된 모든 이야기가 터무니없는 것은 아니다. 에티오피아의 고대 문화를 전설적인 여왕의 고향인 사바와 연결하는 것 자체는 타당성이 있다. 다만 역사적 관계는 가이드가 일반적으로 설명하는 내용과는 차이가 있다.

기원전 제1천년기 무렵 이 지역에 도시를 세우고 나중에는 기독교를 받아들인 뒤 왕국까지 건설한 악숨인은 역사적 문헌에서는 하베샤(아비시니아 사람)로 불린다. 아비시니아 고원 지역에는 이미 기원전 제2천년기부터 셈족 계열의 여러 민족이 살아가고 있었다.

악숨 왕국은 고대 이집트 남쪽, 그러니까 나일강의 넷째 급류 남쪽에 연대순으로 생겨난 여러 왕국 중 하나였다. 이집트와 남쪽의 교류는

▪ Saba. 이슬람교가 탄생하기 전 아라비아 남서부에 사바인이 세운 고대 왕국.

문명은 왜 사라지는가

기원전 제3천년기부터 이루어졌으며, 이슬람인이 들어오기 전까지 누비아와 인접한 다른 지역들에서는 이집트 문화가 지속적으로 영향을 미쳤다. 한편으로는 서아시아 지역과의 사이에서, 다른 한편으로는 누비아 및 에티오피아와의 사이에서 중개자 역할을 한 이집트를 거쳐 기독교적 세계관 역시 남쪽 지역에 퍼져 있었다.

악숨 건립은 기원후 1세기로 거슬러 올라간다. 악숨은 익명의 이집트 상인이 쓴 『에리트레아 항해기』에서 처음 언급된다. 이 항해기에서는 당시 악숨을 통치하던 왕은 조스칼레스였고 그리스 문학에 정통한 인물로 묘사했다(5장, http://sourcebooks.fordham.edu/halsall/ancient/periplus.asp). 악숨의 왕에게는 '왕 중의 왕'을 뜻하는 응스 응스트ngs ngst라는 공식 칭호가 붙었다.

『에리트레아 항해기』에 따르면 악숨은 당시 이미 중요한 무역 중심지였다. 악숨인은 홍해 연안에 있는 항구 도시 두 곳을 감독했는데, 마사와 근처의 아둘리스와 에리트레아 지방의 아사브였다(『에리트레아 항해기』, 4장). 기원전 100년 무렵부터 아둘리스를 지나는 이집트와 인도 사이의 통상로가 열렸다. 악숨은 아둘리스 주변 수로와 그곳 항구를 감독했기 때문에 장거리 무역에서 이득을 얻을 수 있었다. 2세기에 이르러서는 아둘리스를 거쳐 이루어지는 물품 교류가 다른 루트를 능가했다. 3세기에는 아둘리스에서 이집트까지 이어지는 대상로가 만들어졌고, 그로써 나일강변에 있던 더 오래된 대상로들이 의미를 잃게 되었다.

이러한 악숨 왕국의 세력에 대한 소식은 3세기에 이미 아프리카 너머까지 멀리 퍼져나갔다. 그 때문에 페르시아에서 활동하던 예언자 마니(기원후 274년 사망)는 악숨을 페르시아, 로마, 중국과 함께 당시의 강대

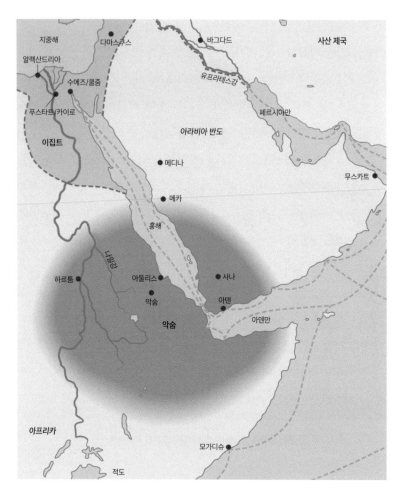

아프리카 북동부 악숨의 위치와 세력권

국으로 꼽았다고 한다. 악숨 왕국의 세력권은 인접한 왕국을 차례로 정복함으로써 지속적으로 확장되었다. 3세기에 악숨의 가장 강력한 통치자는 엔디비스왕(227년~235년 재위)이었으며, 당시에 만들어진 화폐에는 그의 초상이 새겨져 있었다. 악숨은 고대 로마 시대에 화폐 제도가 도입된 몇 안 되는 아프리카 왕국 중 한 곳이었다. 기독교를 수용한 뒤부터 악숨의 화폐는 십자가의 상징으로 장식되었다.

악숨은 5세기 초에 쿠시 왕국을 정복했고 나일강변에 위치한 쿠시 왕국의 수도 메로에를 파괴했다. 악숨의 통제를 받는 영토는 홍해 반대편까지 확장되었다. 520년 무렵에는 악숨의 왕 칼렙이 예멘으로 군대를 보내 유대교를 국교로 신봉하던 힘야르 왕국*을 정복했다. 그곳에 살던 악숨인이 소수 기독교인으로서 박해를 받았기 때문이다. 힘야르 왕국을 정복함으로써 아라비아 반도의 남쪽 지역은 악숨의 세력권에 포함되었다.

악숨인은 기독교를 수용하기 전에는 여러 신을 숭배했으며, 그 신들 중에서는 마흐렘(또는 마헤르),** 베헤르,*** 메드르,** 아스타르***가 특히 중요한 역할을 했다. 악숨의 왕권 강화와 함께 종교적 세계관의 변화도 수반되었다. 아스타르가 다른 신들을 밀어내고 주신의 역할을 차지했다. 일부 학자들은 일신교적인 새로운 방향 정립을 2~3세기에 에티오피

- Himyar. 고대 남서아라비아의 부족인 힘야르족이 오늘날의 예멘 남서부 지역에 세운 왕국으로, 기원전 1세기부터 기원후 570년까지 존속했다.
- Mahrem. 고대 에티오피아에서 신봉한 전쟁의 신.
- Beher. 고대 에티오피아에서 신봉한 바다의 신.
- medr. 또는 메데르Meder. 고대 에티오피아에서 신봉한 어둠과 땅의 신.
- Astar. 고대 에티오피아에서 신봉한 최고신인 하늘의 신으로, 메드르, 베헤르와 함께 기독교 이전 에티오피아 종교의 삼위일체를 이루었다.

아와 악숨 왕국에 퍼졌던 유대교 신앙과 연결한다. 야훼 숭배가 널리 알려진 것이 토착 신들의 세계를 새로 정립하는 데 영감을 주었을 가능성이 있다는 것이다. 에티오피아에 살던 이 초기 유대교도의 후손이 팔라샤인*이다(Beta Israel).^(Kaplan 1994)

주신 아스타르의 역할 때문에 기독교의 유일신 사상 도입은 어렵지 않았다. 기독교로의 개종은 에자나 2세(330년~356년 재위) 치하에서 이루어졌다. 이 젊은 통치자의 가정교사가 에티오피아 정교회의 창시자로 여겨지는 프루멘티우스였다. 그는 330년 무렵 알렉산드리아 교회의 추진으로 에티오피아 주교로 임명되었다. 프루멘티우스는 젊은 왕에게 강한 영향을 끼쳤고, 왕은 334년에 정식으로 기독교를 받아들였다. 악숨 교회는 보수적인 입장을 견지했고 알렉산드리아와 마찬가지로 동방정교회를 대변했다. 악숨에서는 유대교 및 기독교와 연관된 분위기 속에서 지역적인 색채가 가미된 신화가 탄생했다. 그에 따르면 사바의 여왕과 이스라엘의 솔로몬왕 사이에서 태어난 아들 메넬리크 1세는 솔로몬왕으로부터 율법의 상자를 받아 악숨으로 가져왔다. 모세의 십계명이 새겨진 돌판이 들어 있다는 성궤는 오늘날까지도 시온에 있는 마리아 교회의 한 부속 건물에 보관되어 있다고 한다.^(Hodd 2002: 859) 창문이 가려진 수수한 그 건물을 지나다보면 유대교의 가장 성스러운 유물이 그 안 어딘가에 있으리라고는 도저히 상상하기가 어렵다. 성직자만 건물 안으로 들

■   Falasha. 유대교를 믿는 에티오피아인. 그들은 자신들을 베타 이스라엘(이스라엘의 집)이라고 부르며 사바 여왕과 솔로몬왕의 아들인 메넬리크 1세의 후손이라고 주장한다. 에티오피아의 악숨 왕국이 기독교를 받아들인 뒤에도 유대교를 신봉해 박해를 받았다. 지금까지도 유대교의 전통을 고수하고 있다.

어갈 수 있고 외부인의 출입은 절대 허용되지 않는다. 그러나 에티오피아의 유대교인은 악숨에 성궤가 보관되어 있다고 철석같이 믿는다. 비록 성직자를 제외하고는 아무도 그것을 본 적이 없지만 말이다.

사바의 여왕을 둘러싼 민간 신화는 과거에 아라비아 반도 남쪽에서 에티오피아로 이주한 사바인과 밀접하게 결합돼 있다. 그러나 이들이 언제 이주했는지는 오랫동안 분명히 밝혀지지 않았다. 사바의 여왕이 이스라엘의 솔로몬왕을 만나기 위해서 향료와 보석과 금을 가지고 예루살렘을 방문했다는 『성경』 속 이야기(『구약성경』 「열왕기 상편」 10장 1~13절)는 기원전 9세기의 일로 여겨진다. 사바인의 에티오피아 이주를 이 이야기와 접목해보면 이들이 당시 여왕의 추진으로 이주했을 것이라는 인상을 받게 된다.

그러나 사바인이 실제로 이주한 시기는 그보다 훨씬 뒤인 기원전 5세기나 기원전 4세기였다. 사바인이 악숨 지역에 도착했을 때 그곳에는 이미 기원전 10세기에 성립된 다모트 왕국**이 있었다.(Munro-Hay et al. 2010) 사바 이주민은 그 땅에 머문 지 겨우 수십 년 만에 무역 식민지를 건설했거나 다모트 왕국과의 군사 연합 형태로 동맹군이 되었을 것이다.

언어 발전에서도 연대에 따른 새로운 모습이 드러난다. 악숨 왕국에서는 서로 다른 세 개의 교양어가 사용되었다. 사바어, 게즈어(고대 에티오피아어), 고대 그리스어였다. 사바어는 아라비아 반도 남쪽이 정복되기 전부터 악숨의 아프리카 핵심 지역 교양어였다. 악숨 지역에서는

**　Da'amot. 기원전 10세기경 에티오피아 북부와 오늘날의 에리트레아 지역에 세워져 악숨 왕국이 성립될 때까지 존속했다.

사바어로 된 새김글과 사바어를 위해서 특별히 만들어진 알파벳 글자가 발견되었다. 에티오피아 기독교의 성스러운 언어인 게즈어는 사바어에서 파생되지 않았고, 사바어와 유사하게 셈어의 토대 위에서 발전했다.(Hammarström et al. 2017) 마지막으로 고대 그리스어는 아람어*로 쓰인 『성경』을 번역한 가장 오래된 언어였다. '에자나의 돌'로 불리는 24미터 높이의 돌기둥에는 이 세 언어의 세 문자로 나란히 적은 비문이 새겨져 있다.

악숨이 부를 이루게 된 가장 중요한 토대는 무역이었다. 악숨은 단지 외부에서 들여오는 물품의 중요한 환적장만이 아니었다. 악숨 내에도 낙타, 상아, 코뿔소 뿔을 비롯해 금, 철, 소금 등 많은 곳에서 탐내는 물품이 풍부했다. 그러나 악숨의 주도권과 무역 독점은 7세기 무렵 소멸되었다. 7세기 초중반까지는 그래도 비잔틴 제국의 동맹(벨리사리우스의 군사 원정과 관련해)으로 악숨이 언급되었다. 그러나 중반 이후부터는 팽창하는 지역 이슬람 세력과의 대립 속에서 현저하게 영향력을 상실했다. 아둘리스 항구는 사라졌고 인도와의 무역도 중단되었다.

점점 세력이 줄어든 악숨 왕국은 정치적으로나 경제적으로 고립된 상태에 빠졌다. 중세가 지나는 동안 누비아 지역의 기독교 국가인 마쿠리아와 알로디아 주민은 이슬람교로 개종했지만 악숨인 대부분은 계속 기독교도로 남았다. 악숨의 마지막 왕은 딜 나오드(10세기)로 파악된다.

몇몇 문헌에서는 악숨이 유대교 신앙을 가진 한 여왕 때문에 궁극

▪ Aramaic languages. 서셈족에 속하는 아람인의 언어. 원래 유목민이었던 아람인이 기원전 8세기 이후 서아시아 각지에서 상업 민족으로 활동하면서 아람어가 국제 통상 용어 및 외교 용어가 되었다. 오늘날에는 시리아, 아르메니아, 메소포타미아 일부 등지에서 사용되고 있다.

적으로 멸망했다는 내용이 나온다. 10세기에 구디트(또는 요디트나 유디트) 여왕이 악숨에 있던 많은 교회를 파괴했다는 것이다. 이 여왕이 실존 인물이었는지는 밝혀지지 않았다. 다만 남쪽에서 온 한 이교도 여왕을 언급한 부분이 존재하며, 바니 알함위야라는 이름의 이 여왕이 통치한 기간은 11세기 초에 끝난다.

악숨은 11~12세기에 아가우 자그웨 왕조 치하에서 짧은 후기 전성기를 누렸다. 이 왕조의 마지막 통치자는 1270년 무렵 근대 솔로몬 왕조의 설립자인 예쿠노 암라크에게 살해되었다. 에티오피아의 마지막 왕인 하일레 셀라시도 이 솔로몬 왕조에 속했다. 암라크는 자신이 악숨의 마지막 왕 딜 나오드의 후손이라고 했다.

악숨 왕국은 비록 과거의 정치적 힘을 잃고 이전의 지배층도 해체되었지만 그것으로 악숨 문화가 완전히 사라지지는 않았다. 반대로 악숨 문화는 이어지는 문화에 오랫동안 영향을 끼쳤다. 에티오피아의 기독교 건축술이 대표적인 예다. 악숨 건축술의 한 특징은 돌을 깎아서 만든 창틀과 십자 창살이었고, 이 전통은 에티오피아의 중세 교회 건축에 이어졌다. 반지하에 자리 잡은 랄리벨라 석굴 교회의 외부 벽면에서 그 모습을 볼 수 있다.

21

요정의 굴뚝과 지하 도시들

카파도키아의 초기 기독교 공동체

1세기 ~ 11세기

열기구를 타고 터키 중심에 위치한 카파도키아Cappadocia의 드넓은 벌판 위를 둥둥 떠다니다 보면, 수천 개의 크고 작은 원뿔형 바위가 빚어내는 기묘한 풍경이 아나톨리아의 다른 지역에서 볼 수 있는 부드럽고 완만한 구릉지와는 확연히 다르다는 사실을 금방 알 수 있다. 비행 항로에서는 뾰족한 바위가 갑작스럽게 나타나곤 해서 열기구가 바위를 스치거나 부딪치기라도 할까 봐 조바심이 난다. 원뿔형 바위는 이 지역에 세상 어디서도 볼 수 없는 독특한 특징을 부여한다. 그러니 민간에서 동화 속 존재와 결합되는 것이 전혀 놀라운 일은 아니다. 민간 설화에서 이 원뿔형 바위는 '요정의 굴뚝'이라고 불린다. 실제로도 많은 바위가 상상 속 존재가 그 안에 살 것 같은 모습으로 생겼다. 원뿔형 바위는 화산재가 굳어져 만들어진 응회암으로 이루어졌으며, 오랜 시간에 걸친 침식 작용에 의해 기이한 윤곽으로 형성되었다. 카파도키아에는 "빠르게 굳는 밝은색 응회암을 다량으로 분출한 여러 개의 화산 분출 중심지"가 있었다.(Krassmann 2010: 2)

카파도키아라는 역사적 지역의 이름은 오늘날까지도 그 기원에 대한 논란이 분분하다. 카파도키아는 고대 페르시아어 형태인 하스파두야라는 이름으로 처음 등장한다. 페르시아의 다리우스 1세와 크세르크세스왕(기원전 6세기)의 비문에서다. 하스파두야는 '아름다운 말의 땅'이라는 뜻이다. 이는 기원전 제3천년기 무렵 아나톨리아 지방으로 이주한 히타이트인의 말 문화에 대한 암시일 수 있다. 이들이 이주하면서 당시그 지역에는 전혀 알려지지 않았던 말도 데려갔을 것이다. 헤로도토스의 『역사』(5권 49)에서는 그 지역 주민인 카파도키아인이 처음으로 언급된다. 또한 고대 그리스의 역사가이자 작가인 크세노폰은 기원전 402년에 쓴 대표작 『아나바시스』(4권 5. 25)에서 카파도키아의 지하 주거 시설을 처음으로 기술한다. "집은 지하에 있었고, 우물 구멍 같은 입구는 좁았지만 아래쪽은 넓었다. 수레용 가축을 위한 입구는 땅을 파서 만들었지만 사람은 사다리로 내려갔다. 집 안에는 염소, 양, 소, 가금과 그 새끼들이 있었다."

카파도키아는 기원전 제2천년기에 히타이트 제국의 핵심 지역으로서 견고한 지위를 확립했다. 그러나 기원전 1200년 무렵 해양 민족 연합이 히타이트 제국에 승리한 뒤로는 여러 세력이 경쟁하는 불안정한 접경 지역이 되었다. 이들 세력 중에서는 기독교 시대 이전 페르시아 왕국이 가장 중요한 정치 세력이었다.

알렉산드로스 대왕이 페르시아를 정복한 이후 카파도키아 지역은 페르시아 귀족 아리아라테스 1세(기원전 332년~기원전 322년 재위) 치하에서 왕국으로서 독립을 얻었다. 그러나 알렉산드로스가 죽자 그의 후계자들은 즉시 카파도키아를 차지하려고 나섰다. 아리아라테스 왕조의 모든 후계자는 인접한 아르메니아, 강대국 마케도니아, 페르가몬 왕국과의 전쟁에 휩쓸려 들어갔다. 카파도키아는 로마 제국의 권력자인 폼페이우스, 카이사르, 안토니우스, 옥타비아누스와 계속 동맹을 맺었다. 그러나 그에 따른 의무로 로마 제국에 조공을 바쳐야 했으며, 티베리우스 황제에 의해 결국 로마의 속주로 강등되었다. 동쪽의 로마 후계자인 동로마 제국(비잔틴 제국)은 오랫동안 사산 제국의 영토 확장 욕구를 막을 만큼 강력한 힘을 유지했다. 국경 지방인 카파도키아는 나중에 팽창하는 이슬람 세력의 압박에 내맡겨졌다.

카파도키아인은 분명 일찍부터 기독교 교리를 받아들였다. 『신약성경』의 「사도행전」(2장 9절)에 따르면 갈릴리인이 그들에게 복음을 전파했다. 「사도행전」의 또 다른 곳(2장 5절)에서는 카파도키아인이 '경건한 유대인'으로 언급된다. 실제로 초기에 기독교로 개종한 사람 중에는 유대인이 있었다. 카파도키아 기독교인은 초기 교회를 조직하는 일에 처음부터 활발하게 참여했다. 4세기에는 카파도키아의 교부인 카이사리아(지금의 카이세리)의 바실레이오스(또는 성 大바실리오, 330~379), 니사의 그레고리우스(332~395), 나지안조스의 그레고리우스(329~389)가 활동했으며, 나지안조스의 그레고리우스는 훗날 콘스탄티노폴리스 총대주교에

터키 괴레메의 원뿔형 응회암 바위

올랐다.(Dumitrascu 2015: 161 ff.) 바실레이오스와 니사의 그레고리우스의 누나인 마크리나는 평생 수녀로 살면서 집 안의 넓은 대지를 수도원 공동체로 바꾸었다. 또한 남동생들의 교육에 특별한 관심을 기울였다. 더 나중 시기의 교부인 카파도키아의 요하네스도 콘스탄티노폴리스 정교회의 총대주교가 되었다(517~520).

7세기 무렵 점점 더 많은 기독교인이 이슬람교도인 튀르크족의 이주 압박에 맞서 기나긴 수동적 저항에 나섰다. 셀주크*가 이끄는 튀르크족이 만지케르트 전투(1071)에서 승리하면서 튀르크족의 아나톨리아 이주가 시작되었다. 카파도키아 기독교인은 이 새로운 주인에게 처음에는 조공의 의무만 있었지만 얼마 지나지 않아 그들의 직접적인 지배를 받는 처지가 되었다. 그러자 카파도키아 기독교인 중 일부는 이슬람교로 개종했다. 나머지는 자신들의 기독교 신앙과 그와 결합된 생활 방식을 계속 유지했는데, 대부분이 그리스계 사람이었다. 1923년에 행해진 그리스인 집단 추방은 이들 카파도키아의 그리스계 기독교인의 터키 탈출을 의미했다. 터키인은 1950년대까지도 몇몇 지하 주거 시설에서 살았다. 어떤 곳에서는 그런 지하 공간이 지금까지도 창고로 이용되고 있다.

카파도키아에는 이국적인 석굴 교회와 지하 도시가 남아 있다. 이곳 사람들은 초기 기독교인보다 3000년 전부터 이미 응회암 원뿔 바위에 구멍을 뚫어 창문과 출입문을 낸 기이한 주거용 탑, 그러니까 요정의 집을 만들었다. 고대 후기와 중세에는 속세에서 벗어난 석굴 교회가 생겨났다. 내부의 벽면은 『성경』의 이야기를 묘사한 프레스코로 장식되었다. 교회 안에서는 사도와 성인을 묘사한 그림과 바위를 깎아 만든 제단 그리고 십자가도 볼 수 있다. 11세기에 이르기까지 응회암을 깎아서 만든 이런 석굴 교회는 수천 개에 달했는데, 정확하게는 3000개다.(Kaspar 2012)

그렇다면 당시 석굴 교회로 예배를 보러 간 사람들은 어디에 살았을까? 이들은 나중에 들어온 튀르크 이주자와 달리 땅 위의 집이 아닌 지하에서 살았다. 이들이 살았던 곳은 개별적인 천연 동굴이 아니라 바위를 깎아서 체계적으로 만든 주거 시설이었다. 이런 시설은 지하 몇 층까

■   Seljuk. 11세기 중반부터 서아시아를 침공해 오늘날의 터키, 시리아, 팔레스타인 및 이란의 대부분을 포함하는 지역에 광대한 제국을 세운 튀르크계 민족.

지 확장되었고 무려 2만 명까지 거주하는 도시를 형성했다.^(Emge 1990) 지하로 들어가는 입구는 교묘하게 은폐되었다. 당시 주민은 적대적 환경 속에서 살아가는 기독교 공동체로서 지하로 숨어들어갈 수밖에 없었기 때문이다.

처음에는 카이사리아 지역에서 온 기독교인이 외딴 카파도키아에 자리를 잡고 살아갔다. 4세기에는 벌써 수많은 기독교 공동체와 수도원이 존재했다. 지하 주거 시설의 개발은 이사우리아족(4세기), 훈족(5세기), 페르시아(6세기)의 침입 여파로 집중되었다. 카파도키아 기독교인의 세속 건축과 교회 건축은 비잔틴 제국 시대에 절정을 이루었다.^(Warland 2013)

카파도키아에는 적어도 36개의 지하 도시가 존재한다. 그중에서도 카이마클리, 네브셰히르, 데린쿠유, 외즈코나크, 마지코이, 위르퀴프의 지하 주거 시설이 중요하다. 그러나 지금도 종종 잘 감춰져 있던 또 다른 도시가 발견되고 있다. 2014년에는 지상 도시인 카이세리 근처 네브셰히르주에서 지금까지는 가장 큰 규모의 지하 도시가 발견되었다. 거기서 드러난 것은 지금까지 알려진 모든 것을 압도한다. 지하로 연결된 통로의 길이만 최소 7킬로미터에 이른다. 네브셰히르 요새 지하에 놓인 이 도시는 아마 세계 최대의 지하 주거 시설일 것이다.

주거 구역이 가장 깊은 곳까지 들어선 지하 도시는 네브셰히르 남쪽으로 30킬로미터가량 떨어진 데린쿠유다(지하 85미터까지). 여기에는 약 2만 명이 살 수 있는 주거 공간이 있었다. 이곳의 특징은 도시 시설이 거울처럼 마주 보는 구조로 이루어졌다는 점이다. 같은 장소에 실질적으로 지상과 지하 두 개의 도시가 있는 셈이다.

지하 구역으로 들어가는 입구는 600개가 넘는데, 입구는 지상에 있는 집 안마당에 세심하게 감춰져 있다. 지하 통로의 중간에는 외부의 침입을 막기 위한 방어진이 설치되어 있고, 통로는 물방앗간의 돌처럼 무겁고 둥근 바윗덩어리로 차단되기도 했다. 바위산 아래로 약 1만 5000개의 환기 갱도가 뚫려 있어서 외부 통로가 몇 주간 차단되더라도 신선한 공기가 유입될 수 있었다. 또한 물 공급을 위한 지하 우물도 마련돼 있었다. 지하의 가장 아래쪽 구역에는 십자가 모양의 교회가 들어서 있었다. 완벽하게 감춰진 피난처였다.

당시에는 많은 기독교인이 상인으로 활동했다. 이들의 취락지는 카파도키아를 지나는 실크로드의 서쪽 루트 인근에 있었다. 그래서 지하 주거 시설을 통해서 무역 상대인 카라반 인솔자에게 안전한 숙소를 제공할 수 있었다. 예를 들어 2007년에 발견된 가지에미르(귀젤유르트구) 지하 도시가 그런 장소였다. 기독교인은 안정된 식량 공급을 위해서 농사도 지었다.

카파도키아 기독교인은 금속도 가공할 줄 알았다. 악사라이와 네브세히르 사이 지역에서는 구리가 채굴되었다. 이들은 기독교 시대 이전에 만들어진 몇몇 지하 주거지에 자리를 잡은 뒤 그곳을 더욱 확대해 예배를 보는 공간뿐 아니라 작업장도 설치했다. 지하 주거 시설의 일부로 들어선 교회는 지상의 원뿔 바위를 깎아 만든 교회와는 확연히 구분되었다. 지하 교회에는 그림이 전혀 없었지만, 지상 교회는 풍부한 그림으로 장식되었다. 이러한 차이를 보면 교회 발전의 연대기가 드러난다. 처음 교회 공간은 장식이 없었던 반면에 이후에 지어진 교회에서는 장식적 장치가 점점 더 중요해졌다. 공간을 꾸미는 방식도 처음에 단순하고 소박했던 내부 공간이 십자형의 돔 구조와 삼랑식* 바실리카로 발전했다. 괴레메 계곡에는 토칼리 교회(10세기), 성녀 바르바라 교회(11세기), 암흑 교회(13세기 초) 등의 유명한 교회가 있다.

그러나 비잔틴 제국의 황제 레오 3세(717년~741년 재위)가 즉위하면서 촉발된 성상 숭배 논쟁의 여파 속에서 성상 파괴 운동이 확산되었고, 교회의 풍부한 그림 장식은 중단되었다. 성상 파괴 운동으로 그리스도와 성모, 성자, 사도를 묘사한 모든 성상을 사용하지 못하게 되었고, 인간을 표현하는 것 자체가 금지되었다. 이전에 묘사한 십자가에 매달린 그리스도의 모습은 핏방울이 그려진 추상적인 십자가로 대체되었다. 장식 무늬나 모자이크는 허용되었다. 아직사라이** 지역의 여러 교회에는 그와 같은 성상 파괴적 특징을 담은 절제된 그림이 보존되어 있다. 성상 파괴 운동은 725년부터 842년까지 지속되었으며, 그 후 교회는 다시 그림으로 장식되었다.

1985년 카파도키아 일대의 지상과 지하 기념물은 유네스코 세계문화유산에 등재되었다.

■　교회당 한가운데의 중심 공간인 '신랑'身廊과 양쪽에 '측랑'側廊이 있는 구조.
■■　Açiksaray. 카파도키아 귈셰히르에서 남동쪽으로 약 3킬로미터 떨어진 곳에 있는 비잔틴 제국 시대의 유적지. 바위 안쪽을 깎아 만든 교회와 수도원, 주거 공간이 들어서 있다.

22

사막의 여왕 제노비아

로마 제국에 맞선 팔미라 제국

3세기

제노비아Zenobia 여왕은 서기 240년 무렵 태어나 274년 이후 언젠가 젊은 나이로 죽었다. 이집트의 클레오파트라처럼 유명하지는 않았지만 마찬가지로 뛰어난 미인이었다고 한다. 또한 클레오파트라만큼 의지가 강하고 단호하게 행동했으며 몇 년 동안은 서아시아 지역의 정치 구조를 좌지우지했다. 제노비아 여왕은 오늘날까지도 시리아인의 국민적 우상으로 숭배되고 있다.

두 여왕의 비교는 전혀 이상한 일이 아니다. 한때 이집트까지 정복한 팔미라Palmyra의 강력한 제노비아 여왕 스스로가 자신을 클레오파트라의 계승자로 보는 것을 좋아했으니 말이다. 클레오파트라는 달의 여신 셀레네를 숭배했고 제노비아도 마찬가지였다. 제노비아는 앞면에는 자신의 초상이, 뒷면에는 셀레네의 상징인 반달이 새겨진 화폐를 찍게 했다.(Stoneman 2003: 130 f.)

제노비아의 왕국은 아나톨리아에서 유대와 팔레스타인을 거쳐 이집트 남쪽까지 영토를 확장했고, 핵심 지역은 지금의 시리아였다. 여왕이 권력의 정점에 이르렀을 때는 강력한 로마 제국에도 반기를 들었다. 야심 차고 목표가 뚜렷했던 동쪽의 이 여왕은 그녀 못지않게 단호한 서쪽의 통치자에 맞서야 했는데, 바로 270년부터 275년까지 로마 제국을 통치한 아우렐리아누스였다. 동쪽에서 제노비아는 로마군의 진격을 어렵게 했다. 그러나 제노비아의 군대는 결국 로마군에 패했고, 여왕 자신은 전리품 신세가 되어 로마로 끌려가 그곳 유배지에서 여생을 보내야 했다. 하지만 대제국에 맞선 제노비아의 불꽃처럼 강렬한 저항은 사람들의 기억에 생생하게 남았고 수많은 전설 속에 계속 살아 있다.

제노비아의 생애는 팔미라 왕국의 역사와 밀접하게 결합되어 있다. 시리아에 폐허로 남아 있던 팔미라의 역사적 기념비는 21세기에 일어난 전쟁으로 일부 파괴되었다. 팔미라는 기원전 1세기 무렵 로마 제국의 속주인 시리아포에니케의 여러 도시 중 하나였다.(Edwell 2007) 1세기 중반부터는 그리스의 모범을 따라 독립 도시인 폴리스의 위상을 갖게 되었고, 시 참사회(불레boule)는 로마의 원로원과 비교할 수 있는 가장 중요한 행정 기관이었다. 참사회의 구성원은 서쪽의 생활 방식에 익숙하면서 그리스어나 라틴어 이름을 갖고 있는 아람인 귀족 대표로 이루어졌다. 왕정 도입은 첫 통치자이던 오다이나트 시대로 거슬러 올라간다. 그는 자신을 왕으로 선포한 뒤 로마의 속국으로 인정을 받았으며, 라틴어 형태인 오다이나투스로 불리며 240년에서 267년 사이에 팔미라를 통치했다. 그의 아내가 제노비아였다.

제노비아는 팔미라의 귀족 집안에서 태어났다. 원래 이름은 바트자바이(자바이의 딸)였다. 여왕으로서 외교 서신에는 제노비아라는 이름을 사용했는데, 그리스화된 이 이름은 '제우스로부터 생명을 얻은 여인'이라는 뜻이다. 귀족 가문의 일원으로서 붙은 별칭은 셉티미아였다. 젊은 제노비아가 가장 좋아하던 활동은 사냥이었다. 여러 언어를 구사할 줄 알아서 당시의 교양어인 팔미라어, 아람어, 이집트어, 그리스어, 라틴어를 구사했다고 한다.

제노비아가 로마 동쪽의 가장 강력한 통치자로 떠오르기 시작한 것은 255년 오다이나투스 왕의 아내가 되면서부터였다. 당시 제노비아의 나이는 겨우 열네 살이나 열다섯 살쯤이었다. 오다이나투스는 아시아 지역에서 당시 로마의 최대 적수이던 페르시아 사산 왕조를 물리쳐 로마로부터 인정을 받았다. 그 결과 263년에 '전 동방의 총독'이라는 뜻의 코렉토르 토티우스 오리엔티스 칭호를 부여받았다. 그 무렵 팔미라는 완전히 독립된 왕국이 아니라 로마 제국의 속국이었다. 267년에 오다이나투스와 그의 아들 중 하나가 암살되자 제노비아가 어린 아들 바발라투스를 대신해 통치권을 잡았다. 그로부터 몇 년 뒤에 나온 새김글에서 제노비아는 팔미라의 여왕으로 처음 언급된다.

팔미라는 다마스쿠스에서 북동쪽으로 약 215킬로미터 떨어진 시리아 사막에 놓여 있다. 이곳은 알렉산드로스 대왕 시대부터 오아시스 도시로서 헬레니즘 문화권에 속해 있었다. 팔미라는 무역으로 부를 축적

했다. 실크로드의 남쪽 루트에서 동에서 서로, 그리고 반대 방향으로 운반되는 물품의 환적장 역할을 했기 때문이다.(Stierlin 1987: 125 ff, el-As'ad 1993) 그로써 팔미라는 동방에서 로마 제국의 강권 정치적 이해관계에서 매우 중요한 부분이었다. 137년에 이른바 '팔미라 협정 요금'이라는 목록이 작성되었는데, 팔미라를 거쳐 공급되는 물품의 수입 및 수출 관세를 규정한 것이었다. 목록에 담긴 내용은 그리스어와 팔미라어로 작성되었다.

와디알쿠부르강 남쪽에 자리 잡은 원래의 취락지는 북쪽으로 확장되었고, 2세기부터는 로마 시대의 기념비적 건축물 대부분이 이곳에 지어졌다. 그런 건축물 중 일부는 이전에 있던 건물 위에 지어졌다. 서기 32년 헬레니즘 신전의 토대 위에 세워진 벨 신전*이 대표적이다. 오늘날까지 도시의 상징으로서 팔미라 유적의 전체적인 모습을 특징적으로 보여주는 대열주Great Colonnade가 이 신전에서 시작된다. 9.5미터 높이의 원기둥이 양쪽으로 늘어선 대열주는 동서축으로서 죽은 자들의 신전이 있는 곳까지 1.1킬로미터 길이로 뻗어 있다. 팔미라에는 팔미라의 신에게 바친 수많은 신전이 존재했다. 이 지역에서 숭배되는 알라트**는 아테네의 수호신 아테나 여신과 같은 양식으로 묘사되었고, 당시에는 아테나알라트로 불렸다.

제노비아 여왕의 통치 기간 팔미라는 인구 20만 명이 넘는 실질적인 대도시로 발전했다. 그러다가 제노비아의 봉기가 실패로 돌아간 뒤로 정치적 중요성은 잃었지만 무역 중심지로서는 이슬람 시대에 이르기까

■   Temple of Bel. 시리아의 고대 도시 팔미라에 있는 신전. 고대 바빌로니아에서 숭배한 최고신 벨(벨 마르두크)을 섬기는 곳이었다.
■■   Al-Lat. 이슬람교 이전 시대에 메카를 비롯한 아라비아 여러 지역에서 숭배되던 여신.

지 계속 번창했다. 수백 년의 세월이 지나는 동안 팔미라의 대부분 지역이 사막의 모래에 파묻혔다. 20세기에 들어와 고고학자들이 수많은 기념비를 발굴해냈고, 대열주의 무너진 기둥은 다시 세워지고 건축물도 복구되었다.

팔미라가 21세기 역사의 가장 어두운 장의 한 곳이 되리라고는 그 누구도 예상하지 못했다. 2015년 5월과 2017년 1월 사이 수많은 기념물이 이슬람 과격 단체인 IS에 의해 파괴되거나 심각한 피해를 입었다. 조각과 입상(무엇보다 '알라트의 사자'), 바알샤민 신전*과 벨 신전, 개선문, 테트라필론 기념문,** 로마 극장의 전면 등 많은 것이 파괴되었다.

그사이 복원과 복구에 대한 계획은 있었지만 언제부터 작업이 시작될지는 불분명하다. 시리아군은 2016년 3월 IS에 점령된 팔미라를 되찾았다가 2016년 12월에 다시 빼앗겼고, 2017년 3월에야 팔미라에서 그들을 다시 몰아낼 수 있었다. 그때부터 팔미라는 알 아사드 정권의 수중에 있다.

제노비아가 팔미라를 통치하던 시기에는 세계 제국 로마와의 큰 갈등이 임박해 있었다. 제노비아는 로마에 충성하는 것처럼 위장하는 가운데 주변부에서 교묘한 정책을 추구했다. 아우렐리아누스 황제에게는 자신이 속국의 통치자로서 로마의 이해관계에 복무한다는 확신을 갖도

• Temple of Baalshamin. 시리아의 고대 도시 팔미라에 있는 고대 신전으로 서기 17년경에 세워졌다. 셈족의 일족인 고대 페니키아인이 폭풍과 강우를 지배하고 다산과 풍요를 관장하는 여신 바알샤민을 섬기던 곳이다.
•• Tetrapylon. 시리아 팔미라에 있는 기념문으로 바알샤민 신전에 있다. 네 개의 기둥이 기념상을 받치고 있는 형태의 석조 구조물 네 개로 구성되었다.

IS에 의해 파괴되기 전의 고대 팔미라 유적지

록 했다. 당시 아우렐리아누스는 북쪽에서는 게르만족의 봉기에 맞서고 발칸에서는 고트족을 막기 위한 군사 행동으로 팔미라에 관심을 돌리지 못했다. 270년 말 제노비아는 최고 통치자인 아우렐리아누스의 초상과 속국 팔미라의 왕인 바발라투스의 초상이 새겨진 화폐를 찍게 했다.

그러나 같은 해 제노비아는 배후에서 오래전부터 계획하고 있던 영토 확장을 실행에 옮기기 시작했다.(Hartmann 2001) 제노비아의 군대는 짧은 시간 내에 팔미라의 통제 아래 있던 이집트를 정복했다. 역사가들은 아우렐리아누스가 속국 팔미라의 이러한 조치를 지지했는지에 대해 의견이 엇갈린다. 아마도 지지했을 것으로 짐작되는데, 그런 방식으로 이집트의 곡물이 안전하게 로마에 공급될 수 있었기 때문이다.

272년 초 제노비아는 새 화폐를 유통시키면서 자신의 본심을 드러냈다. 새로 찍은 주화에 아우렐리아누스의 초상은 더 이상 보이지 않았고, 아우구스투스와 아우구스타라는 칭호를 붙인 동쪽의 두 통치자 바발라투스와 제노비아의 초상만 새겨졌다. 그로써 로마의 패권에 맞서는 제노비아의 저항이 알려졌다. 그 결과는 아우렐리아누스의 지휘 아래 보스포루스 해협을 건너 소아시아와 서아시아 지역의 로마 영토를 재정복한 대규모 로마군의 진격이었다. 아우렐리아누스는 또 다른 로마 육상군을 이집트로 보내 6월에는 알렉산드리아를, 그리고 몇 주 뒤에는 전이집트를 재정복했다.

제노비아는 몇 가지 전략적 조치 이후 에메사(지금의 시리아 홈스) 평지로 물러나서 약 7만 명의 병사로 로마군을 기다렸다. 두 군대가 충돌하고 얼마 지나지 않아서는 팔미라가 승리를 거둘 것처럼 보였다. 그러나 제노비아의 군대는 경솔하게 퇴각하는 로마군을 뒤쫓았다. 그것은 로마 보병이 팔미라 진영의 측면을 공격해 그들의 대형을 무너뜨리는 기회가 되었다.

결국 제노비아는 팔미라로 후퇴할 수밖에 없었고, 거기서 왕국의 수도를 방어할 태세를 갖추고자 했다. 그러나 아우렐리아누스는 팔미라로 들어가는 식량 공급을 차단하는 데 성공했다. 그러자 제노비아는 호위대의 소수 병사만을 데리고 도시를 빠져나가 페르시아 방향으로 향했다. 절체절명의 위기에서 과거의 적과 연합해 로마와 싸우려는 생각이었다. 그러나 제노비아의 이 같은 계획을 알아차린 아우렐리아누스는 유프라테스강을 건너기 전에 제노비아 일행을 붙잡았다. 제노비아는 로마로 끌려갔고, 274년 아우렐리아누스 황제의 개선 행진에서 포로로 공개되었다. 아우렐리아누스는 귀족 출신이고 통치자였다는 신분을 고려해 제노비아를 죽이지는 않고 로마 근처 유배지에서 살도록 했다. 티부르(빌라 아드리아나 근처)에 있는 한 별장이 거처로 제공되었다. 제노비아는 한 원로원 의원과 결혼한 뒤 로마에서 여생을 보냈다.

막강한 로마군과 맞서 싸운 제노비아의 저항은 그녀를 영원히 '전사 여왕'으로 기억되게 했다.(Southern 2008) 그러나 그것만으로는 제노비아가 고대부터 현대에 이르기까지 그처럼 큰 호감을 얻는 이유가 충분히 설명되지 않는다. 제노비아의 뛰어난 지적 능력과 자신의 왕국에서 이뤄낸 문화적 성취는 그녀를 야심적이면서도 현명한 통치자(Schneider 1993)로 만들었고, 후세의 통치자에게는 본보기로 삼고 싶은 인물이 되게 했다. 1762년부터 1796년까지 러시아 제국을 통치한 예카테리나 2세(예카테리나 대제)도 강력한 계몽 군주인 자신을 제노비아와 비교하는 것을 좋아했다.(Stoneman 2003: 121)

제노비아는 다민족과 다언어로 구성된 자신의 왕국을 조화롭게 다스리기 위해서 노력했다. 시리아 동쪽의 셈족은 아람어와 아랍어를 사용했다. 반면에 서쪽의 문화는 헬레니즘의 영향을 받아서 그리스어가 가장 중요한 교양어였다. 여왕은 저명한 철학자와 문학자를 자신의 궁정으로 초청했는데, 그중에는 시리아 출신으로 추정되는 카시우스 롱기누스도 있었다. 카시우스 롱기누스는 아테네에서 플라톤 아카데미아의 교장을 역임했다. 제노비아 여왕은 당시 60세이던 그를 자신의 궁정으로 불러들였다. 호메로스와 플라톤의 대화편에 관한 논문을 집필한 롱기누스는 여왕의 초대를 수락했고, 여왕은 그를 자신의 개인 고문관으로 임명했다. 제노비아의 궁정에 형성된 철학자의 모임은 얼마 지나지 않아 고전 교육의 중심지로서 플라톤 아카데미아를 능가했다. 그러자 점점 더 많은 지식인이 제노비아의 궁정으로 들어가려고 애를 썼다. 제노비아의 궁정을 기반으로 문화 창조를 선도하는 전형적인 팔미라 학파가 형성되었고, 트라페조스의 니코스트라토스와 페트라(나바테아 왕국의 수도)의 칼리니코스가 학파를 대표하는 가장 중요한 인물이었다.

제노비아는 종교 영역에서도 평화로운 공존을 우선시했다. 팔미라 왕국에서는 대다수가 벨 신을 최고신으로 섬기는 셈족의 다신교를 숭배했다. 그러나 소수 유대교인과 기독교인도 있었다. 고대의 문헌에 따르면 제노비아는 이들을 서로 반목하게 하지 않았고 유대교 회당이나 기독교 교회를 파괴한 일도 전혀 없었다. 제노비아의 신앙이 무엇이었는지는 알려지지 않았다. 여왕 스스로 공개적으로 드러낸 적이 없었다.

제노비아는 '사막의 여왕'으로서 수많은 전설에 둘러싸여 있으며, "역사상 가장 낭만적인 인물 중 한 명"(Watson 2004: 87)이다. 그녀는 후세의

허버트 구스타브 슈말츠의 그림 〈팔미라를 바라보는 제노비아의 마지막 눈길〉을
토대로 제작한 리하르트 봉의 목판화

모든 지도자와 문학가, 예술가, 지식인의 마음을 사로잡았다. 미국의 조각가 해리엇 호스머는 〈팔미라의 여왕 제노비아〉(1857)를 조각했고, 에스파냐의 극작가 페드로 칼데론 데 라 바르카는 희곡 『위대한 제노비아』(1625)를 썼으며, 영국의 화가 허버트 구스타브 슈말츠는 〈팔미라를 바라보는 제노비아의 마지막 눈길〉(1888)을 그렸다. 이탈리아의 오페라 작곡가 파스콸레 안포시는 《팔미라의 제노비아》(1789)를 작곡했으며, 1959년에는 아니타 에크베르그가 여주인공을 맡은 《대진군》(이탈리아의 원제목은 《넬 세뇨 디 로마》Nel segno di Roma)이라는 영화도 나왔다.

23

앙코르와트의 버려진 신전 탑들

고대 크메르 왕국의 비슈누와 붓다

802년 ~ 1431년

1586년 포르투갈의 수도사 안토니우 다 마달레나는 무성한 정글 사이로 우뚝 솟은 앙코르와트Angkor Wat의 사원 탑들을 보고 경이로운 감정에 휩싸였을 것이다. 평소에는 달변이었던 수도사는 이 뛰어난 건축 예술품 앞에서 말문이 막혔다. 이 복합 신전은 "글로는 도저히 표현할 수 없을 정도로 뛰어난 건축 방식이었고, 무엇보다 세상의 다른 어떤 건축물과도 달랐기 때문이다."(Higham 2001: 2)

서양의 역사 기술에서는 안토니우 다 마달레나의 앙코르와트 방문을 마치 그가 정글 속에서 이 신전을 처음 발견한 것처럼 묘사했다. 그러나 실제로 다 마달레나를 그리로 안내한 사람은 현지 수도사였다. 앙코르와트는 크메르Khmer어로 '신전의 도시'를 뜻한다. 이 이름의 두 요소는 산스크리트어에서 차용되었다. 앙코르는 도시를 뜻하는 나가라nagara에서 파생된 노코르nokor의 방언이며, 와트는 신전 구역을 뜻하는 바타vata에서 파생되었다. 앙코르와트가 세워질 당시 이 지역에서 가장 중요한 종교는 힌두교였다. 신전의 옛 이름은 산스크리트어로는 브라 비스누 로카, 크메르어로는 브라 비스누로크였으며, '비슈누의 성스러운 거처'라는 뜻이었다.

프랑스의 박물학자이자 탐험가인 앙리 무오는 다 마달레나 수도사와 달리 앙코르와트 주변 지역을 탐색하기 위해서 19세 중반 무렵 이곳을 찾았고, 실제로 온 세상의 주목을 끌 만한 놀라운 발견을 했다. 정글 한가운데서 고대 크메르 왕국의 수도였다가 무성한 정글에 완전히 뒤덮여 있던 앙코르톰Angkor Thom을 발견한 것이다.

앙코르와트의 불교 승려들은 앙코르톰 유적에는 관심을 보이지 않았고, 그곳은 수백 년 동안 버려진 상태로 있었다. 그러다가 앙리 무오의 여행기를 통해서 앙코르톰은 비로소 서양 세계에 알려졌다. 물론 무오 역시 앙코르와트의 신전들에 대한 놀라움을 다음과 같이 표현한 바 있다. "과거에 미켈란젤로 같은 대가의 손에서 탄생한 솔로몬 신전과 비견되는 이 신전들 중 하나는 우리의 가장 아름다운 건축물 가운데 단연 최고의 자리에 오를 수 있다. 그것은 그리스인이나 로마인이 남긴 모든 것보다 뛰어나며, 지금 이 민족이 다시 빠져든 야만의 상태와 슬픈 대조를 보인다"(https://en.wikipedia.org/wiki/Angkor_Wat). 그러나 무오는 그때만 해도 160헥타르에 걸쳐 있는 앙코르와트가 세계 최대의 종교 건축

물이라는 사실을 전혀 알지 못했다.

앙코르와트의 시작은 신화에 둘러싸여 있다. 그에 따르면 고대 인도 신화에 나오는 전쟁의 신 인드라가 아들인 프레차 케트 메알레아에게 줄 궁전으로 이 신전을 짓게 했다.(Hackin et al. 1932: 194) 또 13세기에 앙코르와트를 찾은 원나라 사신 주달관은 자신의 여행기에서 앙코르와트가 한 건축가 신에 의해서 하룻밤 사이에 건설되었다는 민간 설화를 소개한다.(Daguan Zhou 2007)

그런데 이처럼 놀라운 건축물을 실제로 만들어낸 건축가와 기술자는 누구였을까? 오늘날의 캄보디아 주민 대부분은 크메르족에 속하며, 이들은 오스트로아시아 원주민의 후손이다. 이 사람들은 인도유럽인(또는 인도아리아인)이 남아시아로 이주해오기 오래전부터 그들의 본래 고향에서 살고 있었다. 하지만 크메르인의 건축과 예술 발전에 결정적인 자극을 준 것은 인도의 문화적 영향이었다. 그리고 '성스러움의 표명'(Roveda 2003: 258)인 앙코르와트에서 크메르인의 건축술과 예술 창작은 궁극의 완전함으로 발현되었다.

인도와 말레이 반도 사이의 초기 교류는 기원전 2세기에 이루어졌다. 당시에는 미얀마(버마) 남쪽 몬족의 영향권에 속한 항구 도시인 모울메인과 타톤을 거쳐 물품이 운반되었다. 물품 다음에는 문화재가 거래되었고, 인도는 두 개의 거대 종교인 힌두교와 불교 그리고 문자화된 것을 제공했다. 이러한 문화재는 동남아시아 내륙으로 전파되었고, 여러 시대를 거치면서 다양한 지역 문화에 영향을 미쳤다. 1세기에는 베트남 남쪽에 인도에서 수입된 문화 전통을 육성한 부남 왕국*이 탄생했다. 메콩강 삼각주의 항구 도시 옥에오를 중심으로 발전한 부남의 세력권은 캄보디아 남쪽까지 확대되었다. 당시에도 이미 메콩강의 거대한 수로를 통해 중국, 인도, 서아시아의 물품이 운반되었다.

6세기에 부남 왕국이 몰락하면서 권력의 공백기가 생겼고, 이는 동남아시아 내륙에 여러 지역 왕국이 성립되는 결과로 이어졌다. 크메르인

▪ 扶南(Fu Nan). 1세기부터 5세기까지 캄보디아 땅에 세워진 최초의 왕국으로, 메콩강 삼각주 지역에 자리했다. 인도의 영향을 받아 발전했고 3세기 무렵 중국과 인도 사이에서 중개 무역을 벌여 번영을 누렸다.

은 첫 국가 조직인 고대 크메르 왕국을 세웠다. 왕국의 설립자는 자야바르만 2세(802년~850년 재위)로, 그는 스스로를 지상의 모든 군주 위에 군림하는 절대 권위를 가진 차크라바틴(세계의 왕)으로 선포했다. 야소바르만 1세는 889년에 프놈펜에서 북서쪽으로 약 230킬로미터 떨어진 앙코르로 수도를 옮겼다. 수리야바르만 2세(1113년~약 1150년 재위)의 통치 기간에는 국가 신전이자 수도로 계획된 앙코르와트 건설이 시작되었다. 그러나 왕의 죽음으로 건설은 중단되었고 몇몇 부조도 미완성으로 남았다.

그로부터 약 30년 뒤 앙코르 지역은 짬파*의 침입을 받아 신전을 약탈당했다. 베트남 남부에 힌두교 왕국을 세웠던 이들은 불교도인 크메르인의 철천지원수로 여겨졌다. 짬파를 격퇴한 뒤 자야바르만 7세(1181년~1218년 재위)가 왕국의 위상을 견실하게 확립해나갔다. 선임자가 건설한 신전 도시 앙코르와트는 버려졌다. 자야바르만은 조금 떨어진 곳에 '신전 산'으로 불리는 바욘Bayon을 세웠고 그 주변에 궁전과 행정 건물을 짓게 했다. 이런 방식으로 앙코르톰이 탄생했다. 자야바르만은 다른 수많은 기념 건축물도 짓게 했는데, 어머니의 극락왕생을 비는 마음으로 짓게 한 타프롬(브라마의 눈)도 그중 하나다. 한때는 신전을 관리하고 제식을 주관하는 임무를 맡은 사람만 약 8만 명이었다고 한다. 거기에는 18명의 고위 승려와 천상의 처녀를 대변하는 615명의 압사라 무희도 포함된다.

자야바르만이 1203년 짬파 왕국을 정복한 뒤 크메르 왕국은 가장 강성한 세력을 누렸다. 그러나 그가 죽은 뒤부터 몰락이 시작되었다. 크

■ Champa. 2세기 말엽 현재의 베트남 중남부에 인도네시아 계열의 짬족이 세운 나라.

메르 왕국은 점점 강력하게 조여오는 타이인(시암인)에게 압박을 받았다. 이들은 중국과의 국경 지역(윈난성)으로부터 남쪽으로 밀고 오면서 점점 더 크메르 왕국의 영토를 점령했다. 1296년에 앙코르를 찾은 원나라 사신 주달관은 다음과 같이 기록했다. "시암인과의 최근 전쟁에서 나라가 처참하게 파괴되었다."(Daguan Zhou 2007)

크메르인은 100년이 넘도록 타이인의 반복적인 공격을 막아야 했다. 그러다가 1431년 크메르의 폰헤아 얏 왕은 더는 앙코르를 방어하지 못한다고 선언하고는 운명적인 결정을 내렸다. 앙코르를 포기하고 수도를 남쪽 프놈펜 지역의 카투르무카로 옮긴 것이다. 그 뒤로 옛 수도 주변은 고요해졌고 앙코르와트의 거대한 신전 복합체는 불교 승려의 거처가 되었다.

앙코르와트는 원래 힌두교의 비슈누 신에게 바친 사원이었다. 그러다가 12세기 말에 이르러 힌두교 신전에서 불교의 성스러운 중심지로 바뀌었다. 그러나 불교 시대에도 신전의 힌두교 조각을 파괴하는 일은 전혀 없었다. 앙코르와트의 남쪽 신전에는 지금까지도 비슈누 신의 실물 크기 입상이 있다. 중세 앙코르 사회에서 힌두교와 불교의 관계는 캄보디아의 전형적인 특징을 보여준다. "인도 힌두교나 인도 불교나 자신들의 정체성을 유지하는 동시에 토착민 사회에 뿌리를 내리지 않았다면 캄보디아에서 살아남지 못했을 것이다."(Maxwell 2007: 75)

가장 높은 신전 탑 꼭대기에 있는 작은 신전도 비슈누에게 바친 곳이다. 열대의 무더위를 뚫고 탑 꼭대기까지 올라가면 수 킬로미터에 걸쳐 있는 신전 시설과 신전을 둘러싼 드넓은 해자 그리고 바로 이어지는 정글의 웅장한 모습을 한눈에 내려다볼 수 있다. 이곳에 서면 힌두교도든 불교도든 세상의 영적인 중심지 메루(또는 수미)산* 꼭대기에 오른 것 같은 기분이 들었을 것이다. 숨이 막힐 정도로 매혹적인 모습에 과거에 다 마달레나 수도사가 그랬던 것처럼 말로는 도저히 표현할 길이 없었을 것이다.

힌두교를 통해 고대 경전의 언어인 산스크리트어는 그 문자(데바나가리)와 함께 크메르 왕국에 전해졌다. 반면에 불교 경전은 주로 팔리어 및 팔리 문자와 연관되어 있다. 인도에서 전해진 서로 다른 두 가지 전통의 영향 아래 크메르인은 자신들의 언어에 맞게 변형한 고유한 문자를 발전시켰고, 7세기부터 이 문자를 사용했다. 크메르 왕국이 확립되기 전에도 문헌은 토착 크메르어와 교양어인 산스크리트어로 기록되었다.(Vickery 1998: 83 ff.) 앙코르와트의 신전 구역에서는 크메르어와 산스크리트어로 기록된 새김글이 발견되었다. 산스크리트어로 적힌 마지막 새김글은 1327년에 기록된 것으로 확인된다.

중세 이후 산스크리트어는 크메르어 어휘에 영향을 미쳤고 수백 개의 차용어가 받아들여졌다. 이 요소들은 지금까지도 보존되어왔다. 예를 들어 밧bat(문헌), 짠chan(시), 뻭pe:ek(쓰기, 편지), 넴ne:em(이름, 명명) 등이 있다. 불교 전통이 강화되면서부터는 팔리어도 지속적으로 크메르어에 영향을 미쳤다. 팔리어에서 차용된 예로는 꼬안타koantha(책), 노뽄nopon(숫자, 부호), 반ban(쪽지, 증서), 토암thoam(법, 법칙) 등이 있다.

문자나 언어와 마찬가지로 인도에서 수입된 건축 형태와 예술 양식

▪ Mount. Meru. 고대 인도에서 세계의 중심에 있다고 믿은 상상의 산. 산스크리트어 수메루Sumeru에서 유래해 메루산 또는 수미산으로 불린다.

도 크메르 왕국에서 현지의 특징을 가미해 변형되었다. 그럼에도 앙코르와트의 신전 탑을 보고 있으면 인도의 건축물이 떠오른다.

신전 내부와 외부의 벽을 장식한 띠처럼 길게 이어진 수많은 부조 그림은 이루 말할 수 없이 매혹적이다. 장면 순서대로 그려진 수천 개의 모티프는 모든 영역의 이야기를 담고 있다.(Roveda 2003) 크메르 왕들이 벌인 전쟁의 아수라장은 물론이고 신화적 인물들이 초인적 세계의 세력과 벌이는 싸움도 극적으로 묘사되어 있다. 또한 힌두교의 2대 서사시 『라마야나』와 『마하바라타』에 나오는 수많은 이야기가 재현되어 있다. 나아가 갖가지 자세로 묘사된 힌두교의 신과 부처의 형상도 곳곳에서 모습을 보인다. 크메르 왕국의 역사, 인간의 종교적 세계 질서, 닭싸움을 즐기는 일상생활의 세부적인 모습이 영원히 돌에 새겨졌고, 오늘날에 이르기까지 수백 년을 견뎌왔다.

그중에서도 가장 자주 등장하는 모티프가 천상의 처녀 압사라다. 신화에 따르면 이들은 인드라 신의 낙원이 있는 천계에서 살고 있고 지상의 인간이 행하는 제식을 공중에서 뒤따른다. 압사라는 앙코르와트의 조형 예술에서 중심 역할을 한다. 신전 탑의 벽에 새겨진 기념비적인 부조 장식으로서 전체적인 건축 풍경에서 확고한 구성 요소를 이루고 있다. 띠처럼 장식된 부조의 대부분 장면에서, 그리고 수많은 벽감에 놓인 입상의 형태로 춤을 추거나 때로는 하늘을 나는 압사라를 만날 수 있다.(Roveda 1998: 200 ff.)

앙코르와트는 세속의 통치자에게는 버려졌지만 이 지역의 문화적 기억을 언제나 생생하게 간직한 불교인에게는 아니었다. 20세기 초부터 프랑스 극동 연구소의 주도 아래 광범위한 복원 작업이 진행되었고, 앙

앙코르와트의 신전 탑에 새겨진 구름과 물의 정령 압사라

코르와트는 1992년에 유네스코 세계문화유산에 등재되었다. 역사적 기념물인 앙코르와트를 보호하고 관리하는 기구의 이름에서 다시 한 번 신화에 나오는 압사라가 등장한다. 캄보디아 문화재청인 압사라청이 그것이다.

인근 도시 시엠레아프는 앙코르와트를 찾는 수많은 관광객 덕분에 활기를 띤다. 거기서부터 앙코르와트까지는 버스나 자동차 또는 툭툭 택시로 짧은 거리다. 신전 구역으로 들어가는 주입구 앞 도로 양쪽으로 많은 상인이 줄지어 있다. 그 모습을 보면 과거에 수공업자와 상인, 신전 관리인이 살고 있었을 때 이곳이 얼마나 활기차고 분주한 곳이었을지 짐작하게 된다. 앙코르 지역의 관광업은 현대 캄보디아의 경제를 좌우하는 결정적인 요소다. 캄보디아 국기에는 앙코르와트의 신전 탑이 문장으로 새겨져 있다.

24

대大짐바브웨의 거대한 석벽

남아프리카의 무역 중심지

11세기 ~ 15세기

"내륙의 금광 사이, 림포푸와 잠베지강 사이에 돌로 만든 어마어마한 크기의 요새가 있으며, 그 돌은 모르타르를 발라 쌓은 것으로 보이지 않는다… 이 건축물은 거의 전체가 언덕에 둘러싸여 있는데, 그 언덕 위에도 모르타르 없이 세워진 다른 석재 건축물이 있다. 그중 하나는 12패덤fathom이 넘는 높이로 솟아 있는 탑이다. 이곳 토착민은 이 건축물을 짐바오에라고 부르는데, 그들의 언어로 '왕궁'을 뜻한다."

1패덤이 약 1.8미터니까 12패덤이면 22미터 정도 높이다. 여기서 인

용한 글은 소팔라(지금의 지명은 모잠비크의 노바소팔라)에 주둔한 포르투
갈 사령관이던 비센테 페가두가 1531년에 작성한 보고문 중 일부다. 이
놀라운 폐허에 대한 소식은 16세기에야 비로소 유럽인에게 전해졌다. 비
센테 페가두 이전에도 다른 두 명의 포르투갈인이 이 지역을 찾았다. 그
러나 그중 한 명은 남쪽으로 35킬로미터 떨어진 곳에서 지나가느라 대
짐바브웨 폐허를 보지 못했다. 옛 요새 시설은 지금의 짐바브웨 남동쪽
무트리퀘 호수에서 멀지 않은 구릉지 한가운데 놓여 있다.

당시에도 요새에 사람이 살았을 것으로 보이는데, 그 점은 포르투
갈의 연대기 작가 주앙 데 바호스가 1538년에 쓴 한 보고문에서 유추할
수 있다. 그에 따르면 짐바오에는 귀족 출신의 짐바카요라는 칭호로 불
리는 감독관에 의해 관리되고 있었다. 또한 요새 안에는 오래전 이 건축
물을 짓게 한 무눔무타파 왕가* 의 여인들이 아직 살고 있었다.

짐바브웨Zimbabwe라는 이름의 기원은 밝혀지지 않았다. 어떤 사람
들은 그 이름이 쇼나어** 의 카랑가족 방언으로 '돌로 된 큰 집'을 뜻하는
짐바자마브웨에서 유래했다고 말한다. 또 다른 사람들은 축소된 형태인
짐바웨에서 발전했을 것이라고 본다. 쇼나어의 제주루족 방언에서 그 말
은 '존귀한 집'이라는 뜻으로 부족장의 집이나 무덤을 나타냈다.

대짐바브웨 폐허는 이후로도 약 300년 동안 별다른 주목을 받지

■ Munhumutapa. 무눔무타파 또는 무타파 왕국은 1250년부터 1629년까지 남아프리
카 짐바브웨와 모잠비크 영역을 차지했던 왕국이다.
■■ 쇼나족Shona의 언어. 쇼나족은 남아프리카 모잠비크와 짐바브웨에 분포한 부족 집단
이다. 쇼나어에서 파생된 방언에 따라 카랑가족, 제주루족, 마니카족, 코레코레족 등으로 세
분화된다. 짐바브웨 국민의 70퍼센트가 쇼나족이다.

못했다. 그러다가 19세기에 점점 더 많은 백인이 이주해오면서 상황이 달라지기 시작했다. 처음에는 이곳을 식민지 방식으로 로디지아***라고 불렀다. 영국 왕실을 위해 이곳을 점령한 영국 정치인 세실 존 로즈(1853~1902)에게 영광을 돌린다는 의미에서였다. 이후 독일 출신의 두 사람이 이곳 폐허의 신비스러운 분위기에 다시 매혹되었다. 독일계 미국인 애덤 렌더가 1867년에 이 폐허를 재발견했고, 몇 년 뒤에는 다른 독일인 지리학자 카를 마우흐에게 이곳을 보여주었다. 마우흐는 자신이 관찰한 내용을 기록하면서 거대한 석벽의 탄생에 대해 온갖 과장된 억측 속으로 빠져들었다. 그 과정에서 신비로 가득한 이미지를 대중적인 이야기와 결합했다. 마우흐는 『구약성경』에 나오는 솔로몬왕과 사바 여왕의 만남(「열왕기 상편」 10장 1~13절)을 이용했고, 짐바브웨에 있는 폐허가 예루살렘의 사바 여왕 궁전을 모방한 것이라는 주장까지 펼쳤다. 또한 요새의 문에 사용된 들보를 개잎갈나무 목재라고 하면서 페니키아인이 짐바브웨로 가져온 것이라고 했다. 금광 근처에 있는 이 오래된 도시가 『구약성경』에서 솔로몬왕의 금광이 있는 곳으로 언급된 전설적인 오피르⫶일지도 모른다는 추측도 있었다. 악숨에서 그랬듯이 사바의 여왕과 솔로몬왕의 전설적인 이야기는 짐바브웨에서도 꽃을 피웠다.

　　시대정신은 이러한 근거 없는 추측을 부추겼고, 세계적인 유명인들

*** Rhodesia. 1880년대 아프리카 무역 확장에 앞장선 남아프리카에 있는 영국 회사가 자신들이 지배하던 짐바브웨와 잠비아 등이 속한 지역에 붙인 이름이다. 짐바브웨의 광산 채굴권을 따내 백인들의 대량 이주를 이끈 세실 로즈의 이름에서 따왔다.

⫶　Ophir. 『구약성경』에 나오는 전설적인 지명으로, 솔로몬왕이 황금을 실어온 곳으로 유명하다. 정확한 위치는 밝혀지지 않았지만, 이집트 문헌을 통해 알려진 황금의 땅 푼트와 연관될 때가 종종 있다.

1500년 무렵 로즈위족 통치 시대에 건설된 대짐바브웨 석벽의 폐허

과 관련된 건축물이라는 이미지는 로디지아의 백인 이주민 사이에서 사랑받는 전형적인 문화로 발전했다. 사바 여왕의 궁전에 대한 소식은 순식간에 퍼졌고 건실한 매체들에 의해서도 전파되었다. 예를 들어 『뉴욕타임스』는 1892년 12월 18일에 제법 긴 분량의 기고문으로 관련 내용을 다루었다. 19세기의 학자들은 다른 방향으로도 추측을 이어갔다. 영

문명은 왜 사라지는가

국의 고고학자 시어도어 벤트는 『마쇼날란드의 폐허 도시』(1892)에서 이 석벽과 탑들을 페니키아인이나 아라비아인이 지었다고 주장했다.

그러나 짐바브웨를 구성하는 한 집단인 렘바족* 대표가 그 요새 시설을 자신들의 조상이 건설했다고 선언하면서 상황은 복잡해졌다. 렘바족의 전승에 따르면, 그들의 조상은 유대인이나 아라비아 남부의 셈족 출신이었다. 부계로는 그러한 결합이 DNA 검사를 통해 실제로도 확인되었다.(Spurdle / Jenkins 1996)

1905년 대짐바브웨 폐허가 토착 아프리카인에서 유래했다는 주장에 처음으로 찬성 입장을 표명한 사람은 영국의 고고학자 데이비드 랜들 매키버였다. 그리고 그의 동료 학자 거트루드 케이턴 톰프슨은 1929년에 그 주장을 증명하기 위해서 첫 발굴 작업에 나섰다. 그러나 요하네스버그의 영국학술협회는 아프리카 흑인(반투족)이 그 요새 시설을 건립했을 것이라는 주장에 처음에는 회의적이었다. 당시 백인 식민지 지배자들은 짐바브웨 폐허가 아프리카 흑인 문명의 명백한 표현일 수 있다는 생각을 받아들일 준비가 되어 있지 않았다. 하지만 케이턴 톰프슨은 그녀의 현대적인 고고학 방법을 높이 평가하는 동료들의 지지를 받았다. 발굴 과정에서 점점 더 많은 유물이 드러나면서 이후 폐허의 전체적인 모습이 형성되는 데 기여했다.

대짐바브웨 지역은 중세에 중요한 무역 중심지였고, 강력한 아프리카 왕국(1220년 무렵~1450년)의 정치적 중심지이기도 했다. 왕국의 일부

---

* Lemba. 짐바브웨의 한 부족으로 아프리카 대륙에 정착한 히브리인의 후손이다. 오늘날까지 유일신 의식과 유대 율법을 따르며 살고 있다.

주민 집단은 남아프리카 마풍구브웨에서 짐바브웨로 이주해 11세기 무렵 요새 시설의 건설이 시작된 지역에 정착했을 것으로 추정된다. 요새 건설은 15세기까지 이어졌다. 최근 연구에 따르면 이 왕국을 세운 사람들은 반투족의 일족으로 오늘날 짐바브웨에 널리 퍼져 있는 쇼나족의 선조다.^(Böhmer-Bauer 2000) 건설 시기는 남아프리카의 철기 시대이며 고코메레 문명과 연결된다. 고코메레족[•]은 요새를 건설하기 수백 년 전부터 농사를 짓고 철을 가공했지만 돌로 된 건축물은 나중에야 세우기 시작했다.^(Wieschhoff 2006)

대짐바브웨 폐허는 세 개의 거주 구역과 서로 다른 건축 시기로 구분된다. 언덕 구역(9~13세기에 거주)과 대구역(13~15세기) 그리고 계곡 구역(위쪽 계곡: 14~15세기, 아래쪽 계곡: 16세기 초)이다. 각 구역에 집중된 주거지는 여러 통치자가 각기 다른 시기에 건축 활동을 벌였다는 점을 시사한다. 한편 다른 해석에 따르면 언덕 구역은 신전 구역이었고 이곳의 건축물은 종교적인 역할을 했다. 계곡 구역은 도시 주민이 거주하던 곳이었고, 대구역은 왕의 거처로 쓰였을 것으로 추정한다.

거대한 석벽으로 둘러싸인 도시에는 약 1만 8000명이 거주했다. 모르타르를 사용하지 않고 돌을 쌓아올리는 특수한 건축 기법은 더 작은 규모로 지은 다른 건축물의 본보기가 되었다. 이들 건축물을 짐바브웨스라고 하며, 남아프리카에는 짐바브웨뿐 아니라 모잠비크에까지 약 200여 개가 존재한다.

도시 주변 곳곳에서는 수많은 유물이 발견되었다. 동석^{••}으로 만든

•   Gokomere. 아프리카 반투족의 일족으로, 황금 채굴과 가축 방목을 했다.

작은 조각상, 도자기, 상아로 만든 장식품, 철선과 구리선, 철로 만든 괭이, 청동 창끝, 구리 막대, 진주, 금팔찌 등이다. 이런 유물 중 많은 것이 아프리카 동부 해안에 거주한 스와힐리족과의 무역 관계를 암시한다. 교류는 해안에서의 중계 무역을 넘어 더 먼 곳으로도 확장되었다. 대짐바브웨 폐허에서는 중국제 도자기 조각과 아라비아의 주화, 그리고 유리구슬도 발견되었다. 유리구슬은 유럽에서 만들어진 것이 분명하며, 식민지 시대 이전부터 유럽 상인과 교류했다는 점을 시사한다.

대짐바브웨가 몰락한 이유에 대해서는 이런저런 추측이 난무하지만 지금까지 납득할 만한 설명을 내놓은 사람은 아무도 없다. 짐바브웨의 무역 관계는 1450년 무렵부터 시들해진 것으로 추정된다. 그 당시 짐바브웨 상인의 경쟁자로 유럽 상인이 등장했고, 이들이 자신들의 이해관계에 따라 스와힐리족과의 무역을 강화했을 수 있다. 어쩌면 금광이 고갈되는 바람에 인기 거래품인 금이 부족해졌는지도 모른다. 나아가서는 흉년과 물 부족을 야기할 수 있는 기후 변화의 징후도 존재한다.(Holmgren / Öberg 2006)

대짐바브웨 유적의 아프리카 기원을 증명한 고고학적 연구 결과들은 토착 반투족이 그 요새를 세웠다는 사실을 인정하지 않는 로디지아 식민지 당국의 이데올로기와 오랫동안 충돌했다. 그런 가운데 무장 투쟁으로 나라의 독립을 되찾으려는 지역 게릴라 집단과 식민지 당국 간의 대립이 격화되어 큰 혼란이 야기되었다. 로디지아에서 역사와 관련된 기술은 줄곧 식민지 당국의 이익을 우선시하는 정책의 그늘에 놓여

■■ 凍石. 회색이나 엷은 녹색을 띤 부드러운 광물의 하나.

대짐바브웨 폐허에서 나온
인간 모습을 한 새 조각.
1200~1400년 무렵

있었다. 그래서 이 시기에 발표된 대짐바브웨에 관한 대중적 저술은 현
실과 허구의 혼합을 보여준다. 인기 작가 윌버 스미스의 소설 『태양의
새』(1972)나 스탠레이크 샘킨지의 『반란의 해』(1978) 등이 대표적이다.
1960~1970년대에는 고고학 연구가 정치적으로 검열을 받았다. 그때부
터는 아프리카 원주민이 대짐바브웨 유적을 건설했다는 이론을 펼치는
것이 금지되었다. 몇몇 권위 있는 고고학자는 그에 대한 저항으로 로디지
아를 떠났다. 로디지아 박물관의 고위 감독관을 지낸 피터 가를레이크
와 국립박물관의 로저 서머스 등이 바로 그들이다.

아프리카의 민족주의자 역시 그들의 역사를 미화하고 이데올로기적으로 도구화했다. 한쪽에서는 중세의 무역 중심지이던 대짐바브웨를 식민지 이전 '아프리카 사회주의'의 요람으로 보았고, 다른 쪽에서는 부를 축적한 소수 지배 엘리트가 억압받는 민중의 고통을 외면하는 전형적인 예로 보았다. 대짐바브웨는 오늘날까지도 정치적 폭발력을 전혀 잃지 않았다.

대짐바브웨 폐허의 조각상에 자주 등장하는 특징적 모티프는 '짐바브웨 새'다. 전형적인 새의 형상은 크기가 약 33센티미터이며, 이 형상을 포함해 전체 크기가 약 1.7미터인 통돌 석상의 머리 부분을 장식하고 있다.(Huffman 1985)

이렇게 거대한 새 조각상은 언덕 구역에서 모두 여덟 개가 발견되었다. 이 새들은 신화적인 혼합 존재로 묘사되어 인간과 비슷한 몇 가지 특징을 보여준다. 부리에는 입술이 달리고 갈퀴 대신 발가락과 발이 있는 모습이다. 새는 아마 토템이었을 것이다. 아니면 새가 왕권을 나타내는 것일 수도 있다. 일곱 개의 새 조각은 짐바브웨 국가 기념비에 포함되지만, 나머지 하나는 남아프리카공화국 케이프타운의 흐로테스휘르에 보관돼 있다. 영국의 정치가 세실 로즈가 1893년에 사들인 영지다. 흐로테스휘르는 1910년부터 1984년까지 남아프리카공화국 총리의 정식 공관으로 사용되었다. 1990년에는 이곳에서 넬슨 만델라와 프레데리크 빌렘 데클레르크가 인종 차별 정책(아파르트헤이트)의 종식을 위한 문서에 서명했다.

짐바브웨 새는 영국의 로디지아 식민지 깃발에서도 국가의 상징이자 문장에 새겨진 동물이었고, 이 모티프는 짐바브웨 국기의 문장으로

수용되었다. 대짐바브웨 폐허는 1986년 유네스코 세계문화유산에 등재
되었다.

문명은 왜 사라지는가

25

아마존 열대우림의 기하학 형태 유적

세상에 드러난 콜럼버스 이전
대규모 주거지

1250년 ~ 1500년

　　　　　　　　　　이 장의 부제는 말 그대로 받아들여
진다. 무성한 열대우림에 뒤덮여 보이지 않거나 접근하기 어려운 지형에
놓인 주거지들이 항공 사진과 위성 사진으로 그 모습을 드러낸 것이다.
최근에 발견된 주거지는 콜럼버스 이전 문명 연구에 헌신한 고고학자들
의 모든 기대를 뛰어넘는 규모와 크기를 보여준다.
　16세기에 유럽의 식민지 개척자들이 이주해온 뒤로 아마존 열대우
림, 이른바 테라 피르메(단단한 땅) 지역은 등한시되었다. 불과 얼마 전까
지만 해도 그곳은 어느 시대에나 소수의 아메리카 원주민 집단만 살았

을 것으로 가정했기 때문이다. 이 드넓은 지역은 95퍼센트가량이 아직까지 연구되지 않은 것으로 평가되며, 여행객은 잘 알려진 교통로와 탐색이 이루어진 지역으로만 안내된다.(Valcuende del Río 2012)

남아메리카 지역을 탐색하러 온 유럽의 식민지 정복자들은 아마존 지역에는 큰 관심을 두지 않았다. 탐험가들만 그곳에서 황금의 땅 엘도라도를 찾느라고 헛수고했다. 열대우림은 백인 이주자가 보기에 사람이 지내기에는 너무 힘든 지역이었고, 대규모 가축 사육을 위한 방목지 개발은 먼 미래의 일이었다. 정복자들은 남아메리카 대륙을 관통하면서 서쪽과 동쪽을 연결하는 아마존강의 수로를 이용했다. 그러나 아마존강의 지류들로는 잘 다니지 않았다. 그래서 그 지류들이 어디로 흘러들어가는지도 수백 년 동안 알려지지 않았다. 그러다가 19세기 초 독일의 박물학자 알렉산더 폰 훔볼트가 남아메리카 대륙 탐사에 나섰고, 남아메리카 북부를 흐르는 오리노코강이 어디서 발원하는지 조사하기 시작했다.

백인은 열대우림에 사는 사람과는 거의 교류하지 않았고, 처음에는 적대 관계였다. 그럼에도 물물교환 거래가 발전하기 시작했는데, 거래는 대부분 원주민이 특정한 장소에 교환할 물건을 가져다두면 백인 상인이 그 물건을 가져가는 대가로 백인 세계에서 들여온 물건을 두고 가는 방식으로 이루어졌다. 원주민과 관계하며 선교 활동을 하던 예수회 사제들은 많은 원주민이 홍역과 천연두에 걸려 목숨을 잃었다고 보고했다. 현대 의학은 그런 일이 발생한 이유를 충분히 설명할 수 있다. 원주민의 면역 체계가 백인이 들여온 홍역과 천연두 같은 병에 대한 항체를 만들어내지 못한 것이다. 얼마나 많은 원주민이 그로 인해 목숨을 잃었는지는 알려지지 않았다. 또한 그들이 열대우림의 어디에서, 어떻게 살았는

지도 정확히 알 수 없었다.

프란시스코 데 오레야나는 1540년대에 아마존강을 탐험한 최초의 식민지 정복자였다. 에콰도르의 키토'에서 출발한 이 탐험의 계기는 거대한 강의 주변 지역에 대한 전문적인 실태 조사와는 거리가 멀었다. 초기의 정복자(프란시스코 피사로와 그의 사람들)는 페루에서 잉카 제국의 금을 약탈했다. 황금의 땅 엘도라도와 인기 있는 향신료인 계피가 풍부한 땅에 대한 전설이 당시에 생겨났다. 그 때문에 키토 총독 곤살로 피사로''가 오레야나에게 계피의 땅을 찾아내라는 임무를 맡긴 것이다.

이 탐험에서 일어난 일은 도미니크회 수도사 가스파르 데 카르바할이 기록해두었다. 오레야나와 그의 탐험대는 황금의 땅이나 계피의 땅은 찾지 못했지만 후세 사람이 관심을 가질 만한 많은 것을 발견했다.

카르바할의 연대기에는 아메리카 원주민의 세계, 그들의 풍습과 관습, 물질문명에 대한 귀중한 정보가 담겨 있다. 식민지 정복자들은 원주민 마을에 있는 조상 숭배 의식을 행하는 곳에서 죽은 사람들의 유골을 보았다. 또 아마존 지역에서 백인을 상냥하게 받아들이고 양식을 제공하는 집단과 적대적으로 여기는 집단이 누군지도 알게 되었다.

오레야나는 아마존강과 남쪽 지류인 마데이라강이 합류하는 지역에서 타푸야족과 격렬한 전투에 빠져들었다. 타푸야족의 언어는 투피과

▪   Quito. 안데스 산맥의 산 중턱에 위치한 잉카 제국의 오래된 도시로, 에스파냐의 식민 통치를 받았다. 현재 에콰도르의 수도다.
▪▪   Gonzalo Pizarro Y Alonso(1510~1548). 에스파냐 출신으로 형인 프란시스코 피사로와 함께 잉카 제국을 정복하는 원정에 나선 인물이다. 1541년에 키토의 식민 총독에 임명되지만 의견을 달리하는 에스파냐 왕실에 맞서 싸우다가 참수되었다.

라니 어족에 속한다. 타푸야족은 동맹을 맺은 다른 종족과 연합해 침입자에 격렬하게 맞서 싸웠다. 오레야나는 이 전투에서 원주민 여성까지 힘을 합쳐 남성과 함께 싸운다는 사실에 특히 강한 인상을 받았다. 그것은 오레야나에게 그리스 역사가가 묘사한 아마조네스 여전사를 떠오르게 했다(16장 참조). 그래서 그리스 신화를 토대로 그 거대한 강을 아마존(아마조나스)으로, 주변 지역을 아마존 우림(아마조니아)으로 명명했다.(Taylor 1898)

언제부터인가 오레야나의 탐험대에는 식량이 바닥났고 새로 조달할 기회도 전혀 없었다. 오레야나는 원래 서쪽으로 돌아갈 생각이었다. 그러나 그의 배들은 강 하류를 따라 동쪽으로 잡아당기는 거센 물살을 거스를 수가 없었다. 그래서 거대한 강의 흐름에 맡긴 채 그저 따라갈 수밖에 없었다. 오레야나 탐험대는 이런 식으로, 정확히 말하면 좋지 않은 상황으로 인해 어쩔 수 없는 상태에서 1542년 내륙에서 출발해 아마존강 하구에까지 도달했다.

에스파냐 정복자들은 아메리카 원주민이 마을 공동체를 구성하고 주변의 유용 식물을 재배하는 솜씨에 깊은 인상을 받았다.(Smith 1994) 그 점으로 미뤄볼 때 당시에는 아마존의 주거지와 수로를 통한 무역이 아직 번성하고 있었을 것이다.

그러나 오레야나와 카르바할처럼 아메리카 원주민의 문화적 성취를 높이 평가하는 사람은 없었다. 당시 사람들은 이들이 관찰한 내용을 상상력이 가미된 과장으로 여겼다. 오늘날까지도 카르바할의 연대기를 '순전한 허구 이야기'(Carrillo 1987)로 평가하는 사람들이 있다. 일반적으로 에스파냐 정복자들과 그 후손은 아마존 지역 주민을 대부분 미개인으로

만 보았다. 그들에게는 수준 높은 문화적 성취를 이룰 만한 능력이 없고, 하물며 대규모 주거지 건설은 두말할 필요도 없는 일로 여겼다. 에스파냐와 포르투갈 사제들은 아마존 우림과 계곡의 원주민을 어린아이처럼 다루었고, 규율을 가르친다는 명목 아래 많은 원주민에게 강제로 일을 시켰다.

백인 식민지 지배자의 착취를 보여주는 전형적인 예가 권력욕에 사로잡힌 로페 데 아기레였다. 아기레도 곤살로 피사로에게서 아마존에서 황금의 땅을 찾으라는 지시를 받았고, 그 역시 발견하지 못했다. 아기레는 원주민을 노예처럼 부리며 무자비하게 착취했다. 심지어 에스파냐 왕권에도 반기를 들고 스스로 한 왕국의 통치자처럼 행동했다. 그러나 그러한 행동은 결국 불행한 결과를 초래했다. 아기레는 체포된 뒤 처형되었고, 에스파냐에 있던 그의 집은 본보기로 산산이 부서졌다. 아기레의 아마존 모험 이야기는 1972년 베르너 헤어초크 감독에 의해 영화화되었고(《아기레, 신의 분노》), 클라우스 킨스키가 주인공으로 열연했다. 영화에 묘사된 사건은 상당 부분 카르바할의 연대기에서 수용한 것이다.

20세기 들어 많은 아메리카 원주민이 예전부터 살던 지역에서 쫓겨났다. 대농장 소유자는 가축 떼를 위한 방목지와 농지를 얻기 위해서 불을 질러 개간하는 방식을 사용했고, 그로 인해 원주민의 생활 터전인 아마존 우림이 파괴되었기 때문이다. 금이나 다른 값비싼 광물을 찾으려는 모험가도 자연 환경 파괴에 동참했다. 최근에는 날로 증가하는 아마존 우림의 파괴 상태가 위성 사진을 통해 체계적으로 드러나고 있다. 이러한 감시 활동의 부수적 결과가 최근까지 알려지지 않았던 여러 흙 둔덕의 발견이었다.

아마존에서 드러난 새로운 흔적과 아마존 지역의 역사적 이주를 설명하는 통설 사이에는 엄청난 간극이 존재한다. 이전에는 유럽인이 들어오기 전 아마존강 남쪽의 열대우림 지대에는 사람이 얼마 살지 않았고 주로 원시적인 사냥과 채집 생활을 영위했다고 가정했다. 그러나 역사적 주거지의 실제 규모와 서서히 드러나는 지역을 넘어서는 교류의 증거는 지금까지의 상투적인 생각과는 전혀 맞지 않는다. 최근에 밝혀진 연구 결과에 따르면 에스파냐 정복자의 침입 시기에 아마존강 남쪽 지역의 주민 수는 100만 명이 넘었을 것으로 추정된다. 그곳에 마을과 도시적 기반 시설을 갖춘 주거지를 건설한 사람들은 사냥꾼과 채집꾼이 아니라 정착 생활을 한 농경민이었다.

아마존 우림에서는 원이나 사각형 등 기하학적 기본 형태로 된 거대한 흙 둔덕(울타리, 도랑)이 새로 발견되었다. 주거지를 둘러싼 흔적을 드러내는 이른바 지상 그림이다. 이전에는 해마다 주기적으로 발생하는 홍수로 봄에 강물이 넘친 평지를 중심으로 주거지가 모여 있었다고 가정했다.(McMichael et al. 2012) 그래야 농경지에 물을 댈 수 있기 때문이다. 그러나 이제 주거지의 지리적 위치에 대한 관점이 어마어마하게 확대된다. 아마존강 남쪽 지대는 서쪽에서 동쪽으로 약 1800킬로미터 이상 뻗어 있었고, 1250년부터 1500년 사이에는 인구 밀도도 상당히 높았다. "흙 둔덕은 볼리비아의 야노스데목소스 사바나 지대에서 아마존 분지 남서쪽의 우림 지대를 지나 브라질 내륙 마투그로수주州에 있는 싱구강* 상류의 숲 지대까지 뻗어 있다."(de Souza et al. 2018)

▪ Xingu River. 브라질 국토의 중앙부를 남에서 북으로 가로지르는 아마존강의 지류.

아마존 분지 남쪽 접경 지대의 흙 둔덕

이러한 흙 둔덕에서 대략의 윤곽이 드러나는 장소들은 자연적인 지형에 맞게 형성되었고 다양한 기본 유형도 알아볼 수 있다. 더 높은 지대에 놓인 원형 마을이 있고, 흙을 쌓아올려 만든 거대한 둔덕, 방어 시설로 에워싼 주거지와 종교 의식과 마을의 축제를 거행하기 위한 중심지가 있었다. 주거지는 종교 구역 인근에 놓여 있었다. 물론 그곳에 세워진 목재 구조물은 더 이상 아무것도 남아 있지 않지만, 주거지와 성스러운 구역이 서로 분리되었다는 점은 특정한 주요 모티프를 통해 알 수 있다. 주거지에서는 일상생활에 사용된 도구와 용기가 발견된 반면, 성스러운 구역에는 그런 유물이 전혀 없었다. 그 밖에도 성스러운 구역에서는 제식에 쓰인 도구나 숭배 대상의 파편이 산발적으로 발견되었다.

싱구강 상류 지역에서는 도랑으로 둘러싸인 요새화된 주거지의 잔해가 발견되었다. 이런 주거지는 주민 수가 더 많았고, 교통로를 통해 서로 연결되어 있었다. 이 주거지 집적은 '인구 밀도가 낮은 콜럼버스 이전 도시'의 네트워크로 분류된다.(de Souza et al. 2018) 이들 주거지가 무엇 때문에 유럽의 식민지 정복자가 도착한 직후부터 의미를 잃게 되었는지는 알 수 없다. 현재까지는 그 이유를 설명하는 납득할 만한 해석이 없다. 다만 유럽인에 의해 딸려 들어온 질병으로 인해서 원주민 수가 상당히 줄었을 것이라고 추측할 뿐이다.

고고학자들은 아마존강 남쪽 지역에 거주한 주민의 문화와 언어가 매우 통일적이었을 것이라고 가정한다. 그렇지 않다면 상당히 멀리 떨어진 지역과의 교류는 생각할 수 없는 일이기 때문이다. 당시 아마존 열대 우림 지대의 주민은 현재 그곳에 널리 퍼져 있는 아라와크족' 의 선조였을 가능성이 매우 높다. 거기에는 볼리비아에서 바우레어," 이그나시아노어,''' 기타 다른 언어를 사용하는 종족과 브라질에서 와우라어,⁚ 메

---

* Arawak. 대앤틸리스 제도(쿠바, 자메이카, 아이티, 도미니카, 푸에르토리코)와 남아메리카에 사는 아메리카 원주민의 한 종족. 콜럼버스가 바하마 제도에 처음 상륙했을 때 대앤틸리스 제도에서 마을 공동체를 이루어 사는 농경민이었다.

** Baure. 볼리비아 베니주州에 사는 소수 민족인 바우레족이 쓰는 언어.

*** Ignaciano. 볼리비아의 원주민 목소족이 쓰는 언어.

⁚ Waurá. 아마존 중남부 지방에 사는 브라질의 원주민 와우라족이 쓰는 언어.

히나쿠어,⋮ 야왈라피티어⋮ 등을 사용하는 종족이 포함된다.(Derbyshire 1992) 이들 언어 공동체는 모두 소수 집단이다. 오늘날의 아라와크족은 과거 콜럼버스 이전 시대에는 규모가 상당했던 주거 공동체에서 명맥을 이어온 집단이다.

인간의 손에서 탄생한 엄청난 규모의 흙 둔덕은 이제 새로운 의문을 제기한다. 콜럼버스 이전 시대 원주민은 아마존 열대우림의 환경에 어느 정도나 영향을 주었을까? 최근에 드러난 주거지를 감안할 때 인간이 환경에 영향을 끼친 역사의 시작은 몇백 년 뒤로 옮겨져야 할 것이다. 그것은 아마존 지역의 기후 변화 영향 인자에 대한 토론에서도 새로운 방향 정립을 요구한다.

⋮ Mehinacu. 아마존 유역에 사는 브라질의 원주민 메히나쿠족이 쓰는 언어.
⋮ Yawalapití. 브라질 마투그로수주州에 사는 야왈라피티족이 쓰는 언어.

1 쇠닝겐 창의 비밀

Conard, N. J. (2009). 「최초의 비너스. 세계에서 가장 오래된 여성 묘사」Die erste Venus. Zur ältesten Frauendarstellung der Welt, in: Conard et al. 2009: 268~271.

Conard, N. J. et al. (Hrsg.) (2009). 『빙하기—예술과 문화』Eiszeit—Kunst und Kultur (Begleitband zur Ausstellung in Stuttgart 2009/2010). Ostfildern.

Grimaud-Hervé, D. et al. (2015). 『선조들의 역사. 선사 시대의 위대한 모험』Histoires d'ancêtres. La grande aventure de la préhistoire. Arles Cedex. (5. Aufl.)

Haarmann, H. (2006). 『언어의 세계사. 인류의 초기부터 현재에 이르기까지』Weltgeschichte der Sprachen. Von der Frühzeit des Menschen bis zur Gegenwart. München. (3. Aufl. 2016)

Haarmann, H./Marler, J. (2008). 『신화적 초승달의 표상. 유라시아와 아나톨리아를 연결하는 고대의 믿음과 이미지』Introducing the mythological crescent. Ancient beliefs and imagery connecting Eurasia with Anatolia. Wiesbaden.

Lewin, R./Foley, R. A. (2004). 『인류 진화의 원칙』Principles of human evolution. Malden, MA & Oxford. (2. Aufl.)

Mania, D. (2007). 「쇠닝겐의 사냥꾼들은 누구였나?」Wer waren die Jäger von Schöningen?, in: Thieme 2007 b: 222~224.

Otte, M. (Hrsg.) (2014). 『네안데르탈인/크로마뇽인. 만남』Néandertal/Cro-Magnon. La rencontre. Arles.

Reichstein, J. (2005). 「인류의 종교적, 문화적 기원」Religiöse und kulturelle Ursprünge der Menschheit, in: Sahm et al. 2005: 49~72.

Sahm, P. R. et al. (Hrsg.) (2005). 『호모 사피엔스: 우주 속의 인간』Homo sapiens: Der Mensch im Kosmos. Hamburg.

Sankararaman, S. et al. (2014). 「현생 인류에서 나타나는 네안데르탈인의 게놈 지도」

The genomic landscape of Neanderthal ancestry in present-day humans, in:
Nature 507: 354~357.

Thieme, H. (1997). 「독일에서 출토된 전기 구석기 시대 사냥 창」Lower Palaeolithic
hunting spears from Germany, in: Nature 385: 807~810.

_____. (2007a). 「쇠닝겐의 위대한 투창: 초기 인류의 문화에 대한 새로운 상」Der
große Wurf von Schöningen: Das neue Bild zur Kultur des frühen Menschen,
in: Thieme 2007b: 224~228.

_____. (Hrsg.) (2007b). 「쇠닝겐 창. 40만 년 전 인간과 사냥」Die Schöninger
Speere. Mensch und Jagd vor 400000 Jahren (Ausstellungskatalog). Stuttgart.

Wagner, G. et al. (Hrsg.) (2007). 『호모 하이델베르겐시스―인류사의 핵심 발굴』
Homo heidelbergensis ― Schlüsselfund der Menschheitsgeschichte. Stuttgart.

Ziegler, R. (2009). 「라인강가의 하마, 슈베비셰알프의 원숭이」Nilpferde am Rhein,
Affen auf der Alb, in: Conard et al. 2009: 43~51.

2 곰, 야생 백조, 여성 수호신들

Abramova, Z. A. (1995). 『동유럽과 시베리아의 구석기 시대 예술』L'art paléolithique
d'Europe orientale et de Sibérie. Grenoble.

Ajkhenvald, A. et al. (1989). 「초기 핀우고르족의 신화적 믿음에 관하여: 재구성을 위한
비교사적 고찰」On earliest Finno-Ugrian mythologic beliefs: Comparative and
historical considerations for reconstruction, in: Hoppál/Pentikäinen 1989:
155~159.

Bailey, G./Spikins, P. (Hrsg.) (2008). 『중석기 시대 유럽』Mesolithic Europe. Cambridge.

Carmichael, D. L. et al. (Hrsg.) (1994). 『성지, 성소』Sacred sites, sacred places. London & New York.

Glavatskaya, E. (2001). 「러시아와 샤먼 세계: 대립의 간략한 역사」The Russian state
and shamanhood: The brief history of confrontation, in: Pentikäinen 2001:
237~247.

Haarmann, H./Marler, J. (2008). 『신화적 초승달의 표상. 유라시아와 아나톨리아를 연결하는 고대의 믿음과 이미지』Introducing the mythological crescent. Ancient beliefs and imagery connecting Eurasia with Anatolia. Wiesbaden.

Hoppál, M./Pentikäinen, J. (Hrsg.) (1989). 『우랄 신화와 민속』Uralic mythology and folklore. Budapest.

Kare, A. (Hrsg.) (2000). 『미안다쉬: 고대 북극의 바위 예술』Myanndash: Rock art in the ancient Arctic. Rovaniemi.

Martynov, A. I. (1991). 『북아시아의 고대 예술』The ancient art of northern Asia. Urbana & Chicago, IL.

Ovsyannikov, O. V./Terebikhin, N. M. (1994). 「북극 지역 문화의 성스러운 장소」 Sacred space in the culture of the Arctic regions, in: Carmichael et al. 1994: 44~81.

Pentikäinen, J. (Hrsg.) (2001). 『샤먼 세계 — 상징성과 서사시』Shamanhood — symbolism and epic. Budapest.

Schmidt, É. (1989). 「북부 오브우고르족의 곰 숭배와 신화」Bear cult and mythology of the northern Ob-Ugrians, in: Hoppál/Pentikäinen 1989: 187~232.

3 거대한 빙하 위의 불법 사냥꾼

Balter, M. (2013). 「고대 DNA는 아메리카 원주민과 유럽을 연결한다」Ancient DNA links native Americans with Europe, in: Science 342: 409~410.

Bright, W. (Hrsg.) (1992). 『국제 언어학 백과사전』International encyclopedia of linguistics, vol. 1. New York & Oxford.

Fitzhugh, W. W./Ward, E. I. (Hrsg.) (2000). 『바이킹: 북대서양의 모험담』Vikings: The North Atlantic saga. Washington, DC.

Goddard, I. (1992). 「알곤킨어」Algonkian languages, in: Bright 1992: 44~48.

Gruhn, R./Bryan, A. (2011). 「아메리카 대륙의 초기 거주자에 대한 현재의 관점」A current view of the initial peopling of the Americas, in: Vialou 2011: 17~30.

Haarmann, H. (2017). 『언어 소사전. 알바니아어에서 줄루어까지』Kleines Lexikon

der Sprachen. Von Albanisch bis Zulu. München. (3. Aufl.)

Kilby, J. D. (2011). 「북아메리카 초기 원주민의 범위 내에 있는 클로비스 유물」Les caches Clovis dans le cadre du Paléoindien ancien en Amérique du Nord, in: Vialou 2011: 71~84.

Meltzer, D. J. (2009).『신세계의 첫 거주자. 빙하기의 아메리카 대륙 이주』First peoples in a new world. Colonizing Ice Age America. Berkeley, Los Angeles & London.

Phillips, K. M. (2014). 「솔뤼트레 문화의 물범 사냥꾼? 솔뤼트레 문화 가설에 기초한 북아메리카 이주의 대서양 횡단 매개변수 모델링」Solutrean seal hunters? Modeling transatlantic migration parameters fundamental to the Solutrean hypothesis for the peopling of North America, in: Journal of Anthropological Research 70: 573~600.

Raff, J. A./Bolnick, D. A. (2015). 「미토콘드리아 하플로그룹 X는 고대 아메리카 대륙으로의 대서양 횡단 이주를 시사하나? 비판적 재평가」Does mitochondrial haplogroup X indicate ancient trans-Atlantic migration to the Americas? A critical re-evaluation, in: PaleoAmerica 1: 297~304.

Raghavan, M. et al. (2013). 「후기 구석기 시대 시베리아인의 유전체는 북아메리카 원주민의 두 갈래 혈통을 드러낸다」Upper Palaeolithic Siberian genome reveals dual ancestry of native Americans, in: Nature 505: 87~91.

Schroeder, K. B. et al. (2009). 「아메리카 대륙에서 높은 빈도를 보이는 개별 대립인자의 하플로 유형 배경」Haplotypic background of a private allele at high frequency in the Americas, in: Molecular Biology and Evolution 26: 995~1016.

Stanford, D. J./Bradley, B. A. (2012).『대서양 빙하를 가로질러. 아메리카 대륙 클로비스 문화의 기원』Across Atlantic ice. The origin of America's Clovis culture. Berkeley, Los Angeles & London.

Straus, L. G. (2017). 「북아메리카의 솔뤼트레 주거지? 현실적 검토」Solutrean settlement of North America? A review of reality, in: American Antiquity 65: 219~226.

Trask, R. L. (1997).『바스크의 역사』The history of Basque. London & New York.

Vialou, D. (Hrsg.) (2011).『아메리카 주민과 선사 시대』Peuplements et préhistoire en Amériques. Paris.

Walker, J. W. P./Clinnick, D. T. G. (2014). 「빙하 위에서 보낸 솔뤼트레인의 10년: 아메리카 대륙의 식민지화 평가를 위한 기술 물류와 고유전학의 고찰」Ten years of Solutreans on the ice: a consideration of technological logistics and paleogenetics for assessing the colonization of the Americas, in: World Archaeology 46: 734~751.

Waters, M./Stafford, T. (2007). 「클로비스 시대의 재규정: 아메리카 대륙의 거주자에 대한 함의」Redefining the age of Clovis: Implications for the peopling of the Americas, in: Science 315: 1122~1126.

4 인류 최초의 신전 건축물

Abt, Th. (2014). 「괴베클리테페. 문화적 기억과 자연의 지식」Göbekli Tepe. Kulturelles Gedächtnis und das Wissen der Natur, in: Zeitschrift für orientalische Archäologie 7: 90~124.

Dexter, M. R./Mair, V. H. (2010). 『성스러운 표현. 신적이고 마법적인 유라시아 여인상』Sacred display. Divine and magical female figures of Eurasia. Amherst, NY.

Garfinkel, Y. (2003). 『농경의 여명에 춤을』Dancing at the dawn of agriculture. Austin, Texas.

Ghose, T. (2012). 「고대의 맥주 양조장들은 술의 오래된 매력을 암시한다」Ancient beer breweries hint at alcohol's age-old appeal, in: LiveScience (nbcnews.com)

Haarmann, H. (2013). 『고대의 지식, 고대의 노하우, 고대의 추론. 선사 시대에서 고대까지 그리고 그 너머 과도기의 문화적 기억』Ancient knowledge, ancient knowhow, ancient reasoning. Cultural memory in transition, from prehistory to classical antiquity and beyond. Amherst, NY.

Peters, J./Schmidt, K. (2004). 「터키 남동부 괴베클리테페의 토기 이전 신석기 시대 상징 세계 속 동물들: 예비 평가」Animals in the symbolic world of pre-pottery Neolithic Göbekli Tepe, south-eastern Turkey: a preliminary assessment, in: Anthropozoologica 39: 179~218.

Schmidt, K. (2006). 『그들이 최초의 신전을 지었다. 석기 시대 사냥꾼들의 불가사의

한 성전』Sie bauten die ersten Tempel. Das rätselhafte Heiligtum der Steinzeit-jäger. München.

_____. (2010). 「괴베클리테페―석기 시대 성소: 조각과 부조에 특별한 초점을 두고 진행 중인 발굴의 새로운 결과」Göbekli Tepe―The Stone Age sanctuaries: New results of ongoing excavations with a special focus on sculptures and high reliefs, in: Documenta Praehistorica XXXVII: 239~256.

Yeşilyurt, M. (2014). 『괴베클리테페의 학문적 해석: 이론과 연구 프로그램』Die wissenschaftliche Interpretation von Göbeklitepe: Die Theorie und das For-schungsprogramm. Berlin.

5   위대한 여신과 모기

Balter, M. (2005). 『여신과 황소. 차탈회위크: 문명의 여명으로 향하는 고고학 여행』The goddess and the bull. Çatalhöyük: An archaeological journey to the dawn of civilization. New York, London & Toronto.

Gimbutas, M. (1991). 『여신 문명』The civilization of the goddess. San Francisco.

Haarmann, H./Marler, J. (2008). 『신화적 초승달의 표상. 유라시아와 아나톨리아를 연결하는 고대의 믿음과 이미지』Introducing the mythological crescent. Ancient beliefs and imagery connecting Eurasia with Anatolia. Wiesbaden.

Haydaroğlu, M. (Hrsg.) (2006). 「차탈회위크―토프락탄손수즐루가/지상에서 영원으로」Çatalhöyük―Topraktan sonsuzluğa/From earth to eternity (Ausstel-lungskatalog). Istanbul.

Hodder, I. (2006). 『차탈회위크―터키 고대 도시의 신비를 드러내는 표범 설화』Çatal-höyük―The leopard's tale. Revealing the mysteries of Turkey's ancient ⟨town⟩. London.

Yakar, J. (2011). 『고고학으로 본 고대 아나톨리아 사회 고찰. 신석기 마을 공동체에서 EBA 마을과 정치 형태까지』Reflections of ancient Anatolian society in archaeol-ogy. From Neolithic village communities to EBA towns and polities. Istanbul.

Albertz, R./Hiesel, G./Klengel, H./Koch, H./Niemeyer, H. G./Wiesehöfer, J./
Zibelius-Chen, K. (2003). 『초기 고도 문명들. 이집트, 수메르, 아시리아, 바빌로니
아, 히타이트, 미노아, 페니키아, 페르시아』Frühe Hochkulturen. Ägypter-Sumer-
er-Assyrer-Babylonier-Hethiter-Minoer-Phöniker-Perser. Stuttgart. (2. Aufl.)

Anthony, D. W. (2009). 「고유럽의 흥망성쇠」The rise and fall of Old Europe, in: An-
thony/Chi 2009: 28~57.

Anthony, D./Chi, J. Y. (Hrsg.) (2009). 『고유럽의 잃어버린 세계. 기원전 5000년~
기원전 3500년 도나우 계곡』The lost world of Old Europe. The Danube valley,
5000~3500 BC. New York, Princeton, NJ & Oxford.

Beekes, R. (2010). 『그리스어 어원 사전』Etymological dictionary of Greek, 2 vols.
Leiden & Boston.

Breazu, M./Suteu, A. (Hrsg.) (2007). 『역사 수업—8000년 전 도기 제작』A history
lesson—Pottery manufacturing 8000 years ago. Alba Iulia.

Budja, M. (2005). 「남동유럽의 신석기화 과정: 세라믹 여인상과 곡물에서 내시적 현상
과 인간 핵 유전자 다형 표지자까지」The process of Neolithisation in South-East-
ern Europe: From ceramic female figurines and cereal grains to entoptics and
human nuclear DNA polymorphic markers, in: Documenta Praehistorica
XXXII: 53~72.

Chapman, J. (2000). 『고고학에서의 파편화. 남동유럽 선사 시대의 거주민, 장소, 부서
진 물건들』Fragmentation in archaeology: People, places and broken objects in
the prehistory of South-Eastern Europe. London & New York.

_____. (2009). 「남동유럽의 집, 가구, 마을 그리고 원시 도시들」Houses, house-
holds, villages, and proto-cities in southeastern Europe, in: Anthony/Chi
2009: 74~89.

Gimbutas, M. (1991). 『여신 문명』The civilization of the goddess. San Francisco.

Gligor, M. et al. (2007). 「역사 수업—고대 도기의 신석기 시대 제작 기술과 분석 방법
에 관한 일반 자료」A history lesson—general data on Neolithic manufacturing
techniques and analysis methods for ancient pottery, in: Breazu/Suteu 2007:

110~133.

Haarmann, H. (2010). 『도나우 문자 입문』Einführung in die Donauschrift. Hamburg.

_____. (2011a). 『도나우 문명의 수수께끼. 유럽에서 가장 오래된 고도 문명의 발견』Das Rätsel der Donauzivilisation. Die Entdeckung der ältesten Hochkultur Europas. München. (3. Aufl. 2017)

_____. (2011b). 『기술과 문화적 생태로서의 글쓰기. 역사의 여명에 나타난 인간의 마음 탐구』Writing as technology and cultural ecology. Explorations of the human mind at the dawn of history. Frankfurt, Berlin, Oxford & New York.

Hodder, I. (1990). 『유럽의 교화. 신석기 사회의 구조와 우발성』The domestication of Europe. Structure and contingency in Neolithic societies. Oxford & Cambridge.

Kristiansen, K. (1998). 『역사 이전의 유럽』Europe before history. Cambridge & New York.

Kruta, V. (1993). 『기원전 6000년~기원전 500년 유럽의 시작』Die Anfänge Europas von 6000~500 v. Chr. München.

Lazarovici, C.-M. (2009). 「쿠쿠테니의 세라믹: 기술, 유형, 발전 그리고 미학」Cucuteni ceramics: technology, typology, evolution, and aesthetics, in: Anthony/Chi 2009: 128~161.

Maxim, Z./Marler, J./Crişan, V. (Hrsg.) (2009). 『투르다슈와 타르타리아의 발견에 비춰본 도나우 문자』The Danube script in light of the Turdaş and Tărtăria discoveries (exhibition catalogue). Cluj-Napoca & Sebastopol, CA.

Merlini, M. (2009a). 『도나우 문자 조사』An inquiry into the Danube script. Sibiu & Alba Iulia.

_____. (2009b). 「도나우 문자와 투르다슈. 조피아 토르마가 발견한 문자 같은 기호」The Danube script and Turdaş. The script-like signs found by Baroness Zsófia von Torma, in: Maxim et al. 2009: 21~43.

Nile, R./Clerk, Chr. (1996). 『오스트레일리아, 뉴질랜드, 남태평양의 문화 지도』Cultural atlas of Australia, New Zealand and the South Pacific. Abingdon & New York.

Pernicka, E./Anthony, D. W. (2009). 「구리 제련의 발명과 고유럽의 구리 시대」The invention of copper metallurgy and the Copper Age of Old Europe, in: Anthony/Chi 2009: 162~177.

Séfériadès, M. L. (2009). 「선사 시대 유럽의 스폰딜루스 조개와 장거리 무역」Spondylus and long-distance trade in prehistoric Europe, in: Anthony/Chi 2009: 178~190.

Videjko, M. J. (2003). 『트리필랴 문명』Trypil's'ka civilizacija. Kiew. (2. Aufl.)

7 신화적인 딜문

Crawford, H. E. W. (1998). 『딜문과 걸프만의 그 이웃 나라들』Dilmun and its Gulf neighbours. Cambridge.

_____. (2001). 『자르의 초기 딜문 인장. 바레인 청동기 시대의 예술과 무역』Early Dilmun seals from Saar. Art and commerce in Bronze Age Bahrain. London.

Hirst, K. K. (2016). 「딜문 ― 메소포타미아의 낙원과 페르시아만의 교역 문화」Dilmun ― Mesopotamian paradise and trading culture on the Persian Gulf; ⟨thoughtco.com⟩

Højlund, F. (1989). 「딜문 국가와 아모리 왕조의 형성」The formation of the Dilmun state and the Amorite tribes, in: Proceedings of the Seminar for Arabian Studies 19: 45~59.

Howard-Carter, T. (1981). 「초기 딜문의 명백한 증거」The tangible evidence for the earliest Dilmun, in: Journal of Cuneiform Studies 33: 210~223.

Larson, C. E. (1983). 『바레인섬에서의 삶과 토지 이용: 고대 사회의 지구고고학』Life and land use on the Bahrain islands: The geoarcheology of an ancient society. Chicago.

Laursen, St. (2008). 「초기 딜문과 그 통치자들: 지배층의 봉분과 사회적 복잡성의 발전에 대한 새로운 증거, 기원전 2200년~기원전 1750년」Early Dilmun and its rulers: New evidence of the burial mounds of the elite and the development of social complexity, c. 2200~1750 BC, in: Arabian Archaeology and Epigraphy 19: 156~167.

_____. (2009). 「마간의 쇠퇴와 딜문의 부상: 바레인 봉분에서 나온 움안나르 도자기」The decline of Magan and the rise of Dilmun: Unm an-Nar ceramics from the burial mounds of Bahrain, c. 2250~2000 BC, in: Arabian Archaeology and Epigraphy 20: 134~155.

Moore, K./Lewis, D. Ch. (2009). 『세계화의 기원』The origins of globalization. New York & London.

Nyrop, R. F. (2008). 『페르시아만 국가들의 지역 안내서』Area handbook for the Persian Gulf States. Rockville, Maryland.

Ray, H. P. (2003). 『고대 남아시아의 항해 고고학』The archaeology of seafaring in ancient South Asia. Cambridge & New York.

8 하라파와 모헨조다로 사이

Allchin, B. und F. R. (1968). 『인도 문명의 탄생: 기원전 500년 이전 인도와 파키스탄』The birth of Indian civilization: India and Pakistan before 500 BC. Harmondsworth.

Bellwood, P./Renfrew, C. (Hg.) (2002). 『농경/언어 확산 가설 고찰』Examining the farming/language dispersal hypothesis. Cambridge.

Dexter, M. R. (2012). 「인도-유럽 종교와 도상학의 기질적 연속성: 인더스 계곡 문명의 인장과 조각상 그리고 역사적 인도 여인상」Substrate continuity in Indo-European religion and iconography: Seals and figurines of the Indus Valley culture and historic Indic female figurines, in: Huld et al. 2012: 197~219.

Fuller, D. (2002). 「드라비다어 역사언어학에 대한 농경적 관점: 고고학적 농작물 일체, 가축, 드라비다어 농작물 어휘」An agricultural perspective on Dravidian historical linguistics: Archaeological crop packages, livestock and Dravidian crop vocabulary, in: Bellwood/Renfrew 2002: 191~213.

Gallego Romero, I. et al. (2011). 「인도와 유럽의 소를 키우는 목자들은 락타아제 지속성의 대립유전자가 우세하다』Herders of Indian and European Cattle Share their Predominant Allele for Lactase Persistence, in: Mol. Biol. Evol. 29: 249~260.

Haarmann, H. (2002). 『문자의 역사』Geschichte der Schrift. München. (5. Aufl. 2017)

_____. (2016). 『인도유럽인의 자취를 찾아서. 신석기 시대 스텝 유목민에서 초기 고도 문명까지』Auf den Spuren der Indoeuropäer. Von den neolithischen Steppennomaden bis zu den frühen Hochkulturen. München.

Harding, E. U. (1993). 『칼리—닥시네스와르의 검은 여신』Kali—The black goddess of Dakshineswar. York Beach, ME.

Huld, M. E./Jones-Bley, K./Miller, D. (Hrsg.) (2012). 『고고학과 언어: 제임스 P. 말로리에게 소개된 인도-유럽어 연구』Archaeology and language: Indo-European studies presented to James P. Mallory. Washington.

Keay, J. (2000). 『인도—역사』India—a history. London & New Delhi.

Maisels, Ch. K. (1999). 『구세계의 초기 문명. 이집트, 레반트, 메소포타미아, 인도, 중국의 형성사』Early civilizations of the Old World. The formative histories of Egypt, the Levant, Mesopotamia, India and China. London & New York.

MacDonald, G. (2011). 「인도의 여름 몬순과 하라파 문명의 쇠퇴에 미친 태평양의 잠재적 영향」Potential influence of the Pacific Ocean on the Indian summer monsoon and Harappan decline, in: Quaternary International 299: 140~148.

McElreavey, K./Quintana-Murci, L. (2005). 「단친성으로 유전된 표지자를 통한 인더스 계곡의 인구유전학적 관점」A population genetics perspective of the Indus Valley through uniparentally-inherited markers, in: Annals of Human Biology 32: 154~162.

McIntosh, J. (2001). 『평화로운 왕국: 인더스 문명의 부흥과 몰락』A peaceful realm: The rise and fall of the Indus civilization. Boulder, CO.

Parpola, A. (1994). 『인더스 문자 판독』Deciphering the Indus script. Cambridge.

_____. (1996). 「인더스 문자」The Indus script, 165~171.

_____. (2015). 『힌두교의 뿌리: 초기 아리아인과 인더스 문명』The roots of Hinduism: The early Aryans and the Indus civilization. Oxford.

Parzinger, H. (2014). 『프로메테우스의 아이들. 문자 발명 이전의 인류 역사』Die Kinder des Prometheus. Eine Geschichte der Menschheit vor der Erfindung der Schrift. München.

Possehl, G. L. (Hrsg.) (1982). 『하라파 문명: 현대의 관점』Harappan civilization: A contemporary perspective. New Delhi.

Witzel, E. J. M. (2011). 『세계 신화의 기원』The origins of the world's mythologies. Oxford & New York.

Wright, R. P. (2010). 『고대 인더스: 도시화, 경제와 사회』The ancient Indus: Urbanism, economy and society. Cambridge.

9   하투샤 성벽 앞 신들의 행렬

Akurgal, E. (1990). 『아나톨리아 문명』Anadolu uygarlıkları. Istanbul. (3. Aufl.)

_____. (2001). 『하티와 히타이트 문명』The Hattian and Hittite civilizations. Ankara.

Beckman, G. (2007). 「하투샤에서 카르케미시까지: 히타이트 역사에 대한 최신 소식」From Hattuša to Carchemish: The latest on Hittite history, in: Chavalas 2007: 97~112.

Bryce, T. R. (2002). 『히타이트 세계의 삶과 사회』Life and society in the Hittite world. Oxford.

_____. (2005). 「하투샤의 마지막 날들」The last days of Hattuša, in: Archaeology Odyssey 8: 33~41.

_____. (2012). 『네오 히타이트 왕국들의 세계: 정치적, 군사적 역사』The world of the neo-Hittite kingdoms: A political and military history. Oxford.

Chavalas, M. W. (Hrsg.) (2007). 『고대 근동 역사에서의 현안들』Current issues in the history of the ancient Near East. Claremont, CA.

Genz, H./Mielke, D. P. (Hrsg.) (2011). 『히타이트 역사와 고고학에 대한 이해』Insights into Hittite history and archaeology. Leuven.

Neu, E. (1974). 『아니타 문헌』Der Anitta-Text. Wiesbaden.

Neve, P. (1996). 『하투샤―신들과 신전의 도시. 히타이트 수도에서의 새로운 발굴』

Hattuša — Stadt der Götter und Tempel. Neue Ausgrabungen in der Hauptstadt der Hethiter. Mainz. (2. Aufl.)

Ökse, A. T. (2011). 「히타이트의 야외 성지」Open-air sanctuaries of the Hittites, in: Genz/Mielke 2011.

Schachner, A. (2011). 『하투샤. 히타이트인의 전설적인 대제국을 찾아서』Hattuscha. Auf der Suche nach dem sagenhaften Großreich der Hethiter. München.

Seeher, J. (2001). 「하투샤의 파괴」Die Zerstörung der Stadt Hattusa, in: Wilhelm 2001: 623~634.

Wilhelm, G. (Hrsg.) (2001). 『제4차 히타이트학 국제 회의 기록』Akten des IV. Internationalen Kongresses für Hethitologie. Würzburg, 4.—8. Oktober 1999. Wiesbaden.

10 누란의 금발 미녀 미라

Barber, E. W. (1999). 『우루무치의 미라. 4000년 전 유럽인이 중국으로 이주했을까?』 The mummies of Ürümchi. Did Europeans migrate to China 4,000 years ago? London.

Baumer, Chr. (2012). 『중앙아시아의 역사. 스텝 전사들의 시대』The history of Central Asia. The age of the steppe warriors. London & New York.

Chengzhi, X. et al. (2007). 「신장의 고대 삼풀라 집단의 미토콘드리아 DNA 분석」 Mitochondrial DNA analysis of ancient Sampula population in Xinjiang, in: Progress in Natural Science 17: 927~933.

Haarmann, H. (2016). 『인도유럽인의 자취를 찾아서. 신석기 시대 스텝 유목민에서 초기 고도 문명까지』Auf den Spuren der Indoeuropäer. Von den neolithischen Steppennomaden bis zu den frühen Hochkulturen. München.

Haarmann, H./Marler, J. (2008). 『신화적 초승달의 표상. 유라시아와 아나톨리아를 연결하는 고대의 믿음과 이미지』Introducing the mythological crescent. Ancient beliefs and imagery connecting Eurasia with Anatolia. Wiesbaden.

Kuzmina, E. E. (2008). 『실크로드의 초기 역사』The prehistory of the silk road. Philadelphia, PA.

Li, Ch. et al. (2010). 「동서 혼합의 인구 집단이 청동기 시대 초기에 이미 타림 분지에 살았다는 증거」Evidence that a West-East admixed population lived in the Tarim Basin as early as the early Bronze Age, in: BMC Biology 8 (15). doi:10.1186/1741-7007-8-15.

_____. (2015). 「샤오허 무덤에서 나온 고대 인간의 미토콘드리아 DNA 분석: 타림 분지의 선사 시대 인구 이동에 대한 통찰」Analysis of ancient human mitochondrial DNA from the Xiaohe cemetery: insights into prehistoric population movements in the Tarim Basin, China, in: BMC Genet. 16 (78). doi:10.1186/s12 863-015-0237-5.

Mallory, J. P./Mair, V. H. (2000). 『타림 미라: 고대 중국과 서양에서 온 초기 사람들의 수수께끼』The Tarim mummies: Ancient China and the mystery of the earliest peoples from the west. London.

Wang, B. et al. (2001). 『신장의 고대 시신들』The ancient corpses of Xinjiang. Ürümchi.

Yu, T. (2003). 『서쪽 지역의 종합적인 역사』A comprehensive history of western regions. Zhengzhou. (2. Aufl.)

11 전설적인 황금의 땅 푼트

Bard, K. A. (Hrsg.) (1999). 『고대 이집트의 고고학 백과사전』Encyclopedia of the archaeology of Ancient Egypt. London & New York.

Breyer, F. (2016). 『푼트. 신의 땅을 찾아서』Punt. Die Suche nach dem 《Gottesland》. Leiden & Boston.

Christenson, B. (2006). 「푼트의 여왕」Queen of Punt, in: Journal of Clinical Infectious Diseases 42 〈doi:10.1086/503 306〉.

Dominy, N. J. et al. (2016). 「미라화된 개코원숭이가 홍해의 고대 무역로를 밝혀주다」Mummified baboons clarify ancient Red Sea trade routes, in: American Journal of Physical Anthropology 156: 122~123.

Fattovich, R. (1999). 「푼트」Punt, in: Bard 1999: 636~637.

Kitchen, K. A. (1992). 「푼트의 땅」The land of Punt, in: Shaw et al. 1992: 587~608.

Lobban, R. A. (2010). 『고대와 중세 누비아의 모든 것』The A to Z of ancient and medieval Nubia. Lanham, Toronto & Plymouth.

Meeks, D. (2003). 「푼트의 정확한 위치 찾기」Locating Punt, in: O'Connor/Quirke 2003: 53~80.

Nadig, P. (2014). 『핫셉수트』Hatshepsut. Mainz.

Naville, É. (1894~1908). 『데이르엘바흐리 신전』The temple of Deir el-Bahri, 7 Bde. London.

O'Connor, D./Quirke, S. (Hrsg.) (2003). 『신비의 땅』Mysterious lands. London.

Pirelli, R. (1999). 「데이르엘바흐리, 핫셉수트 신전」Deir el-Bahri, Hatshepsut temple, in: Bard 1999: 234~237.

Roehrig, C. H. et al. (Hrsg.) (2005). 『핫셉수트: 여왕에서 파라오로』Hatshepsut: From queen to pharaoh. New York.

Shaw, I. et al. (Hrsg.) (1992). 『아프리카 고고학: 음식, 금속, 마을』The archaeology of Africa: Foods, metals, towns. London & New York.

Shaw, I./Nicholson, P. (1995). 『고대 이집트 사전』The dictionary of Ancient Egypt. London.

Tyldesley, J. (1996). 『핫셉수트: 여성 파라오』Hatshepsut: The female pharaoh. London.

_____. (2006). 『이집트 여왕 연대기. 초기 왕조부터 클레오파트라의 죽음까지』 Chronicle of the queens of Egypt. From early dynastic times to the death of Cleopatra. London.

Wood, M. (2005). 『신화와 영웅을 찾아서: 세계 4대 서사시적 전설 탐구』In search of myths & heroes: Exploring four epic legends of the world. Berkeley.

12 펠라스고이인의 수수께끼

Bammesberger, A./Vennemann, Th. (Hrsg.) (2004). 『선사 시대 유럽의 언어』Languages in prehistoric Europe. Heidelberg. (2. Aufl.)

Beekes, R. (2004). 「인도-유럽, 또는 기질? 파트네와 케릭스」Indo-European or substrate? Phatne and keryx, in: Bammesberger/Vennemann 2004: 109~115.

_____. (2010). 『그리스 어원 사전』Etymological dictionary of Greek, 2 vols. Leiden & Boston.

Bintliff, J. (2012). 『그리스의 완전한 고고학. 수렵채취인에서 20세기까지』The complete archaeology of Greece. From hunter-gatherers to the 20th century A. D. Malden MA & Oxford.

Cavalli-Sforza, L. L. (1996). 「농업과 유목 목축의 확산: 유전학, 언어학, 고고학으로부터의 이해」The spread of agriculture and nomadic pastoralism: Insights from genetics, linguistics and archaeology, in: Harris 1996: 51~69.

Furnée, E. J. (1972). 『그리스어 이전 가장 중요한 자음 현상』Die wichtigsten konsonantischen Erscheinungen des Vorgriechischen. Den Haag & Paris.

Haarmann, H. (2011). 『도나우 문명의 수수께끼. 유럽에서 가장 오래된 고도 문명의 발견』Das Rätsel der Donauzivilisation. Die Entdeckung der ältesten Hochkultur Europas. München.

_____. (2013). 『신화 민주주의. 평등 원칙과 엘리트 원칙의 긴장 영역에 놓인 고대 통치 모델』Mythos Demokratie. Antike Herrschaftsmodelle im Spannungsfeld zwischen Egalitätsprinzip und Eliteprinzip. Frankfurt, Berlin, Oxford & New York.

_____. (2014). 『고대 그리스 문명의 뿌리. 고유럽의 영향』Roots of ancient Greek civilization. The influence of Old Europe. Jefferson, NC.

_____. (2017). 『누가 고대 그리스인을 문명화했나? 고유럽 고도 문명의 유산』Wer zivilisierte die Alten Griechen? Das Erbe der alteuropäischen Hochkultur. Wiesbaden.

Hall, E. (2014). 『고대 그리스 입문. 청동기 시대 뱃사람에서부터 서양 정신의 항해자들까지』Introducing the ancient Greeks. From Bronze Age seafarers to navigators of the Western mind. New York & London.

Harris, D. R. (Hrsg.) (1996). 『유라시아의 농업과 목축의 기원과 확산』The origins and spread of agriculture and pastoralism in Eurasia. London.

Runnels, C./Murray, P. M. (2001). 『역사 이전의 그리스: 고고학적 동반자와 안내자』
Greece before history: An archaeological companion and guide. Stanford.

13 투우와 나선형 문자

Bintliff, J. (2012). 『그리스의 완전한 고고학. 수렵채취인에서 20세기까지』The complete archaeology of Greece. From hunter-gatherers to the 20th century A. D. Malden MA & Oxford.

Chadwick, J. (1990). 「선형문자 B의 발견; 판독; 선형문자 B가 사용된 방법; 역사적 문서로서의 점토판; 선형문자 A; 키프로스와의 연계성; 파이스토스 원반」The discovery of Linear B; The decipherment; How the Linear B script was used; The tablets as historical document; Linear A; The Cypriot connection; The Phaistos disk, in: Hooker 1990: 137~195.

Duhoux, Y. (1977). 『파이스토스 원반. 고고학, 금석학』Le disque de Phaestos. Archéologie, épigraphie. Édition critique, index. Louvain.

Gagarin, M. (2005). 「초기 그리스 법」Early Greek law, in: Gagarin/Cohen 2005: 82~94.

Gagarin, M./Cohen, D. (Hrsg.) (2005). 『케임브리지에서 펴낸 고대 그리스 법』The Cambridge companion to ancient Greek law. Cambridge & New York.

Gallas, K. (1986). 『크레타. 유럽의 초기부터 크레타-베네치아 예술까지』Kreta. Von den Anfängen Europas bis zur kreto-venezianischen Kunst. Köln. (2. Aufl.)

Haarmann, H. (1995). 『유럽의 초기 문명과 문해. 지중해 세계의 문화적 지속성 탐구』Early civilization and literacy in Europe. An inquiry into cultural continuity in the Mediterranean world. Berlin & New York.

_____. (2002). 『문자의 역사』Geschichte der Schrift. München. (5. Aufl. 2017)

_____. (2011). 『기술과 문화적 생태로서의 글쓰기. 역사의 여명에 나타난 인간의 마음 탐구』Writing as technology and cultural ecology. Explorations of the human mind at the dawn of history. Frankfurt, Berlin, Oxford & New York.

_____. (2017). 『누가 고대 그리스인을 문명화했나? 고유럽 고도 문명의 유산』 Wer zivilisierte die Alten Griechen? Das Erbe der alteuropäischen Hochkultur. Wiesbaden.

Hooker, J. T. (Hrsg.) (1990). 『과거 읽기. 설형문자에서 알파벳까지 고대의 문자』 Reading the past. Ancient writing from cuneiform to the alphabet. London.

Marinatos, N. (1993). 『미노아의 종교. 의식, 이미지, 상징』Minoan religion. Ritual, image, and symbol. Columbia, SC.

Timm, T. (2004). 「파이스토스 원반 ― 해석과 문자 구조에 대한 주석」Der Diskos von Phaistos ― Anmerkungen zur Deutung und Textstruktur, in: Indogermanische Forschungen 109: 204~231.

14 닻에서 물탱크에 이르기까지

Achilli, A. et al. (2007). 「현대 토스카나인의 미토콘드리아 DNA 변이는 에트루리아인의 서아시아 기원을 뒷받침한다」Mitochondrial DNA variation of modern Tuscans supports the Near Eastern origin of Etruscans, in: American Journal of Human Genetics 80: 759~768.

Agostiniani, L. (2012). 「렘노스의 아넬레니체 비문의 언어와 정서법」Sulla grafia e la lingua delle iscrizioni anelleniche di Lemnos, in: Bellelli 2012: 169~194.

Ammon, U./Haarmann, H. (Hrsg.) (2008). 『비저 백과사전: 유럽 서쪽의 언어』Wieser Enzyklopädie: Sprachen des europäischen Westens, 2 Bde. Klagenfurt.

Baldi, Ph. (2002). 『라틴어의 기초』The foundations of Latin. Berlin & New York.

Beekes, R. S. P. (2003). 『에트루리아인의 기원』The origin of the Etruscans. Amsterdam: Royal Dutch Academy.

Bellelli, V. (Hrsg.) (2012). 『에트루리아인의 기원. 역사-고고학-인류학』Le origini degli Etruschi. Storia-archeologia-antropologia. Rom.

Bietti Sestieri, Anna Maria/De Santis, Anna (2000). 『라틴 민족의 태고사』The protohistory of the Latin peoples. Museo Nazionale Romano-Terme di Diocleziano. Mailand: Electa.

Breyer, G. (1993). 『특수 명칭학 분야를 제외한 라틴어 속 에트루리아어 유산』 Etruskisches Sprachgut im Lateinischen unter Ausschluss des spezifisch onomastischen Bereiches. Leuven.

Camporeale, Giovannangelo/Morolli, Gabriele (Hrsg.) (1990). 『에트루리아인. 천년의 문화』Gli Etruschi. Mille anni di civiltà, 2 vols. Florenz: Casa Editrice Bonechi.

Cavalli-Sforza, L. L./Menozzi, P./Piazza, A. (1994). 『인간 유전자의 역사와 지형도』 The history and geography of human genes. Princeton, NJ.

Cultraro, M. (2012). 「동방으로부터. 테레시인과 에트루리아의 아나톨리아 기원에 관한 물음』Ex parte orientis. I Teresh e la questione dell'origine anatolica degli Etruschi, in: Bellelli 2012: 105~141.

Cunliffe, B. (2008). 『기원전 9000년~기원후 1000년 대양 사이의 유럽』Europe between the oceans, 9000 BC~AD 1000. New Haven & London.

de Simone, C. (2015). 「엘리아데와 이탈리아 서쪽 지방의 그라이코이족. 레나타 칼체의 저서『그라이코이와 헬레네스: 두 종족의 역사』에 관한 주해」I Graikoi nell'Eliade e nell'Occidente italico: marginalia intorno a Renata Calce, Graikoi ed Ellenes: storia di due etnonimi, in: Oebalus 10: 81~113.

Facchetti, G. M. (2000). 『에트루리아어의 수수께끼가 풀리다』L'enigma svelato della lingua etrusca. Rom.

_____. (2008). 「에트루리아어」Etruskisch, in: Ammon/Haarmann 2008: 221~235.

Hadas-Lebel, J. (2004). 『에트루리아어 – 라틴어 병용. 에트루리아의 로마화에 관한 논고』Le bilinguisme étrusco-latin. Contribution à l'étude de la romanisation de l'Étrurie. Louvain, Paris & Dudley, MA.

Lancel, S. (1995). 『카르타고 — 역사』Carthage — A history. Oxford & Cambridge, MA.

Pallottino, M. (2016). 『에트루리아학』Etruscologia. Mailand: Hoepli. (7. Aufl.)

Pfiffig, A. J. (1989). 『에트루리아학 입문. 문제, 방법, 결과』Einführung in die Etruskologie. Probleme, Methoden, Ergebnisse. Darmstadt: Wissenschaftliche Buchgesellschaft. (3. Aufl.)

Prayon, F. (2017). 『에트루리아인. 역사 – 종교 – 예술』Die Etrusker. Geschichte-Religion-Kunst. München.

Rix, H. (1984). Etr. 「에트루리아어 메크 라스날(시민 공동체)은 라틴어 레스 푸블리카 (공적인 일, 공화국)」mekh rasnal=lat. res publica, in: Studi di antichità in onore di Guglielmo Maetzke (Rom), 455~468.

Tanner, M. (1993). 『아이네이아스의 마지막 후손』The last descendant of Aeneas. New Haven & London.

Turfa, J. M. (2007). 「에트루리아의 브론토스코픽 달력과 현대의 고고학적 발견」The Etruscan brontoscopic calendar and modern archaeological discoveries, in: Etruscan Studies 10: 163 – 173.

15   스키타이 기마 유목민

Baumer, Chr. (2012). 『중앙아시아의 역사. 스텝 전사들의 시대』The history of Central Asia. The age of the steppe warriors. London & New York.

Haarmann, H. (2016). 『인도유럽인의 자취를 찾아서. 신석기 시대 스텝 유목민에서 초기 고도 문명까지』Auf den Spuren der Indoeuropäer. Von den neolithischen Steppennomaden bis zu den frühen Hochkulturen. München.

Moreno, A. (2007). 『민주주의를 먹여 살리기. 기원전 4세기와 기원전 5세기 아테네의 곡물 공급』Feeding the democracy. The Athenian grain supply in the fifth and fourth centuries BC. Oxford.

Parzinger, H. (2010). 『스키타이인』Die Skythen. München.

Reeder, E. D. (Hrsg.) (1999). 『스키타이 금. 고대 우크라이나의 보물』Scythian gold. Treasures from ancient Ukraine. New York.

Schiltz, V. (1994). 『스키타이인과 다른 스텝 민족들(기원전 8세기에서 기원후 1세기까지)』Die Skythen und andere Steppenvölker(8. Jahrhundert v. Chr. bis 1. Jahrhundert n. Chr.). München.

Ustinova, Y. (1999). 『보스포루스 왕국의 최고신』The supreme gods of the Bosporan Kingdom. Leiden, Boston & Köln.

Vinogradov, J. G. (1997). 「기원전 5세기 흑해 북부 지역 폴리스들의 역사적 발전」Die historische Entwicklung der Poleis des nördlichen Schwarzmeergebietes im 5. Jahrhundert v. Chr., in: Vinogradov/Heinen 1997: 100~132.

Vinogradov, J. G./Heinen, H. (Hrsg.) (1997). 『흑해 연구: 흑해 지역의 역사와 금석학에 관한 소론』Pontische Studien: Kleine Schriften zur Geschichte und Epigraphik des Schwarzmeerraumes. Mainz.

16 신비에 싸인 아마조네스

Blok, J. H. (1995). 『초기 아마조네스. 한 끈질긴 신화에 대한 현대와 고대의 관점』The early Amazons. Modern and ancient perspectives on a persistent myth. Leiden, New York & Köln.

Busse, S. (Hrsg.) (2010). 『아마조네스. 신비로 가득한 여성 전사들』Amazonen. Geheimnisvolle Kriegerinnen (Ausstellungskatalog, Historisches Museum der Pfalz, Speyer). Wolfratshausen.

Chi, J. Y. (Hrsg.) (2008). 『포도주, 예배, 제물. 고대 바니의 황금 무덤』Wine, worship, and sacrifice. The golden graves of ancient Vani. Princeton, NJ.

Connelly, J. B. (2014). 『파르테논 수수께끼. 서양의 가장 상징적인 건축물과 그것을 만든 사람들에 관한 새로운 이해』The Parthenon enigma. A new understanding of the West's most iconic building and the people who made it. New York.

Davis-Kimball, J. (2002). 『여성 전사들: 역사의 숨겨진 여성 영웅들을 좇는 한 고고학자의 탐색』Warrior women: An archaeologist's search for history's hidden heroines. New York.

Davis-Kimball, J./Bashilov, V. A./Yablonsky, L. T. (Hrsg.) (1995). 『초기 철기 시대 유라시아 스텝의 유목민들』Nomads of the Eurasian steppes in the early Iron Age. Berkeley, CA.

Lordkipanidze, N. (2008). 「메데아의 콜키스」Medea's Colchis, in: Chi 2008: 23~27.

Mayor, A. (2014). 『아마조네스. 고대 세계를 가로지르는 여성 전사들의 삶과 전설』The Amazons. Lives & legends of warrior women across the ancient world. Princeton, NJ & Oxford.

Oakley, J. H. (2013).『그리스 화병. 이야기꾼의 예술』The Greek vase. Art of the storyteller. London.

17 페루의 구름의 전사들

Andresen, J./Forman, R. K. C. (2000).『인지적 모델과 정신적 지도: 학제간 연구와 종교적 경험』Cognitive models and spiritual maps: Interdisciplinary explorations and religious experience. Exeter.

Church, W. B./von Hagen, A. (2008).「차차포야족: 안데스 구름 숲 교차 지점의 문화적 발전」Chachapoyas: Cultural development at an Andean cloud forest crossroads, in: Silverman/Isbell 2008: 903~926.

Guevara, E. K. et al. (2016).「페루 북동부 안데스-아마존 지역 주민인 차차포야족의 MtDNA와 Y염색체의 다양성」MtDNA and Y-chromosomal diversity in the Chachapoya, a population from the northeast Peruvian Andes-Amazon divide, in: American Journal of Human Biology 28: 857~867.

Giffhorn, H. (2014).「아메리카 대륙이 고대에 발견되었나? 카르타고인, 켈트인 그리고 차차포야족 수수께끼」Wurde Amerika in der Antike entdeckt? Karthager, Kelten und das Rätsel der Chachapoya. München. (2. Aufl.)

Muscutt, K. (1998).『구름의 전사들』Warriors of the clouds. Albuquerque, NM.

Nystrom, K. C. (2006).「잉카 정복 이전의 후기 차차포야족 인구 구조」Late Chachapoya population structure prior to Inka conquest, in: American Journal of Physical Anthropology 131: 334~342.

Schjellerup, I. R. (1997).『차차포야족 정복에서의 잉카인과 에스파냐인』Incas and Spaniards in the conquest of the Chachapoyas. Göteborg.

Silverman, H./Isbell, W. (Hrsg.) (2008).『남아메리카 고고학 안내서』Handbook of South American archaeology. New York.

Berrin, K./Pasztory, E. (Hrsg.) (1993).『테오티우아칸. 신들의 도시에서 나온 예술』 Teotihuacan. Art from the City of the Gods. London & San Francisco.

Coe, M. D./Snow, D./Benson, E. (1986).『고대 아메리카 지도책』Atlas of ancient America. New York.

Headrick, A. (2007).『테오티우아칸 삼위일체. 고대 중앙아메리카 도시의 사회정치적 구조』The Teotihuacan trinity. The sociopolitical structure of an ancient Meso-american city. Austin, Texas.

Kaufman, T. (2001).『나우아틀어의 초기 역사 (중앙아메리카 언어의 문서화 프로젝트)』Nawa linguistic prehistory (Mesoamerican Language Documentation project).

Langley, J. C. (1993).「상징, 기호, 문자 체계」Symbols, signs, and writing systems, in: Berrin/Pasztory 1993: 129~139.

Malmström, V. H. (1978).「중앙아메리카 달력 체계 연대기의 재구성」A reconstruction of the chronology of Mesoamerican calendrical systems, in: Journal for the History of Astronomy 9: 105~116.

Manzanilla, L. (1993).「테오티우아칸 아파트에서의 일상」Daily life in the Teotihuacán apartment compounds, in: Berrin/Pasztory 1993: 91~99.

Matos Moctezuma, E./López Luján, L. (1993).「테오티우아칸과 그곳의 멕시카족 유산」Teotihuacan and its Mexica legacy, in: Berrin/Pasztory 1993: 157~165.

Miller, A. G. (1973).『테오티우아칸의 벽화』The mural painting of Teotihuacan. Washington, D. C.

Millon, R. (1993).「시간이 시작된 곳: 테오티우아칸 역사에서 일어난 일에 대한 고고학자의 해석」The place where time began: An archaeologist's interpretation of what happened in Teotihuacan history, in: Berrin/Pasztory 1993: 17~43.

Pasztory, E. (1976).『테오티우아칸 테판티틀라 신전 벽화』The murals of Tepantitla, Teotihuacan. New York & London.

_____. (1992).「테오티우아칸의 시민적 은유로서의 자연 세계」The natural world as civic metaphor at Teotihuacan, in: Townsend 1992: 135~145.

Sprajc, I. (2000). 「멕시코 테오티우아칸의 천문학적 정렬」Astronomical alignments at Teotihuacán, Mexico, in: Latin American Antiquity 11: 403~415.

Taube, K. A. (2000). 「고대 테오티우아칸의 문자 체계」The writing system of ancient Teotihuacan, in: Ancient America, vol. I (Barnardsville, NC).

Townsend, R. F. (1992). 『고대 아메리카: 신성한 풍경에서 비롯된 예술』The ancient Americas: Art from sacred landscapes. Chicago.

19 조인 숭배와 바닷가의 거석 증거물

Bloch, H. (2012). 「이스터섬: 움직이는 석상의 수수께끼」Easter Island: The riddle of the moving statues, in: National Geographic Society 222: 30~49.

Bothmer-Plates, A. Graf von/Esen-Baur, H.-M./Sauer, D. F. (Hrsg.) (1989). 『이스터섬의 1500년 문화. 호투 마투아 땅의 보물』1500 Jahre Kultur der Osterinsel. Schätze aus dem Land des Hotu Matua. Mainz.

Charola, A. E. (1997). 『이스터섬. 그 유산과 보존』Isla de Pascua. El patrimonio y su conservación. New York.

Diamond, J. (2005). 『문명의 붕괴: 과거의 위대했던 문명은 왜 몰락했는가』Collapse. How societies choose to fail or survive. London.

Du Feu, V. (1996). 『라파누이어』Rapa Nui. London.

Fischer, S. R. (1997). 『롱고롱고, 이스터섬의 문자: 역사, 전통, 텍스트』RongoRongo, the Easter Island script: History, traditions, texts. Oxford & New York.

Kieviet, P. (2017). 『라파누이어의 문법』A grammar of Rapa Nui. Berlin.

Lee, G. (1992). 『이스터섬의 바위 예술: 권력의 상징, 신에 대한 기도』The rock art of Easter Island: Symbols of power, prayers to the gods. Los Angeles.

Makihara, M. (2005). 「에스파냐어를 말하는 라파누이어의 방법: 이스터섬의 언어 변화와 사회화」Rapa Nui ways of speaking Spanish: Language shift and socialization on Easter Island, in: Language in Society 34: 727~762.

Hammarström, H./Forkel, R./Haspelmath, M. (eds.) (2017). 『사바어』Sabaean. Glottolog 3.0. Jena: Max Planck Institute for the Science of Human History.

Hodd, M. (2002). 『발자국 동아프리카 안내서』Footprint East Africa handbook. New York.

Kaplan, S. (1994). 『에티오피아의 베타 이스라엘 (팔라샤인): 초기부터 20세기까지』The Beta Israel (Falasha) in Ethiopia: From the earliest times to the twentieth century. New York.

Lobban, R. A. (2010). 『고대와 중세 누비아에 대한 모든 것』The A to Z of ancient and medieval Nubia. Lanham, Toronto & Plymouth.

Munro-Hay, S. et al. (Hrsg.) (2010). 『아프리카 백과사전』Encyclopedia of Africa, vol. I. Oxford.

Phillipson, D. W. (1998). 『고대 에티오피아. 악숨: 그 선조와 후손』Ancient Ethiopia. Aksum: Its antecedents and successors. London.

_____. (2012). 『아프리카 문명의 토대: 악숨과 북부 호른, 기원전 1000년~기원후 1300년』Foundations of an African civilization: Aksum and the northern Horn, 1000 BC-AD 1300. Suffolk.

Uhlig, S. et al. (Hrsg.) (2003). 『에티오피아 백과사전』Encyclopaedia Aethiopica, Bd. 1: A-C. Wiesbaden.

21 요정의 굴뚝과 지하 도시들

Dumitrascu, N. (Hrsg.) (2015). 『카파도키아인의 전全 기독교적 유산』The ecumenical legacy of the Cappadocians. New York.

Emge, A. (1990). 『괴레메의 동굴 속 거주. 중앙 아나톨리아의 전통 건축 방식과 상징』Wohnen in den Höhlen von Göreme. Traditionelle Bauweise und Symbolik in Zentralanatolien. Berlin.

_____. (2011). 「'비존재'의 집에서. 카파도키아의 동굴 주거, 요정 굴뚝, 중앙 아나

톨리아 지하 도시의 이해」At home in 《non-being》. Understanding Cappadocia's cave dwellings, fairy chimneys and underground cities in central Anatolia, in: Cappadocia Academy Working Paper Series 1 (Göreme).

Gülyaz, M. E./Yenipinar, H. (1995). 「카파도키아의 지하 도시」Underground cities of Cappadocia, in: Atlas Magazine (1995).

_____. (2003). 『카파도키아의 바위 주거지와 지하 도시』Rock settlements and underground cities of Cappadocia. Nevşehir.

Kaspar, H.-D./Kaspar, E. (2012). 『카파도키아 알아보기』Kappadokien kennenlernen…. Norderstedt.

Krassmann, Th. (2010). 「터키 카파도키아의 지하 도시」Underground cities in Cappadocia/Turkey; www.mineral-exploration.com

Mutlu, M. Ö. (2008). 「카파도키아 지하 도시 데린쿠유와 카이마클리의 지질과 공동 분석」Geology and joint analysis of the Derinkuyu and Kaymakli underground cities of Cappadocia, Turkey; etd.lib.metu.edu.tr

Rodley, L. (2010). 『비잔틴 제국 카파도키아의 동굴 수도원』Cave monasteries of Byzantine Cappadocia. Cambridge.

Stewart, J. (2017). 「2만 명이 살았던 대규모 고대 지하 도시」Massive ancient underground city housed 20,000 people; 〈mymodernmet.com〉

Van Dam, R. (2002). 『눈의 왕국: 카파도키아의 로마 통치와 그리스 문화』Kingdom of snow: Roman rule and Greek culture in Cappadocia. Philadelphia, PA.

Warland, R. (2013). 『비잔틴 제국의 카파도키아』Byzantinisches Kappadokien. Darmstadt.

22 사막의 여왕 제노비아

Edwell, P. (2007). 『로마와 페르시아 사이에서: 로마 지배 아래의 중부 유프라테스, 메소포타미아, 팔미라』Between Rome and Persia: The Middle Euphrates, Mesopotamia and Palmyra under Roman control. London.

el-As'ad, Kh. (1993). 「팔미라」Palmyre, in: Syrie — Mémoire et civilisation 1993:

276~279.

Friedrich, J. (1966). 『정신적 발전의 특별한 고려로 본 문자의 역사』Geschichte der Schrift unter besonderer Berücksichtigung ihrer geistigen Entwicklung. Heidelberg.

Hartmann, U. (2001). 『팔미라 속주 왕국』Das palmyrenische Teilreich. Stuttgart.

Schneider, E. E. (1993). 『셉티미아 제노비아 세바스테』Septimia Zenobia Sebaste. Rom.

Southern, P. (2008). 『제노비아 여제: 팔미라의 저항 여왕』Empress Zenobia: Palmyra's rebel queen. London.

Stierlin, H. (1987). 『사막의 도시들. 페트라, 팔미라, 하트라』Cités du désert. Pétra, Palmyre, Hatra. Fribourg (CH).

Stoneman, R. (2003). 『팔미라와 그 제국: 로마에 맞선 제노비아의 봉기』Palmyra and its empire: Zenobia's revolt against Rome. Ann Arbor. (2. Aufl.)

『시리아 ─ 기억과 문명』Syrie ─ Mémoire et civilisation (Institut du monde arabe). Paris 1993.

Watson, A. (2004). 『아우렐리아누스와 3세기』Aurelian and the third century. London. (2. Aufl.)

23 앙코르와트의 버려진 신전 탑들

Clark, J. (Hrsg.) (2007). 『바욘: 새로운 관점들』Bayon: New perspectives. Bangkok.

Daguan Zhou (2007). 『캄보디아에 대한 기록: 땅과 그 사람들』(국내 번역본: 『진랍풍토기』)A record of Cambodia: The land and its people. Bangkok.

Hackin, J. et al. (1932). 『아시아의 신화: 아시아 모든 위대한 국가들의 신화에 관한 상세한 기술과 설명』Asiatic Mythology: A detailed description and explanation of the mythologies of all the great nations of Asia. London.

Higham, C. (2001). 『동남아시아 본토의 초기 문명들』Early cultures of mainland Southeast Asia. Bangkok.

Jacques, C. (2007). 「수리야바르만 2세의 죽음에서 16세기까지 크메르 문명의 역사적 발전』The historical development of Khmer culture from the death of Suryavarman II to the 16th century, in: Clark 2007: 28~49.

Maxwell, TS (2007). 「자야바르만 7세 시대의 종교』Religion at the time of Jayavarman VII, in: Clark 2007: 72~121.

Roveda, V. (1998). 『크메르 신화』Khmer mythology. London.

_____. (2003). 『성스러운 앙코르. 앙코르와트에 새겨진 부조』Sacred Angkor. The carved reliefs of Angkor Wat. Bangkok.

Vickery, M. (1998). 『앙코르 이전 캄보디아의 사회, 경제, 정치(7~8세기)』Society, economics, and politics in pre-Angkor Cambodia (7th–8th centuries). Tokio.

24 대짐바브웨의 거대한 석벽

Böhmer-Bauer, K. (2000). 『대짐바브웨: 민족지학적 연구』Great Zimbabwe: Eine ethnologische Untersuchung. Köln.

Hall, M./Stefoff, R. (2006). 『대짐바브웨』Great Zimbabwe. Oxford.

Holmgren, K./Öberg, H. (2006). 「지난 천 년간 아프리카 남부와 동부에 일어난 기후변화와 사회적 발전에 미친 그것의 영향」Climate change in southern and eastern Africa during the past millennium and its implications for societal development, in: Environment, Development and Sustainability 8: 1573~2975.

Huffman, T. N. (1985). 「대짐바브웨에서 나온 동석 새 조각」The soapstone birds from Great Zimbabwe, in: African Arts 18: 68~73, 99~100.

Owomoyela, O. (2002). 『짐바브웨의 문화와 풍습』Culture and customs of Zimbabwe. Westport.

Spurdle, A. B./Jenkins, T. (1996). 「남아프리카 렘바족 '흑인 유대인'의 기원: p12F2와 다른 Y염색체 표지자에 의한 증명」The origins of the Lemba ‹Black Jews› of southern Africa: Evidence from p12F2 and other Y-chromosome markers, in: The American Journal of Human Genetics 59: 1126~1133.

Wieschhoff, H. A. (2006). 『남동아프리카의 짐바브웨–무눔무타파 문화』The Zimbabwe-Monomotapa culture in Southeast Africa. Whitefish.

Barrera, T. (2017). 「가스파르 데 카르바할 수도사와의 관계에서 본 아마존 모험」La aventura del Amazonas en la Relación de Fray Gaspar de Carvajal, in: Insúa/Peláez 2017: 37~49.

Bright, W. (Hrsg.) (1992). 『국제 언어학 백과사전』International Encyclopedia of Linguistics, vol. 1. New York & Oxford.

Carrillo, F. (1987). 『발견과 정복의 편지와 연대기 저자들』Cartas y cronistas del descubrimiento y la conquista. Lima.

Clement, C. R. et al. (2015). 「유럽인들의 정복 이전 아마존 우림 이용」The domestication of Amazonia before European conquest, in: Proc. Biol. Sci 282 (article no. 0813).

de Souza, J. G. et al. (2018). 「아마존강 남쪽 가장자리에 정착한 콜럼버스 이전 흙 둔덕 건설자들」Pre-Columbian earth-builders settled along the entire southern rim of the Amazon, in: Nature Communications 9 (article no. 1125).

Derbyshire, D. C. (1992). 「아라와크 어족」Arawakan languages, in: Bright 1992: 102~108.

Insúa, M./Peláez, J. M. (Hrsg.) (2017). 『여행자, 인도 연대기, 식민 시대』Viajeros, crónicas de Indias y épica colonial. New York.

McMichael, C. H. et al. (2012). 「서쪽 아마존 우림의 몇 안 되는 콜럼버스 이전 주거지」Sparse pre-Columbian human habitation in Western Amazonia, in: Science 336: 1429~1431.

Smith, A. (1994). 『아마존 탐험가들』Explorers of the Amazon. Chicago.

Taylor, I. (1898). 『이름과 그 역사: 역사적 지리와 지형 명명법 안내서』Names and their histories: A handbook of historical geography and topographical nomenclature. London.

Valcuende del Río, J. M. (Hrsg.) (2012). 『아마존 우림. 여행자, 관광객 그리고 원주민』Amazonía. Viajeros, turistas y poblaciones indígenas. Sondernummer (no 6) der auf Teneriffa publizierten Zeitschrift Pasos.

세상 어디에도 없는,
사라진 문명 이야기

강인욱 (경희대 사학과 교수)

고대 문명이라고 하면 사람들의 머릿속에는 세계사 시간에 배운 근동, 이집트, 중국 같은 나라와 지역이 쉽게 떠오를 것이다. 그리고 자신은 이 문명들을 충분히 알고 있다고 생각할지 모르겠다. 하지만 이 책을 잠깐이라도 읽으면 당신의 선입견은 완전히 무너질 것이다. 여기에 소개된 25개의 문명 이야기는 어느 역사 교과서에도 없고, 또 한국에서 전공하는 사람이 거의 없어 잘 알려진 분야가 아니기 때문이다. 다만 여기에 소개된 몇몇 문명들이 가끔씩 인터넷 포털에서 가십거리처럼 소비되거나, 믿거나 말거나 식의 오락 프로그램에 소개가 되었던 기억이 있을 뿐이다. 사람들이 이런 사라진 문명의 역사를 잠시의 지적 욕구를 채우는 용도로만 쓴다는 것은 전공자로서 참 안타깝다. 지금도 이집트 피라미드, 아틀란티스, 그리고 네안데르탈인과 연관되거나 그와 유사한 이야기들이 포털을 장식하고 소비된다. 그리고 우리 주변에는 기존에 잘 알려진 문명들만 소개하는 일방통행로 같은 문명 연구서들이 대부분이다. 어쩌면 우리는 널리 알려진 문명에 대한 정보와 지식으로 길들여진 것은 아닐까.

그런 점에서 이 책『문명은 왜 사라지는가』의 부제 '인류가 잃어버린 25개의 오솔길'은 시사적인데, 인류가 잃어버린 오솔길이라 함은 제대로 된 평가도 받지 못하고 사라지고 잊힌 문명을 뜻한다. 책을 읽으며 '아니 왜 우리는 이렇게 중요한 문명과 유적들을 여태 몰랐을까?'라는 자책이 들었다. 저자 하랄트 하르만은 인류사에서 수많은 다양한 문명들이 존재하다가 조용히 자취를 감추었으리라는 상식을 다시 한 번 일깨워준다.

고고학은 역사학과 달리 매일매일 정보가 업데이트된다고 해도 과언이 아닐 정도로 다양한 연구가 백출한다. 특히 최근 문명 관련 도서의 트렌드는 빅히스토리와 DNA 연구일 것이다. 길게는 우주가 탄생한 50억여 년 전부터 짧게는 호모 사피엔스의 등장에서 현재까지 5만여 년의 역사를 한 권에 써내려가는 빅히스토리는 그 자체로 무척 매력적이다. 또한 구체적인 수치와 데이터로 제시되는 최신 DNA 연구는 인간의 다양한 진화 경로를 일목요연하게 정리해준다. 그런데 긴 시간의 역사 이야기를 깔끔하게 정리한 책들을 읽으면 콘텐츠가 서로 비슷비슷하다는 느낌이 드는 것이 사실이다. 장대한 인류사의 파노라마를 한 권에 담아낸다는 것은 마치 루브르 박물관을 숙달된 전문 가이드와 함께 명품을 중심으로 몇 시간 만에 관람하는 것과 같다. 그렇게 되면 가이드가 다르더라도 〈모나리자〉나 〈밀로의 비너스〉 같은 유명 작품을 반복해서 보게 될 가능성이 크다. 그리고 유명 작품이 아니지만 가치 있는 수많은 작품들을 제대로 볼 수도 없다.『문명은 왜 사라지는가』는 정해진 관람 코스를 벗어나 비밀스런 전시장의 숨겨진 명품들을 소개하는 듯하다. 심지어 숨겨진 명품들이 주는 지적인 만족으로 페이지를 넘기는 즐거움이 넘쳐

난다.

　이 책은 인류의 기원을 다루는 거의 모든 책과 인터넷 정보에서 지겹도록 볼 수 있는 가령 네안데르탈인 대신에 그 이전에 이미 놀라운 지능을 가지고 뛰어난 도구를 만들어 제의까지 지냈던 하이델베르크인(1장)으로 시작한다. 중석기 시대에 이미 놀라운 문명을 이룬 괴베클리 테페(4장)와 그 뒤를 이은 차탈회위크(5장), 후기 구석기 시대의 중심지였던 바이칼 지역(2장) 그리고 최초의 '해상 실크로드'라고 할 수 있는 페르시아만의 딜문 항구(7장), 아주 오래전에 대서양을 건너서 아메리카 대륙을 밟았던 사람들 이야기(3장, 17장) 등 책에 소개되는 이야기 하나하나가 우리는 왜 그동안 이러한 인류 역사의 중요한 페이지를 잃어버렸나 하는 한탄마저 들게 한다.

　이 책의 가장 큰 장점은 간결하면서도 기존의 어떤 책에도 소개된 적 없는 다양한 문명에 대한 최신 정보와 자료를 소개한다는 데 있다. 예컨대 차탈회위크의 멸망 원인을 말라리아모기로 본다든지, 중석기 시대의 최고 미스테리 괴베클리테페 유적의 종교 의식과 시베리아 원주민의 샤먼 의식의 공통점을 지적한 것이 대표적이다. 나 역시 페이지를 넘기며 전혀 기대하지 못한 저자의 참신한 해석과 최신 정보에 귀를 기울일 수밖에 없었다. 25개의 문명 이야기는 분량이 짧고 각각 단독적으로 마무리되는 구조여서 틈틈이 읽어도 전혀 부담이 없다(필자는 출퇴근 중에 이 책을 읽고 해제를 썼다). 독일에서 2019년에 출판된 원서는 학계의 최신 연구를 적절히 소개하고, 참고문헌도 자세히 제시한다. 충실한 참고문헌은 그 내용의 깊이를 알고 싶은 독자들에게는 큰 도움이 될 것이다.

　이 책의 또 다른 장점은 언어학적 분석이 적절히 더해지는 데 있다.

저자는 언어학에 기반을 둔 문명학자로 고고학 자료 곳곳에 언어학적 분석을 더하였다. 사실 일반인들은 고고학자들이 쓴 전문적인 책들에 다가가기 어렵다. 고고학자들의 책은 끝도 없이 이어지는 수많은 전문 용어와 유적의 크기와 연대를 말하는 숫자들로 질려버리기 일쑤다. 사실, 그것은 고고학의 운명이기도 하다. 발견된 유적과 유물의 정보를 최대한 객관적으로 전달하는 것이 고고학자의 가장 중요한 덕목이기 때문이다. 하지만 일반 독자가 알고 싶은 것은 고대 문명으로부터 이어지는 역사의 커다란 흐름이다. 이런 점에서 저자의 언어학적 배경은 팩트에 기반하면서도 거시적인 역사의 흐름을 파악하는 데 도움을 준다. 또 이러한 저자의 관점은 최근 문명 연구의 트렌드인 DNA 연구와 서로 보완을 이루며 시너지 효과를 낸다. DNA 연구는 사회를 이루고 문화를 일구어 낸 인류의 역사적 특징보다는 생물학적 혈연관계에 집중한다. 따라서 수만 년 전 인류의 기원을 밝히는 데 매우 유용하지만, 반면에 문명이 본격적으로 등장하는 후빙기 이후의 시대를 설명하는 데 많은 제약이 따른다. 사람들이 모여살고 복잡한 사회 체계를 이루면서 인간의 필수적인 발명품이 사회를 주도하게 되니, 바로 언어다. 가령 인도유럽인의 기원에 대한 논의가 있다. 이 문제는 최근까지 많은 논쟁이 있었다. '말', '수레', '전차' 등의 단어가 확산되는 과정과 마구馬具와 관련한 유물의 전래를 연결하여 문명의 수수께끼를 밝힌 데이비드 앤서니의 『말, 바퀴, 언어―유라시아 초원의 청동기 기마인은 어떻게 근대 세계를 형성했나』는 언어학적 자료를 고고학적 자료와 성공적으로 결합하여, 문자 없는 사람들의 문명을 훌륭히 묘사했다. 이 책의 저자 하랄트 하르만 역시 언어학적 연구를 적절하게 활용한다. 가령 실크로드 역사에서 최초의 서양인이라고 할 수 있는 '토하라인'이 썼던 어휘와 현대 독일어 어휘의 유사성(10장), 러시아어에 남아 있는 스키타이어의 흔적(15장)을 다룬 부분이 그렇다. 스키타이어를 차용한 러시아어 어휘가 있다는 것은 나도 잘 몰랐던 사실이다. 여기에 문명사 연구의 첨단 트렌드인 DNA 분석까지 추가했으니, 단편적인 유물의 퍼즐로 덮인 무채색의 밑그림을 화려하게 채색하여 완성했다는 느낌이 든다.

이 책은 독일에서 출간된 최신 문명서이다. 그렇다. 한국에는 드물게 소개되는 독일산 문명서이다. 한국에서는 주로 일본어 책(주로 동아시아 관련)과 영어권(세계 문명)의 저서가 주로 소개되었다. 사실 문명 연구는 제국주의의 산물이어서 자신들이 식민지로 삼았거나 식민지로 삼으려한 지역을 집중적으로 연구한 결과이고, 그 과정에서 얻은 수많은 전리품(=유물)들이 문명 연구의 기반이 되었다. 구체적으로 말하자면, 영국에는 '그레이트 게임'과 관련된 중앙아시아와 실크로드 연구나 식민지였던 인도에 관한 연구는 많지만 한국 고대사에 대한 연구는 거의 없는 것을 떠올려보면 이를 잘 알 수 있다. 그동안 4대 문명으로 꼽힌 지역들이 중국을 제외하면 영국의 식민지와 관련되어 있다는 것은 결코 우연이 아니다. 영국의 뒤를 이은 미국은 기본적으로 영국의 문명 연구를 계승하면서 신대륙을 추가하여 세계 문명을 연구했다.

유럽에서 독일의 문명사 연구는 서양의 다른 문명사 연구와 결이 약간 다르다. 독일은 영국, 프랑스, 에스파냐와 같이 많은 식민지를 가지지 못했고, 이탈리아나 그리스처럼 고전 문명의 중심도 아니었다. 따라서 그들의 주요한 관심은 다른 유럽 국가의 관심이 미치지 않은 몽골, 실크로드, 시베리아 등의 유라시아나 또는 아나톨리아 반도 등의 지역에 집중되었고, 연구 성과 또한 매우 뛰어났다. 이 책에서도 실크로드 지역, 아나톨리아 반도의 히타이트(9장), 이스터섬(19장) 등 독일의 뛰어난 문명 연구 분야가 잘 반영되어 있다. 참고로 올해 초(2020년 3월) 독일 고고학자 헤르만 파르칭거의 『인류는 어떻게 역사가 되었나』가 국내에 소개되었다. 1100쪽이 넘는 이 방대한 책에는 세계 인류의 역사가 매우 상세하게 기술되어 있다. 세계 문명사에 대한 독일 학계의 연구를 더 깊이, 전문적으로 알기를 원한다면 도전해보기를 권한다.

『문명은 왜 사라지는가』가 지닌 한계도 있다. 기존 서양 문명사의 시각을 많이 탈피했다고 해도 우리가 보기엔 여전히 서양 중심적 서술이 곳곳에 보인다. 일찍이 아메리카 대륙으로 이주한 유럽 계통 사람들의 흔적이나 대서양을 건너 아메리카 대륙에 정착한 것으로 추정되는 알곤킨족에 관한 이야기(3장), 동유럽 쪽 스키타이 문화의 확산 결과로 알타이의 파지리크 문화를 본 점(15장, 16장), 그리고 실크로드를 다루면서 서양인의 출현을 강조한 것(10장)이 그 예이다. 반면에 동아시아, 특히 한·중·일에 대한 서술은 전혀 없다. 사실 이것은 이 책만의 문제가 아니라 서양 중심의 문명사관이 지닌 태생적 한계다. 물론 이제는 동아시아가 더 이상 세계 문명의 주변이 아니라는 식으로 위로를 할 수도 있겠지만, 서양 중심의 문명사관이 이 책에도 반영되어 있다는 점은 부정할 수 없다. 어디까지나 이 책의 1차 독자는 독일을 중심으로 하는 유럽인들이기 때문이다.

그러나 이 책이 시사하는 점은 만만치 않다. 나는 다양한 글을 통해 서양 제국주의의 시각에 길들여진 문명사에 대한 편협한 시각으로부터 벗어나기를 주장했다. 하지만 전공 범위의 제한과 능력의 부족으로 주로 동아시아와 유라시아에 국한된 내용만 다루었다. 나의 문제의식을 한국에서는 거의 접할 수 없는 세계 문명 이야기를 통해 보완해준다는 점에서 이 책의 가치는 크다.

요컨대 이 책은 세계 문명을 다룬 수많은 비슷비슷한 개설서로 치부할 수 없다. 나아가 역사에 대한 단순한 호기심을 넘어 바로 우리의 미래를 전망할 수 있도록 돕는다. 이 책은 마치 코로나19 감염으로 문명사적 위기에 처한 우리 모습을 예언이라도 한 듯, 문명의 멸망에 많은 부분을 할애한다. 문명의 화려함을 강조하기보다는 왜 그들이 이 세상에서 사라졌는지를 꼼꼼히 분석하고 있는데, 이를 읽으면서 섬뜩하기까지 했다. 문명이 소리 소문 없이 사라지는 과정은 각기 다르지만 그 본질은 비슷하다. 어떤 문명도 자신을 둘러싼 환경과 기후 위기를 이겨내지 못했다. 차탈회위크(5장), 거대 석상을 만든 이스터섬(19장), 인더스 문명(8장) 등이 찬란한 문명의 성취를 뒤로하고 사라진 원인이 모두 기후 및 환경 변화와 직결되어 있었다. 자연과 기후 변화에 인류는 속수무책이었다. 지금 팬데믹과 기후 위기로 그 어느 때보다 인류의 종말에 대한 두려움이 커지고 있다. 이 책에 등장한 사라진 문명들은 자신들의 운명을 대가로 지금 우리에게 교훈을 주려 하는 것이 아닐까. 사라지고 잊힌 문명, 바로 그들이 우리 문명의 미래가 될 수 있기 때문이다.

찾아보기

도판 출처

23쪽: Thieme 2007b: 189 | 30쪽: Abramova 1995, Abb. 102~105 | 32쪽: Abramova 1995, fig. 108 | 39쪽: Meltzer 2009: 21 | 45쪽: Stanford/Bradley 2012: 216 | 50쪽: Schmidt 2006: 표지, 내부 | 52쪽: Schmidt 2006: 170 | 54쪽: Schmidt 2006: 150 | 57쪽: Schmidt 2006: 238 | 63쪽: Gimbutas 1991: 8 | 67쪽: Aus: Haarmann/Marler 2008: 49 | 68쪽: Haydaroğlu 2006: 200 | 76쪽: Nach Gimbutas 1991 | 78쪽: Lazarovici 2009b | 80쪽: Kruta 1993: 84 | 95쪽: Nach H. David | 104쪽: © akg-images/Nimatallah | 109쪽: Schachner 2011: 23 | 112쪽: Schachner 2011 | 116쪽: Schachner 2011 | 123쪽: Nach Mallory/Mair 2000: 182 | 125쪽: Nach Mallory/Mair 2000: 179 | 128쪽: Mallory/Mair 2000: 220 | 135쪽: © akg-images/Pictures From History | 138쪽: © akg-images/Pictures From History | 148쪽: Nach Cavalli-Sforza 1996: 63 | 156쪽: Haarmann 2002: 26 | 158쪽: © Heritage Images/Index/akg-images | 165쪽: Prayon 2004: 19 | 170쪽: Prayon 2004: U2 | 182쪽: Parzinger 2010: U2 | 184쪽: Haarmann 2016: 34 | 191쪽: Mayor 2014, plate 12 | 192쪽: Mayor 2014, plate 3 | 194쪽: 사진: Harald Haarmann | 202쪽: Giffhorn 2014 | 206쪽: Giffhorn 2014 | 211쪽: Berrin/Pasztory 1993: 64 | 216쪽: Langley 1993: 134 f. | 218쪽: Langley 1993: 137 | 224쪽: Charola 1997: 48 | 231쪽: 사진: Harald Haarmann | 235쪽: © akg-images/Werner Forman | 238쪽: © Peter Palm, Berlin | 247쪽: © akg-images/Manuel Cohen | 257쪽: el-Asʼad 1993: 277 | 261쪽: © akg-images/De Agostini/Biblioteca Ambrosiana | 265쪽: 사진: Harald Haarmann | 271쪽: 사진: Harald Haarmann | 276쪽: © akg-images/Robert Aberman | 280쪽: © akg-images/Werner Forman | 289쪽: © picture alliance